Das Schwarzbuch der Rache

The Blackbook of

REVENGE

Das Schwarzbuch der Rache

John Punisher

revenge@ meetpoint medi@

www.meetpoint.ch – www.meetpoint.de Rossmarktplatz 13 – 4500 Solothurn – Schweiz
www.meetpoint.at – www.meetpoint.li Fon +41764254500 – Fax +41764254501

John Punisher
The Blackbook of Revenge – Das Schwarzbuch der Rache
31. Oktober 2003
ISBN 3-9520425-9-5

CIP-Titelaufnahme der Deutschen Bibliothek

Punisher, John:
The Blackbook of Revenge – Das Schwarzbuch der Rache
John Punisher – 1. Aufl. –
Solothurn und Selzach: Meetpoint Medien, 2003
ISBN 3-9520425-9-5

Illustrationen: Markus Lischer, Biberist (Schweiz)
Lektorat/Korrektorat: Ulrike Kerstiens, Meckenheim (Deutschland)

Internet
www.meetpoint.ch

Gesamtherstellung
Verlagsauflage: Ipoly, Komarno (Slovakia)
Handelsauflage: BoD – Books on Demand, Norderstedt (Germany)
Printed in Slovakia and Germany – ISBN 3-9520425-9-5

Inhaltsverzeichnis

1. Darf man das? – Ein Vorwort

Ein Buch mit über 333 Tipps und Tricks, wie man sich an Mitmenschen, die uns auf die Nerven gehen, rächen kann – darf man so etwas überhaupt veröffentlichen? Verführt ein derartiger Leitfaden nicht zu rücksichtslosem Verhalten, stiftet er vielleicht sogar zu einem Verbrechen an? Oder kann man dieses Werk einfach in die Schublade des schwarzen Humors schieben? Die Meinungen gingen weit auseinander. Niemand war der Ansicht, das Manuskript riefe zu einer kriminellen Handlung auf – jedoch lasen einige Probanden den Rohtext nicht zu Ende. Er sei öde und befriedige nur die niederen Instinkte, so lautete ihr vernichtendes Urteil. Der Mehrzahl hingegen musste der Text fast gewaltsam entrissen werden. Eine Testleserin meinte gar: „Die Ideensammlung war das beste Ventil für meine Rachegelüste gegen meinen ehemaligen Arbeitgeber. Der Text hat mir geholfen, meine Wut zu überwinden." Ich entschloss mich zur Herausgabe des Buches.

Und so hätte nach Jahren aufwändiger Arbeit das Schwarzbuch der Rache anlässlich der Frankfurter Buchmesse der breiten Öffentlichkeit vorgestellt werden sollen. Die Vorbereitungen liefen auf Hochtouren – bis zum traurig-berühmten 11. September 2001. Ich konnte und wollte es moralisch nicht mehr verantworten, ein Buch über Rache-Ideen zu veröffentlichen. Tag eins nach den furchtbaren Anschlägen in den USA stornierte ich den Druckauftrag und legte das Manuskript beiseite.

Wochen später besprach ich mit meinem Team jede einzelne Zeile des Werkes und diskutierte mit vielen Menschen über das Vorhaben. Dem Entschluss, das Buch nun doch zu veröffentlichen, ging ein langer Reifeprozess voraus – bis ich mir sicher war: „Die Veröffentlichung darf nicht nur, sie muss sein!" Eigene Erfahrungen, wie ich bisher mit Wut- und Hassgefühlen umgegangen bin, bewogen mich dazu, das Buch als literarisches „Ventil" zu veröffentlichen. Die Wahrscheinlichkeit, dass sich ein Leser aufgerufen fühlen könnte, einen der gemeinen Tipps umzusetzen oder sich mit manchem sogar auf strafrechtlich relevantes Terrain zu begeben, wird auch hier nicht größer sein als bei einem Kriminalroman. Aber mit jedem Schmunzeln, das dieses Buch einer Leserin, einem Leser entlocken kann, wird die effektive Rachelust geringer sein. Die Zielperson des Racheaktes wird in der Vorstellung des nach Rache Dürstenden zu einem zwar lästigen, aber lächerlich kleinen Wurm schrumpfen. Mit diesem Leitfaden lassen sich Rachegefühle gedanklich herrlich ausleben, Erzfeinde werden phantasievoll erniedrigt, ohne dass sie es wirklich zu spüren bekommen, und dem eigenen Ego kann man auf diese Weise zu ungeahnten Höhenflügen verhelfen.

Auch wenn der Autor des Schwarzbuches der Rache nicht viele Tabus „kennt". Ideen zu Racheaktionen an unschuldigen Geschöpfen und der Natur liefert er hingegen nicht. So genannte „ehrenvolle" Rache muss die Zielperson direkt treffen. Unschuldige Menschen, vor allem Kinder, aber auch Tiere oder gar Pflanzen sollten nicht leiden. Selbst in Gedanken nicht. Uns ist sehr wohl bekannt, wie man den stärksten Baum verletzen kann, damit er seinem Besitzer keine Freude mehr bereitet. Auch Rachefeldzüge gegen Tiere sind uns während der erweiterten Recherchen zu diesem Buch dutzendweise zugespielt worden.

Ist es nicht ein widerlicher Gedanke, dass ein Tier leiden soll, nur weil sein Herrchen oder Frauchen eine unanständige Kreatur ist? Eben. Darum beschränkt sich dieses Buch auf Rache-Ideen, welche die Zielperson selber im Ego, Geldbeutel oder in der Ehre und im sozialen Netz treffen. Es kann zwar der frömmste Mensch nicht in Frieden leben, wenn es böse Mitmenschen nicht wollen – was dieses Buch letztendlich bewirken soll, bringt der amerikanische Filmkomiker Danny Kaye selig auf den Punkt: „Sei friedlich. Sich nicht zu rächen kann auch eine Rache sein."

Ich wünsche viel Spaß beim Lesen, und zerreiße den Feind im Geiste ruhig in viele kleine Stücke. Er hat es wahrscheinlich nicht anders verdient. Denn Rache kennt keine Gnade!

Christian Riesen – Diener der Racheengel

2. Rache! – Was willst du mehr?

Liebe Leserin, lieber Leser,
war es der Titel? Oder war es die Anzahl der Rachetipps? Oder hast du ganz einfach mit blankem Hass, vor Wut schäumend die Regale bei deinem erschrockenen Buchhändler nach Büchern mit Rache-Ideen durchforstet und alles zu diesem Thema aufgekauft? Wie auch immer – du wirst den Kauf dieses Buches nicht bereuen! Mein Name ist Programm! Ich bin dein Verbündeter, wenn du fiese, ganz üble Tipps suchst, um dich an bösen Mitmenschen zu rächen. Willst du deine Peiniger in den Wahnsinn treiben? Willst du effiziente Rache üben? Ich helfe dir dabei. Speziell für dich habe ich eine Vielzahl von nützlichen Informationen rund um die Rache zusammengetragen. Du findest in diesem Buch 333 einfache, phantasievolle, stinkende, fiese, üble und abgrundtief böse Tipps und Tricks, wie du fiese Typen von Zeitgenossen in den psychischen und finanziellen Abgrund stürzen kannst. Rache an Tieren und die dauerhafte Beschädigung von Pflanzen sind hingegen selbst bei mir tabu. Der Mensch, an dem es die Rache zu nehmen gilt, soll direkt und furchtbar darunter leiden. Andere Personen oder gar Tiere und die herrliche Natur hingegen bleiben von uns verschont. Vielleicht können wir aber andere Personen auf die eine oder andere Weise sogar als Verbündete in die Rache mit einbeziehen. Natürlich ohne dass sie es merken. Mitwisser sind schließlich des guten Rächers größter Feind.

Egal wie du nach Rache dürstest – ich will es nicht versäumen, dich vorher auf einige elementare Regeln hinzuweisen. Die von mir niedergeschriebenen Rachepläne stellen in keinster Weise Handlungsaufforderungen dar. Einige mir zugetragene Geschichten verletzen Gesetze und erfüllen Straftatbestände mit weitreichenden Folgen für die Personen, welche die Straftaten begehen. Bei einigen Geschichten weise ich darauf speziell hin, das heißt aber nicht, dass die Erzählungen ohne meinen Hinweis auf mögliche Straftatbestände in jeder Hinsicht legal sind. Lass in jedem Fall deinen gesunden Menschenverstand walten! Wenn du nämlich die Leutchen auf den Plan rufst, die farbige Lämpchen auf dem Autodach spazieren führen, kannst du garantiert dein blaues Wunder erleben. Die Uniformierten haben heute so ausgefeilte Fahndungsmethoden, dass sie übermütigen Rächern garantiert auf die Spur kommen. Egal, ob Rettungsdienst, Polizei, Feuerwehr oder andere Hilfsdienste – bei ausgeklügelten Plänen kommen keine Hilfskräfte zum Einsatz. Denn einerseits haben die wichtigere Dinge zu tun, als sich die

Zeit durch fahrlässig ausgesprochene Bombendrohungen, willkürlich in die Gerüchteküche gestellte Schießereien beim Nachbarn usw. stehlen zu lassen, und andererseits sind das nicht nur teure, sondern auch mit harten Strafen geahndete Delikte. Wenn du also eine Prüfung schwänzen willst, die Veranstaltung, die dir den Schlaf raubt, sabotieren möchtest oder deinen Partner oder die Partnerin von einem Fest, der Disco oder Ähnlichem fernhalten willst – lass dir etwas Besseres als eine Bombendrohung via Telefon einfallen! Zudem liefere ich dir hier mehr als genügend Ideen ...

Dein John Punisher

3. Die 21 goldenen Racheregeln

Du willst Rache – Aug' um Auge, Zahn um Zahn? Rache ohne Gnade? Du willst sofortige Genugtuung? – Ich verstehe dich, so ist es mir oft genug ergangen. Hasserfüllt grillte ich meine Feinde im Geiste über dem Teufelsfeuer. In Gedanken spielte ich ihnen nicht nur meine gemeinsten Streiche, ich schlachtete sie regelrecht ab. Ich projizierte meinen ganzen Groll auf eine einzige Person, auf eine ganze Institution. Könnte man Menschen auf Grund bestimmter Gedanken einkerkern, hätte ich ganz sicher bereits mehrmals lebenslänglich erhalten. Dabei ist es überhaupt nicht beruhigend, dass wohl der größte Teil der Menschheit auch im gleichen und einzigen Gefängnis schmoren würde. Ich behaupte, dass praktisch jeder Mensch ein zweites, böses Ich besitzt. Nur steht nicht jeder Zweibeiner – der weibliche Part mit eingeschlossen – dazu. Im Gegenteil – viele drehen sich bei der Offenbarung böser Gedanken heuchlerisch ab und entrüsten sich mit einem „Wie kannst du nur?", um sich in einem späteren, unbedachten Moment selber ein „Den sollte man..." entlocken zu lassen. In der zweiten Phase – ich habe dann meistens eine Nacht darüber geschlafen – wischen ich und mein zweites Ich alles wieder weg. Es macht ja keinen Sinn sich zu ärgern. Sich zu rächen bringt nur weiteren Ärger mit sich – außer man hält sich an einige klare Racheregeln.

Zu spontane Rache, unvorbereitete Rachefeldzüge erzielen in der Regel kaum das erwünschte Resultat. Vielmehr richtet sich die Rache in Form von Spott des Feindes irgendwann gegen den Racheengel selbst. Plötzlich bist du in fremden Augen die Reinkarnation des Bösen selbst. Genau das gilt es zu vermeiden. Darum bereiten wir jeden Rachefeldzug gründlich vor. Wir wissen, was wir mit unserer Rache erzielen wollen, unser Ziel ist klar umschrieben. Zu spontanen und unüberlegten Handlungen lassen wir uns nicht hinreißen! Lange laben wir uns am Sieg über den Feind, am für uns erfreulichen Resultat der erfolgreich durchgeführten Rache. Damit du in keine Rachefalle trittst, gebe ich dir meine 21 goldenen Racheregeln mit auf den Weg. Verinnerliche sie bitte unbedingt vor jedem Racheschritt.

1. Bleib misstrauisch!

Regel Nummer eins lautet: Bleib misstrauisch – vertraue niemandem! Weihst du bei der Racheausführung Komplizen ein, hast du auch Mitwisser, und die fallen dir irgendwann einmal in den Rücken. Du kannst nie absolut sicher sein, dass deine Vertrauensperson nicht doch plötzlich der Lust zu reden erliegt. Auch Versprecher unter Druck sind für die Rache ausübende Person nie nützlich. Es spielt keine Rolle, wie gut du deinen möglichen Partner kennst oder wie nahe er dir steht! Zieh deinen Racheplan unbedingt alleine durch!

2. Keine bequeme Kommunikation!
Regel Nummer zwei: Benutze niemals deine eigenen Kommunikationskanäle zur Rache! Egal ob Festnetztelefon, Telefax, Handy oder Internet-Anschluss – mit den entsprechenden technischen Einrichtungen können Anrufe und Mitteilungen jederzeit bis zum Besitzer des Anschlusses zurückverfolgt werden. Strafverfolgungsbehörden können die Urheber meistens sogar noch Monate später erfolgreich ermitteln. Selbst öffentliche Kommunikationseinrichtungen haben ihre Tücken. Mit Überwachungskameras und der Zeit der Mitteilungsauslösung wurde schon mancher Racheengel in die Enge getrieben.

3. Rachedokumente sind Gift!
Regel Nummer drei: Rachedokumente gehören weder auf einen Datenspeicher des eigenen Computers noch in deine ungeschützte Hand. Nicht nur deine Fingerabdrücke auf Papier sind verräterisch, auch Datenspuren auf dem Computer überführen dich womöglich. In der heutigen Zeit werden selbst bei Schmähbriefen schon in Frage kommende Personengruppen zur Abnahme des genetischen Fingerabdrucks (DNA) gebeten. Mit einer so genannten DNA-Analyse können kleinste Speichelreste, Haare und anderes mit höchster Genauigkeit einer bestimmten Person zugeordnet werden. Wenn du Spuren hinterlässt, hast du bereits verloren.

4. Werde Müllsammler!
Regel Nummer vier: Müllsammler – das ist dein neuer Traumberuf! Kaum zu glauben, was für Daten du aus dem Müll des Racheopfers herauskriegst. Kontostände, Passwörter, Kundennummern, Mahnschreiben, sogar Hinweise auf Sexpraktiken und noch vieles mehr! Observationsprofis nehmen den Müll immer mit sehr viel Hingabe auseinander. Besonders schön sind Kritzeleien, die während des Telefonierens entstehen. Da steht schon mal drauf, was der Urheber von seinem Arbeitgeber hält. Derartige Dinge sind es doch wert, gerettet zu werden ... ?

5. Sei sehr geduldig!
Regel Nummer fünf: Lass Gras über den Rachegrund wachsen. Startest du mit deinem Rachefeldzug zu früh, ist es für dein Opfer wahrscheinlich sehr leicht, auf dich zu schließen. Vermeide spontane Aktionen!

6. Lerne dein Opfer kennen!
Regel Nummer sechs: Bring alles über dein Opfer in Erfahrung und schau dabei auch auf Details! Wäscht sich dein Opfer nach dem Gang auf die Toilette die Hände? Ist dein Opfer ein Auto fahrendes Nasenbohrer-Ekel? Fährt dein Opfer nach dem Büro nicht auf direktem Weg zu seinen Lieben, sondern zum käuflichen Sex? Wenn du dein Opfer weit besser kennst als es sich selbst, dann gewinnst du – mit Garantie!

7. Bezahl mit Bargeld!
Regel Nummer sieben: Bezahl deine Racheakte immer mit Bargeld! Ob Kreditkarten, Schecks oder EC-Karten – die Wege deiner Zahlungen sind immer nachvollziehbar – ausgenommen du bezahlst mit Bargeld. Nur Bares ist Wahres! Selbstverständlich gehören Kassenquittungen in den Abfall! Und zwar gleich in den erstbesten. Jeder Beweis und sei er noch so klein, gehört vernichtet!

8. Handle anonym!
Regel Nummer acht: Treibe keinen Handel mit Menschen, die dich kennen. Gib dich nirgendwo zu erkennen, wenn du im Dienste der Rache unterwegs bist! Unterlasse es, den Drogisten deines Vertrauens nach Buttersäure zu fragen!

9. Drohgebärden sind tabu!
Regel Nummer neun: Bedrohe deine Opfer nicht. Wenn beim Opfer seltsame Dinge geschehen – ob du dafür nun verantwortlich bist oder nicht – es wird sich an deine Drohungen erinnern!

10. Operiere aus der Ferne!
Regel Nummer zehn: Bleib auf Distanz. So richtig hinterhältige, fiese Rache ist am besten aus großer Entfernung machbar. Aus der Nähe sind zwar oft bessere Aktionen – für das Opfer härtere Strafen – möglich, jedoch ist auch dein Risiko entdeckt zu werden um ein Vielfaches höher.

11. Lass dir nichts beweisen!
Regel Nummer elf: Hinterlasse keine Beweisstücke. Interessiert sich unerwarteterweise eine Ermittlungsbehörde für dich, ist es garantiert nicht von Vorteil, wenn Teile deiner Rachepläne bei dir gefunden werden. Zudem: Geniale Rächer agieren auf der Seite des Gesetzes.

12. Nimm zuerst die kleinen Waffen!
Regel Nummer zwölf: Es ist sinnlos, das gröbste Geschütz gleich zu Beginn aufzufahren. Nadelstiche kann man steigern, nach der großen Bombe werden sie aber vom Feind nicht einmal mehr bemerkt. Zieh deshalb die Schraube ganz sachte an. Die Unsicherheit, der Gedanke an das, was als Nächstes noch kommen wird, zermürbt dein Opfer mit Sicherheit. Und dieser Schmerz ist viel schlimmer als jede einigermaßen legale Rache.

13. Leg Pausen ein!
Regel Nummer dreizehn: Schöne Rache ist eine Kunst, und richtige Kunst verlangt nach schöpferischen Pausen. Lass deinen Peiniger verschnaufen, damit du anschließend noch härter zuschlagen kannst! Wiege ihn ein bisschen in Sicherheit, der Dämpfer ist dann umso wirksamer!

14. Gelegenheit macht Rächer!
Regel Nummer vierzehn: Keine Regel ohne Ausnahme! Wenn sich dir eine sichere Gelegenheit bietet, dann nutze sie. Falls du die Möglichkeit erkennst, deinem Gegner kurzfristig einen ordentlichen Hieb zu verpassen, dann darfst du die Gelegenheit ruhig beim Schopf packen!

15. Lass Unbeteiligte in Ruhe!
Regel Nummer fünfzehn: Unbeteiligte und Rettungsdienste, sowie Kinder und Tiere im Speziellen ziehst du als Racheengel mit „Ehre“ nicht in deine Fehde mit hinein. Unterlass bitte auch nicht reparierbare Schäden an der Pflanzenwelt! Es gibt genügend Möglichkeiten, wie du unbeteiligte Personen, aber auch Fauna und Flora für die Racheausübung auf deine Seite ziehen kannst – verärgere nie jemanden, der nichts dafür kann!

16. Bleib unbeirrbar!
Regel Nummer sechzehn: Auch beim Rächen funktioniert nie alles genau so, wie du möchtest! Geht einmal etwas schief – ärgere dich nicht, bleib hart

und bereite deinen nächsten Streich vor! Zum Rächerleben gehören auch Rückschläge. Nur ein Anfänger lässt sich dadurch verunsichern! Profis stecken ein und gehen weiter.

17. Rache muss Spaß machen!
Regel Nummer siebzehn: Dein Rachejob muss dir Freude bereiten. Realisiere deine Rache darum mit viel Herz gegenüber dir selber. Genieße den Spaß am Ungemach, das über deinen Peiniger kommt. Schadenfreude ist die schönste Freude. Hassgefühle sind jetzt fehl am Platz. Nehmen sie doch überhand, ist es für dich noch zu früh, die Gefahr dir selber zu schaden zu groß. Denn Rache musst du eiskalt genießen!

18. Nur Schamlosigkeit zählt!
Regel Nummer achzehn: Rache hat nichts mit gut und böse zu tun. Rache gründet in der inneren Befriedigung. Dazu gehört auch, dass du Grenzen, die du sonst in deinem Leben respektierst, bewusst überschreitest. Übertritt sie aber nie mit dem Gefühl des maßlosen Zornes. Hass schlägt blindlings zu! Genugtuung dagegen ist mit Humor gewürzt.

19. Schuster, bleib bei deinem Leisten!
Regel Nummer neunzehn: Räche dich nur mit Techniken und Handwerk, von dem du etwas verstehst. Recherchiere vor dem Racheakt, welche Gesetze du unter Umständen brichst, wie gefährlich dein Vorhaben in der Realität ist. Nicht alles, was sich lustig anhört, ist auch ungefährlich! Verantwortungsvolle Rächer gefährden niemanden an Leib und Leben – selbst den größten Feind nicht! Vor allem soll dein Opfer nicht noch Mitleid erhalten. Im Gegenteil, sein Umfeld soll sich von ihm abwenden. Dein Feind muss die ganze Härte spüren, und im Geiste schmerzt vieles mehr als rein physische Gewalt je zu leisten vermag.

20. Denke wie der Feind!
Regel Nummer zwanzig: Überlege vor jedem Teil deines Rachefeldzuges genau, ob deine Rache Wissen beinhaltet, das nur du haben kannst. Wenn der Günstling deiner Rache weiß, woher der eisige Wind weht, hast du womöglich nichts mehr zu lachen! Setze darum keine Kenntnisse ein, zu denen nicht auch andere Personen Zugang haben oder zumindest haben könnten. Dein Widersacher wird sich ganz genau überlegen, wer ihm einen

Denkzettel verpassen möchte. Er wird auch versuchen zu analysieren, aus welchem Grund sich wer auf welche Weise rächen könnte – denke wie dein Feind!

21. Alles hat ein Ende!

Regel Nummer einundzwanzig: Räche dich nicht ziel- und zügellos! Setze dir selber die Grenze, wann du deine Rache als erfolgreich beendet betrachten kannst. Dürste nicht nimmersatt und erbarmungslos nach noch mehr. Halte dich selber im Zaum. Wenn du nach Rache süchtig wirst, hast du bereits verloren! Bestimme darum während deiner Planung auch den wirklich letzten, den finalen Rachezug. Setze nur eins drauf, wenn genau dieses Finale in die Hose geht! Ungezügelte Rachelust hat den großen Nachteil, dass du selber ermüdest, denn professionelle Rache ist sehr Kräfte raubend. Mit der aufkommenden Müdigkeit unterlaufen dir garantiert Fehler und du kriegst dein Fett ab. Das kann jedoch nicht dein Ziel sein! Hast du noch eigene Racheregeln? Schreib sie dir hier auf!

....

....

....

....

....

....

....

....

....

....

4. Die 7-Punkte-Checkliste!

Hast du nun das Gefühl, dass du eigentlich viel weißt, außer wo du nun beginnen sollst? Keine Bange, so ist es mir oft genug ergangen. Damit du nicht weiter Zeit verlierst, setzen wir uns nun direkt mit deinem Feind auseinander. Hierzu stelle ich dir gerne meine 7-Punkte-Checkliste zur Verfügung. Wir beginnen nun also gezielt die Schwachpunkte des Gegners auszuloten.

1. Wo lebt der Widerling?

Zuerst machst du die Adresse(n) des Racheempfängers ausfindig. Dabei ist nicht nur der Wohnsitz wichtig. Auch der Arbeitsort, und wenn vorhanden das Urlaubsdomizil sowie die Wochenendadresse, sind nette Besuchsorte für Racheengel wie dich. Absolviert die Zielperson Militär- oder Zivildienst, machst du natürlich auch die Dienstadresse ausfindig!

....

....

....

2. Wie kommuniziert dein Feind?

Die Kommunikationswege sind heute sehr vielfältig. Neben dem altehrwürdigen Telefon benutzen viele Leute auch das Telefax, Mobiltelefone sowie das Internet für die Kommunikation – privat wie geschäftlich. Im Internet sind nebst der E-Mail auch den Chats und den Mitgliederforen genügend Beachtung zu schenken – versuche darum auch die Usernames (Nicknames, Logins) für die letztgenannten Formen der Webkommunikation ausfindig zu machen! Ganz besonders interessant sind natürlich auch geheime Telefonanschlüsse. Dein Feind wird sich grün und blau ärgern, wenn seine geheime Mobilnummer öffentlich ist und er die Nummer nicht einfach wechseln kann, da er sich wegen eines subventionierten Handys vertraglich für etliche Monate an den Dienstanbieter gebunden hat ...

....

....

3. Der gläserne Widersacher
Geburtstag und Geburtsort sind nicht sehr geheime Daten, für bestimmte Rachespielchen aber ausgesprochen nützliche Angaben. Dazu gehören natürlich auch andere für deinen Feind wichtige Daten wie beispielsweise der Hochzeitstag, Firmenjubiläen, Tagungsdaten, Geburtstag der Schwiegermutter, Religionszugehörigkeit und so weiter und so fort ...

....

....

....

....

4. Bezugspersonen – die neuen Feinde deines Opfers!
Mitwisser kannst du für deine Rachefeldzüge keine gebrauchen. Du kannst aber mit einigem Wissen und dem nötigen Geschick Bezugspersonen deines Opfers zu Feinden küren. Setze darum viel Geduld ein, wenn du nun Arbeitgeber, Klubkollegen – vielleicht ist dein Racheziel sogar im Vorstand eines Vereins –, Freunde, gute Bekannte und nahe Verwandte ausfindig machst. Noch viel besser ist, wenn du einen Vormund, Beistand, Bewährungshelfer oder Ähnliches auskundschaften kannst!

....

....

....

....

5. Es gibt noch Tabuthemen – die Finanzen!
Finanzielle Abstürze werden überall unter den Teppich gekehrt. In angelsächsischen Ländern wird über Geld offener gesprochen – sofern man es hat. Schulden und speziell unbezahlte Rechnungen speziell sind überall tabu! Schulden, Gerichtsfälle, frühere Insolvenzen, Pfändungen und Leasings sind

ein gefundenes Fressen für die Gerüchteküche. Das trifft noch viel mehr zu, wenn die Person, die du im Visier hast, einen viel aufwändigeren Lebensstil pflegt, als sie es sich eigentlich leisten kann. Auch interessant für gepflegte Rachepläne sind Kreditkartennummern samt Verfallsdaten sowie Kontodaten deines Opfers. Damit lässt sich so manches anstellen ...

....

....

....

6. Liebe und Sex – da wird es richtig spaßig!
Manche sind ein bisschen mehr und andere ein bisschen weniger – eifersüchtig! Trotz der oberflächlich gesehen immer offeneren Gesprächskultur sind Themen rund um die Liebe und den Sex heiße Eisen. Ob bei Mann oder Frau, viele Dinge werden gerne unter den Teppich gekehrt, vor allem wenn es um Beziehungen geht, die nicht mit der offiziellen Partnerschaftshälfte gepflegt werden. Aber auch Sexualpraktiken, die nicht der allgemeinen Norm entsprechen, können zum Leidwesen der betroffenen Person aus Rächersicht enorm gut ausgewertet werden. Und seit es das Medium Internet gibt, können die vorgenannten Schwachstellen oft schneller aufgedeckt werden, als es der Zielperson lieb sein kann.

....

....

....

....

7. Freizeit, Geheimnisse und Heiligtümer
Gehören Recherchen über Freizeitbeschäftigungen, Hauseigentum, Autos, Motorräder, Schiffe und fliegende Dinger deines Gegners noch zu den Routine-Aufklärungen – so wird es bei sehr persönlichen Angelegenheiten erst richtig interessant. Krankheiten, insbesondere aus dem letzten Single-Ur-

laub importierte Geschlechtskrankheiten, Süchte – Drogen, Alkohol, Medikamente usw. –, aber auch Verurteilungen bergen außerordentlich viel explosives Rachepotenzial. Auch Gesinnungen, die als politisch inkorrekt gelten, können im Sinne der persönlichen Rache ausgesprochen genussvoll ausgekostet werden.

....

....

....

....

....

5. Rachegedanken und mehr

Na? Du fragst dich sicher, wie ich an all die Tipps und Tricks, sich an bösen Mitmenschen zu rächen, gekommen bin? Habe ich all die Gemeinheiten selber ausprobiert, sind sie erfunden oder einfach nur abgeschrieben? Die Wahrheit liegt wie so oft irgendwo in der Mitte aller Möglichkeiten. In der mehrjährigen Recherchearbeit schrieb ich viele wahre Begebenheiten aus meinem direkten Umfeld nieder, ich sammelte interessante Kurzgeschichten aus der internationalen Presse und ich spann den Rachegedanken, angeregt durch abstruse Vorfälle mit Behörden, Firmen und so genannten Freunden weiter und ersann eigene Rachefeldzüge. Ich muss zugeben, dass mir bei den Eigenkreationen meistens der Gedanke, die Fiesität ausführen zu können, völlig ausreichend war. Andere finstere Gedanken jedoch mussten einfach in die Tat umgesetzt werden. Zu groß war der Schmerz der erfahrenen Erniedrigung und zu wollüstig der Gedanke an die erfolgreiche Rachemöglichkeit. Und hatte ich den Entschluss zur Rache einmal gefällt, nahm ich nach getaner Tat in der Regel das für den Empfänger bittere Resultat mit sehr großer Genugtuung zur Kenntnis. Besonders stolz bin ich darauf, für meine Rachefeldzüge noch nie ein Gesetz gebrochen zu haben. Ich konnte immer auf die Unvollkommenheit meiner Opfer setzen. Besonders tragisch wurde es für den Herrn Direktor der Filiale einer international tätigen Firma, dessen Hochmut ich nur an die richtige Stelle kommunizieren musste, um ihn von seinem ach so sicheren Sockel zu stoßen. Oder der Herr Kommunikationsleiter einer auch in der IT-Sicherheit tätigen Firma, der in Asien textile Raubkopien herstellen ließ und sich durch die dort in diesem Bereich laschen Gesetze in Sicherheit wähnte. Falsch gedacht! Die Justiz rührte sich zwar nicht, sein Arbeitgeber im Westen konnte sich ihn aus Imagegründen jedoch nicht länger leisten ...

Ein paar wenige Racheakte aus der internationalen Presse konnte ich nicht in meine Sammlung der 333 Rache-Ideen einbauen. Schließlich sollen die wiedergegebenen Tipps doch mit einfachen Mitteln reproduzierbar sein. Genau darum hast du ja dieses Buch gekauft – oder? Die nachfolgenden Geschichten sind aber derart kurios, dass ich sie dir einfach nicht vorenthalten kann. Die dritte Story ist zwar ein bisschen blutig und macht sogar mich als Mann schon ein wenig ängstlich, sie hat aber trotzdem etwas Faszinierendes an sich ...

1. Die Frau im Leichenkühlhaus

Andere Länder, andere Sitten. Eine Frau bittet ihren Mann an seinem Arbeitsplatz um Geld. Der Mann ist Ägypter, und sein Arbeitsplatz befindet sich in einem größeren Krankenhaus in der ägyptischen Hafenstadt Alexandria. Der Klinikmitarbeiter ärgert sich massiv über die Frage seiner Frau und sperrt sie kurzerhand in die Kühlhalle des Hospitals – das Leichenkühlhaus! Die Frau verlangte nach dieser Tat die Scheidung. Ihr Mann hingegen wollte sie, wie die Tageszeitung „Al-Sharq Al-Awsat" berichtete, mit Polizeigewalt zurückbringen lassen. Denn er fand seine Art der Bestrafung nicht weiter schlimm. Das zuständige Gericht in Alexandria teilte diese Ansicht hingegen nicht und schmetterte seinen Antrag ab.

2. Die Autos der Polizei

Die Polizei, dein Freund und Helfer – wenn du solche Freunde hast, brauchst du keine Feinde mehr. Das werden sich wohl auch die Beamten der Madrider Stadtpolizei gedacht haben. Sie ließen 30 Privatautos von Angehörigen der Nationalgarde abschleppen, die vor einer Polizeikaserne im Parkverbot standen. Die nationale Bereitschaftspolizei hatte in der Woche zuvor eine Kundgebung von 2000 für höhere Löhne demonstrierende Kollegen der Stadtpolizei mit Schlagstöcken und Gummigeschossen aufgelöst. Die Stadtpolizisten erhielten vom Innenministerium keine Erlaubnis für die Demonstration, dafür aber Prügel von der Nationalpolizei. Dabei wurden 26 Beamte der städtischen Polizeibehörde verletzt. Es gibt also auch Racheengel in Uniform ...

3. Blutige Frauenrache

Grausame Rache nahm eine 45-jährige Argentinierin an ihrem Ex-Freund. Weil der 31-jährige Jüngling sie verlassen hatte, heuerte die enttäuschte Krankenschwester zwei brutale Kerle an, die dem treulosen Romeo den Penis abschnitten. Da sein bestes Stück auch zehn Stunden später noch nicht gefunden wurde, war es nach Angaben der Ärzte für jede operative Wiederinstandstellung zu spät. Wie die Presse in diesem Fall berichtete, muss die Frau mit bis zu zehn Jahren Gefängnis rechnen. Sachen gibt's ...

4. Die Rache in der Statistik

Die Rache wurde bereits in den verschiedensten Statistiken erfasst. Und da können ganz interessante Werte herausgelesen werden! So sind wir Männer offenbar ein bisschen friedfertiger als die weiblichen Geschöpfe. Jawohl! Nimmt man nämlich die Mittelwerte der verschiedenen mir zugänglichen Statistiken, so haben sich rund 80 Prozent, also vier Fünftel aller Frauen mindestens einmal in ihrem Leben gerächt! Bei den Männern übten nur die Hälfte einmal in ihrem Leben Rache. Gut, vielleicht sind die Frauen nur ein bisschen ehrlicher, denn auch ich vertraue nur den Statistiken, die ich höchstpersönlich gefälscht habe. Die Statistiken erzählen auch ziemlich einheitlich, warum es mehr weibliche Racheengel gibt: Frauen leben ihre negativen Gefühle wie Hass, Verletztheit und Wut wesentlich direkter aus, wohingegen Männer bedingt durch die Erziehung ihre negativen Gefühle eher verdrängen, sich nicht so rasch verletzen lassen.

5. Die Rache in der Psychologie

Psychologen sind sich durchwegs einig, dass Rachegedanken nicht grundsätzlich negativ zu bewerten sind. Rachegelüste gehören zur Verarbeitung von erlittenem Schmerz. Nur gänzlich verdrängte Rache ist ungesund. Wer seine Wut immer nur in sich hineinfrisst, geht langfristig das Risiko psychosomatischer Störungen ein. Kann sich die Seele nämlich nicht direkt ausdrücken, erledigt das der Körper für sie. Das kann sich dann nach Experten-Meinungen in Essstörungen, Magengeschwüren, Darmleiden und vielen anderen Krankheitssymptomen äußern. Im schlimmsten Fall können sogar Depressionen und selbstzerstörerisches Suchtverhalten die Folge sein.

6. Mein Plädoyer für die Rache

Rache ist gesund! Sie macht frei, sie lindert den seelischen Schmerz. Kultivierte Rache erfordert neben Mut und Kreativität auch planerische und organisatorische Fähigkeiten – und natürlich das Handeln! Auf dem Weg von der Idee zur Aktion, also in einer der verschiedenen Vorbereitungsphasen, haben die meisten selbst ernannten Zorros bereits ihre Wut überwunden, der Hass ist abgeklungen, ja hat sich vielleicht sogar in Belustigung verwandelt. Auch du wirst erkennen, dass sich die aktive Auseinandersetzung mit Rachegefühlen für dein Gemüt als wohltuend erweisen kann. Das Wissen um die eigene Stärke macht so manchen Feind zum kleinen giftigen Gartenzwerg, der unsere Beachtung eigentlich überhaupt nicht verdient. Denn eines ist sicher – Rache ist süß!

6. Die Gelegenheitsrache

Unter das Kapitel Gelegenheitsrache fallen sämtliche Streiche, bei denen man nur auf die günstige Gelegenheit warten muss, um sie gefahrlos und zielsicher auszuführen. Die Gelegenheitsrache hat auch sehr viel mit den meist eher harmlosen Schülerstreichen zu tun.

1. Die Fern-Lärmbedienung

John ist einer von denen, die man sich auf den ersten Blick als Freund und Nachbarn wünscht. Dabei ist John in Wirklichkeit ein ganz Ausgefuchster! Als er noch in einer größeren Stadt in einem noch höheren Wohnhaus wohnte, ärgerte er sich wegen Kleinigkeiten über seine beiden direkten Nachbarn. Der Zufall wollte es, dass er als technisch nicht unbegabter Büromensch einmal einen freien Blick auf die Musikanlage und den Fernseher des eigentlich nicht ganz so nervigen Nachbarn erhaschen konnte. Er kombinierte seinen technischen Einblick mit dem Wissen, dass der andere, arrogantere Nachbar Lärm nicht ausstehen konnte. Zudem kam es ihm nicht ungelegen, dass sich beide Nachbarn untereinander auch nicht grün waren. Weiter flog die Nervensäge mit der audiophil anspruchsvollen Musikanlage jedes zweite Wochenende zu seiner Freundin aus. John besorgte sich nun je eine Bedienungsanleitung der beiden Gerätschaften sowie eine Multifunktions-Fernbedienung. Das Steuergerät besitzt die nette Eigenschaft, dass es für sämtliche mit Fernbedienung zu steuernden Unterhaltungselektronik-Teile eingesetzt werden kann. Rächer-John machte sich mit allen technischen Möglichkeiten vertraut und fand an der Weckfunktion besonderen Gefallen. Er horchte seinen Nachbarn aus, fand heraus, dass und wann er sich mit eben dieser Musikanlage wecken ließ. Kaum hatte er all seine Daten zusammen, konnte er sich mit der Umsetzung seines Racheplans kaum noch zurückhalten. Als endlich Wochenende war und sich sein Opfer auf den Weg zur Angebeteten machte, stellte John vom Balkon aus seelenruhig den Musikwecker des Nachbarn um. Bevor sich John schlafen legte, tat er sich Ohrstöpsel in die Gehörgänge, denn pünktlich um fünf in der Frühe sollte die Anlage losträllern, was sie dann auch tat. Der andere darauf nicht vorbereitete Nörgler war darüber erwartungsgemäß nicht sehr erfreut, da insbesondere die Wände akustisch gesehen offenbar sehr durchlässig waren. Als John gut ausgeschlafen aufstand, vergaß er natürlich nicht, die Anlage programmiertechnisch wieder in den Urzustand zu versetzen. Dieses Spiel trieb er über Wochen. Der eine Nachbar beschwerte sich massiv wegen der

Musik und der andere war sauer, weil er natürlich überzeugt war, dass die beanstandete Lärmbelästigung mit ihm rein gar nichts zu tun hatte. Mit der Zeit kriegten auch die anderen Parteien den Streit mit, der nach einigen Wochen der Verwaltung zu Ohren kam. John trieb es auf die Spitze, er erhöhte nicht nur den Lautstärkepegel, er ließ den einen Bösewicht per Morgenandacht wecken, der rannte in aller Herrgottsfrühe zum Hausmeister, dieser informierte die Hausverwaltung, und unserem ahnungslosen Opfer wurde die Wohnung gekündigt. Noch in den letzten Wochen – die Wohnung war ja längst gekündigt – ließ er die Geräte des Nachbarn verrückt spielen: Wenn er hörte, dass dieser sich gerade duschte, schaltete er vom Balkon aus den Fernseher des Nachbarn mit einer ohrenbetäubenden Lautstärke ein. Bis zum Tag X, als der genervte Nachbar ausrastete. Das Resultat ließ sich sehen: Eine eingeschlagene Türe, blaue Flecken auf beiden Seiten, eine Wohnungskündigung mehr und ein ruhiger, mit sich und der Welt zufriedener Racheengel.

Mit Universalfernbedienungen lassen sich auch Lehrkräfte und Geschäfte verschaukeln. Besonders Verkäufer, die lieber untereinander tratschen als Kunden bedienen, kannst du schnell aus der Lethargie herausholen, indem du urplötzlich ein Gerät sehr laut werden lässt. Einem alteingesessenen Fachgeschäft der Unterhaltungselektronik mit einem göttlich braven Inhaber bescherten wir einmal mitten in der Nacht zwei gute Dutzend Stammtischbrüder als Besucher, die sich am Schaufenster der nackten Tatsachen auf den Fernsehschirmen ergötzten. Dem Techniker war das damals derart peinlich, dass er danach außerhalb seiner Öffnungszeiten kein einziges Gerät mehr im Standby-Modus beließ.

2. So entsorgt man altes Fritteusenöl

Einen Nachbarn beobachtete ich einmal, wie er Fahrradsattel und -lenkgriffe mit altem Fritteusenfett behandelte. Sein Feind zog es dann nach einem wilden Gefluche vor, zu Fuß abzuziehen. Altes Fritteusenöl kann man natürlich auch verwenden, um Autotürgriffe einzupinseln.

3. Stehpinkler sind angenehm!

Gastwirte können einem wirklich die grausigsten Geschichten erzählen. Mir blieb tatsächlich fast ein Brötchen im Hals stecken, als ich mitbekam wie sich ein unbekannter Gast rächte. Er ging auf die Toilette und kackte daneben! Für einen kultivierten Rächer ist das schon ziemlich derb. Der unbekannte Rächer trieb es aber noch weiter! Er verrichtete sein Geschäft nicht einfach neben, sondern auf der Toilette. So kam der Wirt nicht darum herum, alle beweglichen Teile wegzunehmen und einzeln zu säubern. Ja, der Wirt – denn die Raumpflegerin weigerte sich vehement, diese Arbeit zu übernehmen. Wie mir später zu Ohren kam, erging es diesem Gastgeber eigentlich noch gut. Ein ehemaliger Gaststätten-Geschäftsführer berichtete, wie in seinem Laden einmal alle Toilettenwände richtiggehend mit Kot beschmiert wurden! Man kann sich das kaum vorstellen – da sind mir Stehpinkler ja richtiggehend angenehm.

4. Piss off!

Unter der angenehmen Frühjahrssonne schlenderte ich durch meine Lieblingsgärtnerei und dachte zuerst an einen Streich, als ich auf dem Etikett einer Pflanze „Piss off" las. Ich erfuhr dann, dass das Grün auch die weit harmlosere Bezeichnung „Hundeschreck" besitzt. Piss off wird gepflanzt, um vor allem Hunde vom Terrain fernzuhalten. Die Vierbeiner vertragen den Duft dieser Pflanze nicht und verkrümeln sich lieber. Man kann mit einem Piss off aber nicht nur das eigene Grundstück vor Hunden schützen. Die Pflanze eignet sich auch besonders gut als kleine, fiese Aufmerksamkeit. Freudig wird die Überraschung beim Feind sein, wenn er eine kleine Pflanze erhält, und umso nachhaltiger zum Nachdenken wird ihn die Bedeutung des Gewächses anregen.

5. Der Last-Minute-Kollege

Projektarbeiten im Büro sind immer sehr beliebt, vor allem wenn immer derselbe Bürokollege trödelt und seinen Teil der Arbeit erst in letzter Minute halbfertig abliefert. Leiden tut dann das ganze Team darunter. Schlimm ist, dass diese Personen im Privatleben meistens genauso agieren. Sue – sie arbeitet in einer größeren Druckerei – erzählte mir von so einem Mitarbeiter. Als dieser einmal vor Antritt seines Urlaubs stand, sei es besonders unerträglich geworden. Er faselte nicht nur ständig von seiner gebuchten Reise, er war im Büro schlicht unbrauchbar. Kurz vor seinen letzten Ferien sei er überstürzt in die Firma gekommen und habe Schublade um Schublade auseinander genommen, weil er natürlich noch ein wichtiges Dokument vermisste. In einem günstigen Moment stibitzte Sue seinen Pass mit eingelegtem Flugticket und ließ ihn gestresst zum Flughafen rasen – last minute versteht sich. Dort muss das Drama wohl groß gewesen sein – kein Pass, kein Ticket, keine Reise, keine Rückerstattung! In der Zwischenzeit ließ Sue Pass und Ticket fein säuberlich zwischen einigen Akten des vermeintlich Reisenden verschwinden. Wochen und etlichen Kollegenspott später fand er den Pass samt Ticket wieder – leider unter den Augen einer anderen Mitarbeiterin, die einen im ganzen Stockwerk hörbaren Lachanfall kriegte. Vor lauter Scham suchte sich unser Dummkopf einen anderen Job.

6. Top-vorbereitete Referenten

Mirko war bis vor einigen Monaten in einem sehr angesehenen Seminarhotel für die Bewirtung der Teilnehmer und Referenten zuständig. Mit der Zeit begann er arrogante Referenten zu testen, wie gut sie vorbereitet waren. Er ließ einzelne Vortragsfolien verschwinden, benannte Dateien um oder löschte sie einfach. In einem besonders schlimmen Fall löschte er die Harddisk eines Referenten mit einer Entmagnetisierspule. Das sind bananengroße Stäbe, die Elektroniker benötigen, um Bildröhren zu entmagnetisieren, damit die Farben für den Betrachter korrekt zu sehen sind. Eine Spezialität von ihm war es zudem, gemeine Wackelkontakte in die Kabel für die Notebook-Speisung zu zaubern. Mit einem Eisspray kühlte er die Kabel schnell auf minus 70 Grad herunter, um sie dann fix in alle möglichen kabelfeindlichen Positionen zu biegen. Die innenliegenden Kupferdrähte waren in der Regel innerhalb von zwei bis drei Minuten gebrochen. Und Batterien machen bekanntlich allzu schnell schlapp. Pech für Referenten, die ohne Foliensätze zu ihrem Referat angereist kamen. Für sie war auch der Hellraumprojektor nutzlos. Zu Mirkos Verdruss war der Marketingchef des Hotels immer auf Zack. Er verfeinerte stets die Checklisten für die Redner. Für Mirko wurde es immer schwieriger, einem liebgewonnenen Vortragenden seine ganz spezielle Ehre zu erweisen. Mit großer Schadenfreude beobachtete er jedoch, wie einmal ein Seminarteilnehmer den Videobeamer mit einer Fernbedienung verrückt spielen ließ. Erstens traf es genau die richtige Person am Rednerpult und zweitens hielt er sich immer vornehm zurück, wenn es darum ging, die Technik seines Brötchengebers zu manipulieren.

7. Stromspar-Experte

Als kleiner fieser Stromspar-Experte entpuppte sich der Sohnemann meiner Nachbarin. Der kleine Bengel hatte in der Schule keine Lust, das nervtötende Diktat vom Tonband abzuschreiben. Kurzerhand umklebte er einen Stift des Stromkabels der pädagogisch eingesetzten Musikanlage mit durchsichtigem Klebeband. Die Anlage wurde zwar in Reparatur gegeben, aber die Schreibarbeit wurde von der Lehrerin diktiert. – Tja, dumm gelaufen. Dafür war eine andere Racheaktion erfolgreicher. Der Untermieter veranstaltete mit seiner Musikanlage immer wieder einen saumäßigen Krach bis die Sicherungen durchbrannten. An einem Samstagabend ließ der junge Rachebengel die Schraubsicherungen des Untermieters verschwinden. Der arme Kerl musste bei strömendem Regen zum nächsten Tankstellenshop laufen, um welche zu kaufen. Seine damalige Schulfreundin spielte übrigens liebend gerne Computerspiele. So sehr, dass sie sich kaum vom Kasten lösen konnte, sie wurde damit geheilt, dass er ihr beim Netzteil den Stromwahlschalter auf die falsche Netzart einstellte, und plötzlich fand sie nach seiner Erzählung Zeit für ihn. Der Computer selber war übrigens nicht defekt. Der Techniker aber brauchte eine Ewigkeit, um das herauszufinden.

8. Stoppt Tierquälerei!

In vielen Restaurants sind auch heute noch kleine, dreckige, überfüllte Fischaquarien zu sehen. Der in der Schweiz beheimatete Verein gegen Tierfabriken (www.vgt.ch) und andere Tierschutzorganisationen haben dagegen ein einfaches, aber effizientes Mittel gefunden – Aufkleber mit dem Aufdruck „Tierquälerei". Ein kleiner, handlicher, wasserfester Stift mit breitem Strich ist übrigens genauso hilfreich.

9. Kreide bringt Farbe ins Leben!

Zum Abschluss noch ein kleiner Schülerstreich. Während meiner Schulzeit machte ich Bekanntschaft mit einer Klassenlehrerin, die immer helle Hosen trug und sich während des Diktats an die Kante des Lehrerpultes anlehnte. Zumindest bis zu dem Zeitpunkt, da die ganze Kante mit brauner Kreide vorbehandelt war. Die Hosen strahlten dann nicht mehr wirklich in einem ganz so schönen Weiß ...

7. Dein Opfer muss sparen!

Kultivierte Rächer sorgen sich umfassend um ihre Opfer. Dazu gehört auch, dass man mit fremden Geldressourcen außerordentlich sparsam umgeht. Leider wissen die meisten Begünstigten unsere Art von Fürsorge überhaupt nicht zu schätzen.

1. Zu hohe Telefonkosten

Es soll Leute geben, die nerven zuerst die gesamte Umwelt mit ihrem möglichst laut klingelnden Handy. Nehmen sie dann ein Gespräch entgegen, untermalen sie ihre laute Konversation mit wilder Gestik, um dann wenig später bei dir über die horrend hohen Telefonrechnungen zu jammern. In der Anfangszeit des Handy-Booms konnte man dem gestressten Handy-Besitzer eine Telefonpause beschaffen, indem man das Mobiltelefon als gestohlen meldete. Das funktioniert heute nur noch bedingt. Viele Telefongesellschaften starten erst einmal einen Kontrollanruf auf das als gestohlen gemeldete Handy. Effizienter ist da schon, einen bestehenden Vertrag bei der Telefongesellschaft zu kündigen. Wenn du jedoch Pech hast, ist er wegen eines subventionierten Handys sehr lange an seinen Vertrag gebunden, du kannst ihn also nicht von seinen Telefonrechnungen erlösen. Besonders empfänglich für Kündigungen sind Mobilfunkgesellschaften bei Kunden, die als nicht besonders zahlungsfreudig gelten.

2. Das teure Auto

Viele fahren Auto, ohne es sich eigentlich leisten zu können. Das dachte sich auch die gehörnte Noemi und schraubte ihrer verflossenen Liebe in einer schwülen Freitagnacht die Nummernschilder ab. Anständig wie sie war, deponierte die Boutiquen-Besitzerin die Schilder bei der zuständigen Behörde mit Kündigungsschreiben. Eine Kopie des Schreibens legte sie auch der Kündigung der Autoversicherung bei. Wie sie mir erzählte, muss ihre Freude diabolisch gewesen sein, als sie durch gemeinsame Bekannte erfuhr, wie ihr Seitenspringer in der Woche darauf viel Zeit mit Versicherungsnachweis und Nummernschilder-Beschaffen verlor. Dass er dabei sein langjähriges und begehrtes Schild nicht mehr zurückerhielt, war das Tüpfelchen auf dem Rächer-„i".

3. Wohnen ist Luxus

Kannst du dir vorstellen, dass bei dir Ende des Monats ein Mitarbeiter der

Wohnungsverwaltung vor der Haustüre steht und mit dir besprechen will, wie die Wohnungsübergabe über die Bühne gehen soll? Das genau ist meinem weit entfernten Verwandten Pete widerfahren. Irgend jemand – er weiß heute noch nicht wer – hat in seinem Namen seine Schnäppchen-Wohnung mit einer einleuchtenden Begründung gekündigt. Nur mit zähen Verhandlungen, Anzeige gegen Unbekannt bei der Polizei und einigen anderen Anstrengungen konnte er den ungewollten Rausschmiss verhindern. Die Verwaltung ihrerseits lernte aus diesem Vorfall und bestätigt nun jede Kündigung umgehend schriftlich.

4. Versicherungen zahlen eh nicht!

Auf Lebensversicherungen sind die Makler heiß, da können sie richtig schön absahnen. Günstige Hausrats- und Haftpflichtversicherungen hingegen bringen praktisch keine Provisionen. Dafür reißen sich die meisten Versicherungsvertreter kein Bein aus. Das wusste auch die Kauffrau Chantal, als sie aus Rache die eben erwähnte Versicherung ihres liederlichen Chefs zum „nächstmöglichen Termin" kündigte. Da sie auch die Post für ihren Chef öffnete, unterschlug sie auch gerade den „Wir bedauern und bestätigen Ihren Kündigungsbrief" der Gesellschaft. Jahre später musste ihr Opfer einen Küchenbrand in seinem Haus selber bezahlen. Ihrem ehemaligen Chef blieb nur der Groll, denn er hätte selber kapieren müssen, dass ihm keine Rechnung der Versicherung mehr ins Haus flatterte, und die kleine Urkundenfälschung von Chantal war längst verjährt.

5. Arbeit macht Spaß – Spaß beiseite!

Es gibt Leute, die gehen jahrein, jahraus einer für sie höchst frustrierenden Arbeit nach. Diese Menschen benötigen von Zeit zu Zeit einfach mal einen Denkanstoß, ob sie sich nicht doch eine neue Beschäftigung suchen wollen. So erging es auch dem ewig jammernden George. Frustriert wie immer versteckte er sich hinter dem Computer in seinem Büro, als ihn der Abteilungsleiter zu sich rief und ihm eröffnete, wie sehr er es eigentlich bedauere, dass er gekündigt habe. Verdattert und mit bebender Stimme bat er um Erklärung, was ihm da gerade eröffnet wurde. Der Abteilungsleiter stutzte, um dann sein wahres Gesicht zu zeigen. Er gab zu erkennen, dass er derartige Späße überhaupt nicht verstehe und dass er die Kündigung anerkenne, es sei denn George liefere ihm Beweise, dass er die Kündigung nicht geschrieben habe. Georges Kampfeswille war nicht besonders groß, und so suchte er sich halt eine neue Stelle. Ob er mit der Firma spielen wollte oder doch einem hinterhältigen Rachefeldzug zum Opfer fiel, weiß ich heute noch nicht.

6. Gestohlene Kreditkarten

Was mit Handys nicht mehr besonders gut funktioniert, klappt mit Kreditkarten dafür umso besser, vor allem, wenn der Besitzer im Urlaub weilt. Mit ein bisschen Organisationstalent kann er die Karten zwar rasch entsperren lassen, aber mindestens ein Ferientag und die gute Laune sind futsch. Wenn der Karteninhaber aber als mutmaßlicher Kartendieb in die Fänge wenig zimperlicher, ausländischer Behörden gerät, die sich auch nicht mit amtlichen Ausweispapieren beruhigen lassen, dann gute Nacht! Noch gemeiner wird es, wenn die Karten wegen „voraussehbarer Zahlungsschwierigkeiten" gekündigt werden, die Rückschreiben der Kartenfirma abgefangen werden können und der Kartenbesitzer im Ausland weilt, während die Karten ihre Zahlungsfähigkeit verlieren. Angie ging da sogar noch einen Schritt weiter. Vor Jahren – Angie und ihr Ex-Mann Paul präsentierten sich noch als Traumpaar – bestellte sie als Geschenk für ihn ein Sperr-Abonnement für den Fall, dass seine Karten, Ausweise oder das mobile Telefon verloren gingen. Angie bezahlte damals die Gebühr für Jahre im Voraus und meldete sämtliche Karten, Ausweise und die entsprechenden Adressen bei dieser als topseriös geltenden Firma an. Etliche Jahre und unzählige hässliche, mutmaßlich von Paul in die Welt gesetzte Gerüchte später, erinnerte sie sich wieder an das besagte Geschenk. Als Sicherheitsexpertin einer Computer-Abteilung ging sie davon aus, dass die Telefongespräche bei dieser Firma mitgeschnitten würden. Sie musste also einen unbekannten Mann mit ähnlicher Stimme wie Paul für den Anruf engagieren. Zudem musste sie sicherstellen, dass Paul auf keine Art erreichbar sein würde und ein unregistriertes Handy mit vorausbezahltem Guthaben beschaffen. Mit viel Geduld schaffte sie ihr Vorhaben und vermieste Paul die gesamten 14 Tage in der Karibik.

7. Spielsucht kann man heilen

Richtige Spielsucht kann unendlich viel Leid über die betroffenen Familien bringen. Spielsüchtige sind aber auch eine große Gefahr für ihre Arbeitgeber. Sie sind vor lauter Geldsorgen gedanklich nicht richtig bei der Arbeit, und die Hemmschwelle, Geld zu veruntreuen, ist viel niedriger angesetzt. Da gilt es einzuschreiten, nach Möglichkeit natürlich präventiv, bevor aus einem Gelegenheitsspieler ein Süchtiger wird. Und zum Glück sind die

Spielhöllen in den meisten Ländern der Welt angehalten, sozialverträglich zu agieren. Wenn du dich in die Haut deines Feindes, der gerne mal der Spielleidenschaft frönt, versetzt und du findest, dass der bereits spielsüchtig ist und sich womöglich einen kleinen Schuldenberg anlächelt – schließlich will die Spielstätte eine vernünftige Begründung hören – dann sollte er sich doch unbedingt freiwillig sperren lassen ... Oder?!

8. Rechnungen vermiesen nur den Tag

Rechnungen sind lästig und Mahnungen noch viel mehr, sagte sich die junge Hauswartin und Mutter Linda. Sie rächte sich auf sehr kreative Weise. Sie ärgerte sich schon lange über ihren bornierten Nachbarn. Das Fass zum Überlaufen brachte er, als er ihren Kindern einreden wollte, dass allein erziehende Mütter alle nur arme vom Fürsorgeamt abhängige Frauen seien. So nicht, dachte sie sich zu Recht und sann auf Rache! Als Hauswartin bekam sie mit, von wem ihr Nachbar Rechnungen zu erwarten hatte. Linda ließ dann gezielt Rechnungen und Mahnschreiben bestimmter Firmen einfach auf Nimmerwiedersehen verschwinden. Der Ärger für ihren Nachbarn war vorprogrammiert. Mit viel Genugtuung nahm sie zu Kenntnis, dass die anderen Mietparteien darüber munkelten, was wohl der Gerichtsvollzieher plötzlich so oft bei diesem Meckerfritzen macht ...

9. Banken sind alle Halsabschneider

Carl arbeitet seit Jahren in der internen Postverteilung eines größeren Unternehmens. Tag für Tag musste er sich die dummen Sprüche eines sich außerordentlich wichtig nehmenden Bereichsleiters anhören. Dieser liebe Mensch machte nur einen großen Fehler – er verschickte auch seine private Post auf Kosten des Unternehmens. Statt den Bereichsleiter einfach bei der Unternehmensleitung auffliegen zu lassen, wartete Carl geduldig auf seine Rachechance. Monate vor seinem Rachefeldzug begann der Unternehmenspostbote gezielt die ausgehende Privatpost des Feindes zu öffnen und zu lesen. Dabei erfuhr er sehr viele interessante Dinge. Vor allem sein Schriftverkehr mit der Hypotheken-Gläubigerin gefiel Carl. Die Bank seiner Hausschulden wollte den Kreditrahmen partout nicht erhöhen. Nach einigen heimlichen Versuchen, Schreib- und Briefstil nachzuahmen, wagte Carl seinen Vergeltungsschlag. Am letzten Arbeitstag vor seinem Urlaub versandte der besagte Bereichsleiter ein Schreiben mit nicht zitierbaren Bemerkungen betreffend Kompetenz an seinen Bankberater – in Tat und Wahrheit war jedoch

Carl der Absender und Urheber des explosiven Schreibens. Einige Wochen später – der plötzlich ungewöhnlich schweigsame Bereichsleiter war aus seinem Urlaub schon über zwei Wochen zurückgekehrt – musste Carl der Polizei Rede und Antwort stehen. Geduldig erklärte er ihnen, wie die zum Versand vorgesehene Post von den Abteilungen zu ihm gelangt. Er mimte das Unschuldslamm sehr gekonnt, denn schließlich ahnte er, warum die Polizei das wissen wollte. Von der Polizei hörte er nie mehr etwas, der Bereichsleiter kündigte von sich aus und sein Haus wurde zwangsversteigert ...

8. Terrorwaffe Telefon

Gescheiterte Unternehmer mit Herz und Gewissen, aber eben ohne Geld können nur zu gut bestätigen, dass ein Telefonapparat durchaus massive Angstgefühle auslösen kann. Ein guter Kollege konnte dem Konkurs zwar äußerst knapp entrinnen, beschrieb mir aber folgendes Szenario: „Du weißt, dass du kein Geld hast, um die Rechnungen zu begleichen, deine Gläubiger wollen aber – zu Recht – ihr Geld sehen. Sie rufen an. Bei jedem Klingeln fährt dir der Schreck in die Glieder. Es hätte zwar durchaus ein Kunde sein können, du denkst aber nur an die vielen „bösen" Gläubiger und betest, dass das Läuten bald aufhören möge. Der Höhepunkt ist jeweils das Gedankenkarussel, den Anruf überlebt zu haben, verbunden mit Angstschweiß treibenden Überlegungen, was wohl beim nächsten Gebimmel passieren könnte." Wie eine schwarze Gewitterwolke schwebt die Terrorwaffe Telefon über den eingeschüchterten Köpfen finanziell gestrandeter Visionäre. Selbst nach dieser Offenbarung kannst du nur erahnen, wie sich ein von Telefonterroristen gepeinigtes Opfer in der Regel fühlt!

1. Ohrenpfeifen

Alt aber nach wie vor sehr effizient – die Trillerpfeife. Nachts, wenn das Opfer geweckt durch das enervierende Telefongebimmel schlaftrunken zum Telefonhörer greift und ihm ein langes, schrilles Pfeifen das letzte bisschen Schlaf aus dem Hirn bläst, ist der Grundstein bereits gelegt, dass zumindest das Opfer das Telefon nicht mehr als nette Kommunikationserfindung anschaut. Nach dem ersten derartigen Vorfall wird sich dein Feind noch keinen besonderen Reim auf das Pfeifen machen können. Jedoch nach dem zweiten, dritten Mal wird er wissen, dass es kein Zufall sein kann und wird den Telefonanschluss nachts wohlweislich kappen oder den Hörer beiseite legen. Startest du das gleiche Psychospiel über seine Durchwahlnummer an seinem Arbeitsplatz, trennt sich dein Feind entweder ganz langsam und ängstlich von seinem geliebten Apparat oder aber seine jähzornige Ader wird deutlich zum Vorschein kommen. Wie auch immer, die Konzentration und damit verbunden die Arbeitsresultate werden auf jeden Fall immer schlechter. Bei meinen aufwändigen Nachforschungen stieß ich übrigens auf einen in diesem Zusammenhang sehr interessanten Gerichtsfall, der sich mit einer ähnlich gelagerten „Bestrafung" auseinander setzte. Der Peiniger erhielt für sein Tun eine Gefängnisstrafe wegen Körperverletzung aufgebrummt. Auch Richter kennen keine Gnade!

2. *Böse Anrufbeantworter*

Seit es Anrufbeantworter gibt, flößen sie den Menschen Angst ein. Zumindest scheint es so, wenn man beobachtet, wie viele Menschen sich nicht trauen, ihre Nachricht auf diesem selbstständigen Kommunikationsgerät zu hinterlassen. Dabei sind Beantworter ganz harmlose Dinger, deren Leben man sehr schnell beenden kann. Mit einer lauten Trillerpfeife setzt man die Elektronik rasch außer Betrieb. Beantworter älteren Datums kann man mit einem zweistelligen Code von einem anderen Telefon aus fernbedienen. Vom harmlosen Code ändern bis hin zum unsittlichen Neubesprechen des Kommunikationsbutlers ist alles möglich. Ein Bodenleger zurück aus seinem Urlaub hörte nur komische, sich eher negativ äußernde Stimmen auf seinem Band und konnte sich darauf keinen Reim machen, bis er seinen Ansagetext überprüfte: „Leider mussten wir den Betrieb wegen Zahlungsunfähigkeit schließen." Das war nicht sein Text.

3. *Nette Gemeinheiten am Handy*

Versteht dein Feind Fremdsprachen? Dann stell ihm doch einmal sein Handy auf griechisch ein. Er wird damit sicherlich seine wahre Freude haben! Auch sehr reizvoll ist die Änderung des Pin-Codes. Doreen – sie ist außerordentlich eifersüchtig – fand eines Tages eine Nachricht auf dem Handy ihres Partners, die ihr ganz und gar nicht gefiel. Sie war so außer sich, dass sie im Internet einen Dienstleister ausfindig machte, über den sie günstig Kurzmitteilungen versenden konnte und deckte ihren scheinbar treulosen Freund kurzerhand mit 1000 – in Worten: tausend! – kurzen Mitteilungen ein. Das kostete sie zwar ein paar kleine Scheinchen, das Handy ihres Bettnachbars war dafür aber über Stunden für jegliche Mitteilungen gesperrt. Der Arme musste alle Nachrichten einzeln empfangen und löschen – das dauert! Um so genannte Mailbomben abschicken zu können, benötigt man übrigens nicht unbedingt einen speziellen Dienstleister. Entsprechende Software und ein Modem-Anschluss sind völlig ausreichend.

4. *Öffentlichkeit tut gut!*

Viele Zeitgenossen sind gar nicht so kommunikativ wie sie sich oft geben. Vor allem in dauernden Geldnöten steckende Personen geben ihre Rufnummer nicht gerne preis – womöglich könnte ja noch ein Gläubiger anrufen! Speise darum geheime Telefonnummern deines Feindes konsequent in die öffentlichen Verzeichnisse ein. Er wird sich mit Sicherheit freuen, dass er dann öfter als bisher angerufen wird. Vor allem bei Geldschuldnern ist es amüsant zu beobachten, wie sie sich still und leise verdrücken, wenn wieder jemand anruft, der wahrscheinlich seine Kohle sehen möchte. Aber auch nur die direkten Geschäftsnummern von viel beschäftigten und überall bekannten Personen, welche öffentlich gemacht werden, können ganze Betriebsabläufe immens stören. Müssen interne Nummern aus diesem Grund ersetzt werden, ist der Ärger mit dem Chef meistens vorprogrammiert.

5. Schlechte Beratung ist keine Beratung

Das dachte sich Nico, der sich von einer so genannten unabhängigen Versicherungsagentur veräppelt führte. Er sann auf Rache. Da er in Sachen Telekommunikationstechnik ziemlich Bescheid weiß und sich daran erinnerte, dass die üble Abzockeragentur einen einfachen, analogen Telefonanschluss besitzt, kaufte er sich kurzerhand eine Wertkarte für die öffentlichen Telefonzellen. Er wusste auch, dass die seinem Geschäft gegenüberliegende Zelle nicht sehr oft benutzt wird. Er marschierte also zum öffentlichen Telefon, steckte die Wertkarte ein, rief die besagte Vermittleragentur an und legte den Hörer ohne ein Wort zu sagen beiseite. Pech für die kleine Agentur, dass sie nicht einmal ein Handy zu ihrem Inventar zählen konnten. So war der Versicherungsvermittler einen ganzen Nachmittag telefontechnisch von der Außenwelt abgeschnitten. Das wusste Nico, weil er ein paar Mal versuchte, diesen seiner Ansicht nach einmaligen Saftladen zu erreichen. Anderntags rief er an, um wieder einmal seiner Reklamation Gewicht zu verleihen und nebenbei schuldzuweisend zu bemerken, dass die Agentur am Vortag nicht zu erreichen gewesen war. Der Agenturleiter versuchte ihm entschuldigend zu erklären, dass er in keiner Weise außer Haus telefonieren konnte, weil das Telefon irgendwie blockiert gewesen sei. Das Schlitzohr Nico verkaufte ihm daraufhin eine für digitales Telefonieren (ISDN) fähige Hausinstallation und obendrein die neuen Telefone. Er konnte so seinen Schaden wieder wettmachen.

6. Mobbing mit dem Handy

Die fast harmloseste der mir zugetragenen Varianten von Mobbing mit dem Handy ist die, dass der Quasselbegleiter kurz in Wasser getaucht und anschließend fuselfrei abgetrocknet wieder an Ort und Stelle gelegt wird. Aber eben, es geht auch härter! Ein Vereinskollege von mir gestand mir einmal – er war ziemlich niedergeschlagen – dass er immer in wichtigen Sitzungen hässliche Kurzmitteilungen auf das Handy erhält. Dabei sei „Du bist eine Pfeife“ noch so ziemlich die harmloseste Variante. Einmal klingelte das Telefon mitten in einer Sitzung, er nahm den Anruf entgegen und wurde sehr laut mit schlimmen Wörtern eingedeckt. Er wusste gar nichts zu entgegnen und konnte sich bei der anschließenden Geschäftspräsentation kaum konzentrieren. Das Geschäft ging dann auch „den Bach runter“, wie er mir erklärte. Ehrlich, ich wusste gar nicht, dass dieser Wichtigtuer ein derartiges Sensibelchen war. Auf die Frage, was er denn nun machen soll, konnte ich ihm auch keinen vernünftigen Rat geben. Wäre er nicht ein wirklich großer Kotzbrocken, hätte ich ihm vielleicht noch geraten, das Handy künftig im Auto zu lassen. Insgeheim freute ich mich spitzbübisch, dass ihm ein Racheengel das Leben schwer macht. Eine andere, früher sehr lebenslustige Männer verschleißende Kollegin wurde immer griesgrämiger, und mit witzigen Kurzmitteilungen konnte man ihr überhaupt keine Freude machen. Ein Ex von ihr erzählte mir kurz vor dem Entstehen dieser Buchidee auch weshalb – egal wie oft sie ihre Handynummer wechselt, sie erhält immer die gleichen bitterbösen Kurznachrichten. Sie werde regelrecht mit Schmäh-Mails bombardiert und sie könne nichts dagegen unternehmen. Die hat anscheinend jemand wirklich stinksauer gemacht. Ein befreundeter Informatiker klärte mich darüber auf, dass es aber noch erheblich schlimmer geht.

7. Wenn das Handy so tut als ob...

Mit gefakten Kurznachrichten kann man seinem Feind wirklich große Probleme einbrocken. Nun, was heißt da „gefakt“ [gefeikt]? Damit ist einfach ausgedrückt gemeint, dass dem Nachrichten-Empfänger ein anderer Absender als in Wirklichkeit vorgetäuscht wird. Hilfreich bei dieser Art der Rache ist, dass über 90 Prozent der Handy-Benutzer nicht wissen, dass eine empfangene Nachricht auch von einem ganz anderen Absender stammen könnte! Der Computerfreak, von dem dieser Tipp stammt, verriet mir, dass er sich noch auf verbotene Weise in Telekommunikationssysteme einschleichen musste, um seine Feinde mobil zu beglücken. Mittlerweile gibt es Dienstanbieter, bei denen man Kurznachrichten unter anderer Nummer ganz offiziell und vor allem anonym absetzen kann! Du findest sie über die Suchmaschinen im Internet, wenn du die Begriffe „SMS“ und „fake“ verwendest. Dem üblen Schabernack, den du damit treiben kannst, sind keine Grenzen gesetzt. Das beginnt damit, dass du zwei gute Freundinnen gegenseitig mit derben Behauptungen eindeckst, bis hin zu bösen Entgleisungen dem Chef gegenüber. Natürlich immer mit der entsprechenden Absenderkennung, die du gerade einsetzen willst.

8. Telefonzellen werden immer besser!

Früher konnte man in Telefonkabinen lediglich telefonieren. Heute stellen nebst SMS, kurzen Faxnachrichten selbst Internetverbindungen kein großes Problem mehr dar. So kann man von fast überall her und zu jeder Zeit gemeine Nachrichten loswerden, ohne Gefahr zu laufen, ertappt zu werden. Das gilt natürlich nur, wenn man den Bogen nicht überspannt! Für Beleidigungen, Scheinerpressungen und andere Schandtaten bergen die öffentlichen Zellen dann doch zu viele Gefahren. Und dennoch kann man die öffentliche Kommunikationstechnik sehr wohl für erfolgreiche Rachefeldzüge benutzen. Das beste Beispiel gab mir der äußerlich immer ruhig scheinende Ben. Er, der eher von sensibler Natur ist und sich sozial sehr engagiert, gestand mir eines Tages eher überraschend einen sehr effizienten Racheakt. In der Schule wurde er vom besonders ekelhaften Anwaltssohn Justin immer als Außenseiter gebrandmarkt. Noch Jahre später wurde er immer wieder an den erlittenen Schmerz erinnert, obwohl er mit Justin nach der Schule glücklicherweise nichts mehr zu tun hatte. Aber durch sein soziales Engagement bekam er eher zufällig mit, wie Justin mehr und mehr in die rechtsextreme Szene rutschte. Als er dann hörte, dass dieser auch noch periodisch Szene-Konzerte organisierte, verfasste er von Telefonzellen aus Faxmitteilungen an interessierte Redaktionen. Und wie die interessiert waren! Mit Genugtuung bemerkte Ben, dass die Journalisten sich an Justins Fersen hefteten und sich mit einer klaren Haltung gegen das Tun von Justin stellten. Da in der Berichterstattung die richtigen Namen jedoch fehlten, ist die Warnung bei Justin und seinen braunen Gesinnungsgenossen offenbar nicht so richtig angekommen. So sammelt Ben weiter Daten, um den Widerling und seine Mitläufer nicht nur aus persönlichen Gründen gründlich anzuschwärzen.

9. Trennungsspektakel per SMS

Die Boulevardpresse berichtet immer wieder, wie sich Prominente per SMS, E-Mail oder Faxmitteilung trennen. Führ dich doch einmal wie eine Person aus dem Show-Business auf! Sonya hasste einen ihrer Bürokollegen bis aufs Blut. Dass der verheiratete Mittvierziger grundsätzlich allen Frauen unter 30 ohne Rücksicht auf deren Kleidergröße nachgeiferte, vereinfachte die

Zusammenarbeit nicht wirklich! Zusammen mit zwei gleich gesinnten Kolleginnen organisierte Sonya den Widerstand. Gemeinsam kauften sie ein Handy mit vorausbezahltem Guthaben und heckten den mit Sicherheit korrekt verlaufenden Racheplan aus. Fortan erhielt der Schürzenjäger von einer fiktiv umschwärmten Carmen dauernd gehässige Kurzmitteilungen, dass er sie in Ruhe lassen soll. Antworten des Casanovas wurden einfach ignoriert. Den Durchbruch schaffte das Rachetrio jedoch mit den Faxnachrichten auf den privaten Hausanschluss. Von einem Tag auf den andern war der Möchtegern-Casanova wie verwandelt. Es war sehr nahe liegend, dass die Ehefrau zumindest einen der vielen Faxmitteilungen in die Hände bekam. Sonya erzählte mir jedenfalls lachend, dass wohl kein Therapeut der Welt in dieser Rekordgeschwindigkeit ein derart wohl tuendes Resultat hätte erzielen können.

10. Kleine Hörspiele gegen den Ehefrieden

Auch Debbie hatte die Nase gestrichen voll von einem schleimigen Verehrer, dem zudem nachgesagt wurde, dass er als notorischer Ehebrecher berüchtigt sei. Zusammen mit einer Kollegin sorgte sie im Hause des Schürzenjägers für mächtigen Zoff. Es war ein kühler, dunkler Abend im Dezember. Debbie und ihre Kollegin beobachteten vom in einer Nebenstraße geparkten Auto aus das Treiben im Hause des Seitenspringers. Er saß friedlich mit seiner Familie und zwei Gästen – seine Schwiegereltern, wie Debbie viel später über sieben Ecken erfuhr – am reich gedeckten Tisch. Die angeblich Sitzengelassene – Debbies Kollegin – griff zu ihrem Handy und rief den noch nichts ahnenden und ach so tollen Hengst an. Im Haus stand jedoch nicht er, sondern seine Frau auf und griff zum Hörer. Debbie musste sich ein lautes Lachen verkneifen, als ihre Beifahrerin Angela gleich drauflosheulte, dass sie von Thomas wohl schwanger sei, der aber von ihr nichts mehr wissen wolle und sie nicht verstehen könne, dass der nun so tun könne, als sei nichts geschehen. Die Ehefrau von Thomas marschierte mit dem kabellosen Telefon wutentbrannt zu ihrem untreuen Gesellen, schmierte ihm eine, drückte ihm den Hörer in die Hand, keifte mit tränenerstickter Stimme noch irgendetwas und rannte aus dem Wohnzimmer. Ihre Mutter hinterher, ihr Vater baute sich mit ernstem Blick hinter Thomas auf, nur die Kinder blieben mit großen, nichts verstehenden Augen auf ihren Stühlen kleben. Angela kreischte noch etwas wie Scheißkerl in das Handy und legte auf. Der Ehefrieden war dahin, die Festtage zum Teufel. Zwei Jahre später wurde das Paar vom Scheidungsrichter getrennt. Debbie und ihre Kollegin waren an der Scheidung sicherlich nicht ganz unschuldig.

11. Begehrte Dinge zum Schnäppchenpreis

Auch zwei Jahre nach der Trennung von Kim verspürte Adrian den Wunsch nach Rache. Kim sollte dafür büßen, dass sie ihn einfach so verlassen hatte. Die Schuhverkäuferin konnte jeweils montags ihren freien Tag nehmen und ausschlafen. – Letzteres zumindest normalerweise. Adrian wollte nämlich, dass der Morgenmuffel Kim schon ein bisschen früher aus den Federn geholt wird. Er schaltete in der lokalen Presse eine Anzeige, dass Kim drei große Körbe der begehrten Plastik-Spielklötzchen aus Dänemark supergünstig zu verkaufen habe. Erreichbar sei sie jeweils morgens ab 6:20 Uhr. Nach der ersten Anzeige dachte Kim noch, sie sei wohl Opfer eines Druckfehlers geworden, da in der Anzeige nur die Telefonnummer aufgeführt war. Dieser Eindruck täuschte stark, was sie zwei Anzeigen später auch selber feststellte. 18 Wochen und sechs Anzeigen später kündigte sie ihren Telefonanschluss, denn kostenlose Schuldenberatung wollte sie nun wirklich nicht auch noch anbieten. Ihr Leid klagte sie ausgerechnet Adrian, den sie auch heute noch als einen sehr guten Freund bezeichnet. Der hingegen labte sich genüsslich an ihren Leidensgeschichten. Und er wüsste noch unzählige Racheideen mehr umzusetzen, gleichzeitig ist ihm aber klar, dass er sich bei erneutem Schabernack verraten würde. Denn die neue Telefonnummer ist nur einem kleinen, erlauchten Kreis zugänglich. Darum wird er sich noch sehr lange gedulden müssen ...

12. Neue Handy-Technik freut das Rächer-Herz ...

Kurz vor dem Druck der ersten Auflage dieses Buches erschien das Handy Nokia 7650 und es fand – für mich weniger erstaunlich – schnell viele Fans. Konnten bis dahin allerhöchstens heimlich Gespräche mitgehört werden, besitzt das Nokia 7650 Kamera und Bewegungssensor! Claudia, welche ihren Mann des Ehebruchs verdächtigte, versteckte das besagte Kommunikationsgerät im Schlafzimmer und richtete das kleine Kameraauge auf das gemeinsame Bett. Und tatsächlich, ihr damaliger Ehemann und jetzt Ex-Mann tummelte sich auch mit einer anderen Frau auf der ehelichen Spielwiese. Die kompromittierenden Bilder verschickte das Handy gleich per E-Mail an seine Besitzerin.

9. Nicht ohne mein Auto ...

Das Auto ist nicht nur „der Deutschen liebstes Kind"! Viele erliegen der Faszination, die von funkelnden Automobilen mit breiten Reifen und großen Motoren ausgeht. Dabei sind es längst nicht mehr nur Männer, deren fahrbarer Untersatz ein Heiligtum darstellt. Ich habe schon einige weibliche Wesen weinen sehen, nur weil ihr mehr oder minder wertvolles Fahrzeug ein nur mit der Lupe wahrnehmbares Kratzerchen abbekommen hat. Mein Kollege erzählte mir beim Bowling eine nette Anekdote. Er saß mit seiner Freundin im Wohnzimmer, als deren Bruder ins Haus geeilt kam und ihm offenbarte, dass er soeben in sein Auto gefahren sei. Es tue ihm außerordentlich Leid, und er solle ihm die Rechnung nur einfach bringen. Er komme für den Schaden selbstverständlich auf. Nun, es hörte sich für meinen Bekannten beinahe so an, als ob sein Auto schrottreif wäre. Und ihm tat schon fast der Schadensverursacher leid, da sich dieser spürbar nicht wohl in seiner Haut fühlte. Als der Geschädigte den Schaden begutachtete, starb er fast – aber vor Lachen. Die daumengroße Beule war kaum sichtbar, und einen Lackschaden gab es auch nicht. Für meinen Kollegen war der Schaden nicht der Rede wert, da für ihn das Auto ein einfaches Werkzeug darstellt, in das man nicht unnötig Geld investiert. Die Mehrheit hingegen ist da anderer Meinung. Vielleicht ist das auch der Grund, warum dem Thema „Auto" doch etliche Seiten Racheideen gewidmet sind ...

1. Persönliche Gravuren ...

Natürlich sind damit profane Kratzspuren gemeint, einfach ein bisschen netter umschrieben. Aber Kratzer sind trotzdem nicht einfach Kratzer. Mirka beispielsweise zerkratzte den Mercedes ihres verheirateten Ex-Freundes gezielt mit kleinen, tiefen Spuren, immer möglichst über zwei Karosserie-Teile. Über eine Arbeitskollegin erfuhr sie später, dass er erst nach vielen Attacken und einigen teuren Rechnungen feststellte, dass es da wohl jemand auf ihn abgesehen hatte. Mirka war auch wirklich gemein, nicht nur, dass sie immer ein anderes Kratzwerkzeug verwendete, auch zerkratzte sie sein Auto über zwei Jahre hinweg an unterschiedlichen Orten zu verschiedenen Zeiten. Frans dagegen war auch Monate später so sauer über einen seiner Meinung nach falschen Schuldspruch, dass er das Auto des zuständigen Richters kurzerhand mit einer batteriebetriebenen Stahlbürste über alle Karosserieteile hinweg bis auf das Metall runterbürstete. Da der Autobesitzer samt Familie in den Weihnachtsferien weilte, konnte er sein Geschenk inklusive

Rostansatz erst viel später bewundern. Der Person, die zum Haus schaute, fiel nichts auf, da Schneefall das Frevlertum gut versteckt hielt. Auch Luc hatte noch eine Rechnung offen. Mit einem großen Nagel kratzte er je ein Hakenkreuz in die Motorenhaube und in die Türen des Autos seines ehemaligen Feldwebels. Nebst all dem Ärger war auch der Flirtfaktor des kurzhaarigen Berufsmilitärs bei der jungen Empfangsdame in der Autowerkstatt wohl dahin. Tobias bestrafte den unsympathischen 39-jährigen Hengst seiner erst 16-jährigen Schwester mit einer äußerst wirksamen Therapie. Bewaffnet mit einem akkubetriebenen Bohrmaschinchen fräste er gut lesbar „Kinderschänder“ in den Heckflügel seiner Nobelkarosse ...

2. Bullen sind Deppen

Nicht für Gunar! Im Gegenteil, er konnte auf kleinen Sünden herumhacken wie kein anderer. Für ihn muss oder besser musste alles seine Ordnung haben. Kein Wunder also, dass Gunar zwangsläufig einige Feinde hatte. Sandro war so einer, der sich über Gunar immer massiv aufregen konnte. Zumindest bis der Grafiker einer Idee erlag, mit der er Hoffnung schöpfte, dem Pendant eine Lehre zu erteilen. Er kreierte mehrere Aufkleber mit Aufschriften wie „Bullen sind Deppen“, „Nur Memmen verteilen Strafzettel“ und andere. Die selbst hergestellten Aufkleber waren gerade so groß, dass man damit die Parkscheibe hinter der Windschutzscheibe schön überdecken konnte. So sammelte Gunar fortan seine Knöllchen. Er stellte zwar die Parkscheibe jeweils brav ein, aber mindestens einmal in vierzehn Tagen überdeckte einer der beschriebenen Aufkleber dieses Ding. Und prompt erhielt er dann einen Strafzettel. Schlimm für ihn war wohl vor allem der Umstand, dass ihn die zuständige Polizei nur belächelte, wenn er zu erklären versuchte, dass er die Parkscheibe richtig eingestellt habe und der Aufkleber erst nachträglich und nicht von ihm angebracht worden sei. Da Sandro nicht auch noch einen Herzinfarkt à la Gunar riskieren wollte, brach er seine Strafaktion nach einigen Wochen ab.

3. Cabrios können nie genug abgesichert werden!

Mechanische Wegfahrsperren gibt es mittlerweile sehr günstig zu erwerben. Diese leidvolle Erkenntnis machte auch Sunnyboy Julio. Es war wohl irgendeine seiner unzähligen Liebschaften, die ihn bei seinem im Sommer stets offenen Cabriolet mit einer mechanischen Wegfahrsperre am Lenkrad beglückte. Dabei hatte er eigentlich noch viel Glück – vom Zeitverlust mal abgesehen. Die hübsche blondhaarige Alissa fand ihr Freiluftfahrzeug vor noch nicht allzu langer Zeit gefüllt mit klein gehäckseltem Stroh vor! Selbst nach mehrfacher gründlicher Reinigung fanden sich immer noch Reste von Strohhalmen!

4. Autotuning der besonderen Art

Echte Autotuner werden die nachfolgenden kleinen Geschichten wohl nur mit einem leichten Schaudern überstehen. Ed, ein großer Freund der Künste aus der Spraydose und selber Spraykünstler fühlte sich von einem Auftraggeber massiv hintergangen. Zuerst ließ ihn der bekannte und reiche Gastronom sein Werk zwei Mal nachbessern, um dann trotzdem eine Kürzung vorzunehmen, weil das Werk gemäß seinen Erklärungsversuchen doch nicht ganz den Vorstellungen entsprach. Das geschah vor über vier Jahren. Die Spraykunst zeigte sich nach wie vor von der schönsten Seite, Ed war immer noch wütend und der Gastronom und fleißige Kirchgänger Mikosch mitsamt seiner ganzen Familie für vier Wochen in den Ferien. Nachdem sich Ed mit ein paar Bierchen Mut angetrunken hatte, ging er ans Werk. Ohne zu kleckern, färbte er die vier Pneus des Luxus-Japaners vor Mikoschs Hotel mit leuchtend schönen Farben wie Pink und Gelb um und beschriftete sie mit weniger rühmlichen Titeln wie „Geizhals“, „Frauenheld“ usw. Alles Begriffe, die er in den vergangenen Jahren am Stammtisch im dem Hotel gegenüberliegenden Restaurant über den lieben Mikosch gesammelt hatte. Nachdem er sein Werk noch schnell mit dem Fotoapparat verewigte, verschwand er wieder in die Dunkelheit. Obschon Ed sich nicht besonders bemühte, unauffällig zu arbeiten, fand bislang niemand heraus, wer der Übeltäter ist. Das japanische Edelmetall auf vier Rädern war nach Eds Erzählungen über Tage hinweg eine große Dorfattraktion, bis Mikosch wieder zu Hause war – der montierte sehr schnell neue Pneus auf die Felgen. Auch Christas gelber VW Käfer sah eines Morgens nicht mehr so aus, wie sie ihn in Erinnerung hatte. Vom Dach ausgehend waren sämtliche Lackflächen wie schwarz eingefärbt, als ob jemand auf dem Dach eine undichte Lackdose abgestellt hätte. Ein Kollege, der in der Chemie arbeitet, gab mir den Hinweis, dass da jemand wahrscheinlich mit Silbernitrat herumgespielt hat. Kleinste Mengen von wenigen Milligramm würden bereits reichen, um ein Fahrzeug auf die beschriebene Weise zu zerstören. Vor allem sprach dafür, dass die Autofenster den Angriff scheinbar unbeschädigt überstanden. Der Lack dagegen war großflächig eingeschwärzt. Auf witzige Art rächte sich dagegen Delora an ihrem Freund Mat. Delora wurde einfach den Verdacht nicht los, dass Mat sein Auto lieber hat als sie. Nachdem Mat wie jeden Samstag sein Auto fein säuberlich gewaschen hatte, verschwand er zu Fuß in seine Stammkneipe zu seinen Kumpels. Da schritt Delora zur Tat. Mats Auto wurde fein säuberlich mit Frischhaltefolie verpackt. Auf die Frontscheibe kamen noch zwei Rosen und ein kleines Briefchen, verfasst von Delora. Nach weniger als einer Stunde Arbeit konnten weder Regen noch Tauben mit Blähungen dem Auto etwas anhaben. Und die Aktion war anscheinend ein voller Erfolg, jedenfalls gelten Mat und Delora immer noch als ein nettes Vorzeigepaar.

5. Kleine, gemeine Angriffe gegen vierrädrige Lieblinge

Brian war wütend, dass die Verflossene ihn auch Monate nach der Trennung immer noch je nach Laune mit Beschimpfungen, aber auch mit Liebesbekundungen eindeckte. Eines Abends, wir verließen gerade den lauten Pub eines ansonsten verschlafenen Bauernnestes, stießen wir auf dem Parkplatz auf den roten Kleinwagen der ehemals großen Liebe von unserem Brian. Er, nach einigem Alkohol nicht mehr ganz bei sich, schaute den Wagen von allen Seiten an, baute sich vor der Fahrertür auf und entleerte kurzerhand mit einem Strahl gegen den Türgriff seine Blase. Nach dem vollzogenen Racheakt schritt er mit einem selbstzufriedenen Gesicht zu unserem Auto. Ich glaube, Marlene weiß noch nach weit über einem Jahrzehnt nichts von Brians Rache. Das ist durchaus auch gut so. Weitaus schlimmer erwischte es Arian. Der Informatiker ließ nur zwei Tage sein Münchener Nobel-Cabriolet alleine und das Stoffverdeck sah wortwörtlich – entschuldige bitte die Wortwahl – verschissen aus. Irgendwem musste Arian mächtig auf die Füße getreten sein, ansonsten wäre wohl kaum den gefiederten Freunden Vogelfutter auf dem textilen Dach seines liebsten Spielzeuges angeboten worden ...

Wenn sich Menschen rächen wollen, denken viele rasch an möglichst große Beschädigungen am Fahrzeug ihres Feindes und vergessen dabei, dass die meisten Schäden versichert sind und sie sich selber zum Teil massiv strafbar machen, sofern sie denn erwischt werden. Und genau diese Gefahr, ertappt zu werden, ist viel höher als in der endlos großen Wut oder Enttäuschung abgeschätzt wird. Dabei geht es doch sehr viel subtiler, vorausgesetzt, der Fahrzeugbesitzer liebt sein motorisiertes Vehikel. Thekla erzählte mir bei einem Gläschen Wein, wie sie ihren Exfreund und Frauenheld über Monate mit kleinen Veränderungen am Auto geärgert hatte. Einmal fehlte die abschraubbare Radioantenne, ein anderes Mal fehlte ein Raddeckel und so weiter und so fort. Die kleinen Schäden konnte er keiner Versicherung angeben, und sie konnte sich lebhaft vorstellen, wie sehr sich Neil über die fehlenden Dinge aufregte. Neil hatte sich gerade einen neuen Wagen zugelegt, als er ein Paket vor der Haustür mit all den demontierten Teilchen vorfand. Ab diesem Zeitpunkt wusste er definitiv, dass er Opfer eines Rachefeldzuges geworden war. Die Schlitzohren Tammy und Erland waren sich schon seit Monaten einig, dass sie ihrem faulen Bürokollegen Niels per Gelegenheit eins auswischen wollten. Kurz vor Niels' Osterferien grinste Erland über all seine vier Backen und weihte Tammy in sein Vorhaben ein. In der Nacht von Samstag auf Sonntag schlichen sich die beiden zum Domizil von Niels und schraubten dem Camperfreund die Anhängerkupplung an seinem Zugfahrzeug ab. Sie wussten beide, dass Niels am Sonntag mit Familie und Wohnwagen eigentlich in seine unverdienten Ferien fahren wollte. Dumm gelaufen!

6. ... und noch mehr kleine gemeine Geschichtchen

Gordon war nie ein großer Tiernarr. Besonders über Katzen, die ungefragt um sein Auto herumstolzierten, konnte er sich maßlos aufregen. An einem lauen Juni-Abend kriegte sein Chevrolet eine massive Baldriankur ab. Der arme Kerl hatte plötzlich alle frei laufenden Samtpfoten aus der Nachbarschaft und noch einige Stubentiger mehr zu Besuch und durfte sich der gutnachbarschaftlichen Beziehungen wegen nicht daneben benehmen ... Gordons Gesichtsausdruck verriet aber allen, wie gerne er sein Fahrzeug schrubbend vom Baldriangeruch befreite. Den immer gut gelaunten Torsten kann man ruhig als so etwas wie jeder Schwiegermutters Liebling nennen. Aber auch der hat es ganz faustdick hinter den Ohren. Der ausgebildete Schlosser führt immer ein paar rostige Nägel in einer Blechdose im Handschuhfach mit. Bei einer Autofahrt diskutierten wir angeregt über mein Buchprojekt, als er mich aufforderte, die Blechdose zu inspizieren: „Rostige Nägel?" „Wenn ich fabrikneue, glänzende Nägel unter die Reifen von dummen Zeitgenossen drücke, fällt das doch gleich als Racheakt auf. Mit rostigen Nägeln kannst du das einige Male praktizieren, bevor das arme Opfer überhaupt merkt, dass sich da vielleicht jemand rächen möchte", war seine selbst mir überaus einleuchtende Antwort!

Popkorn im Kino ist ja gut und recht, aber im Auspuff arbeiten die Maiskörner nur für den Reparaturdienst. Vor allem, wenn das Ausgangsprodukt im so genannten „Topf" landet. Mein Bekannter Tommy bezahlte jedenfalls eine horrend hohe Rechnung für diesen Lausbubenstreich oder vielleicht auch Racheakt. So genau weiß er das eben nicht. Harmlos dagegen sind Seifenspuren auf Autoscheiben. Aus der Entfernung sieht sowas zwar wie kaputtes Glas aus und sorgt für unnötige Aufregung, mit ein bisschen Scheibenwischerwasser ist alles weg, wenn nicht kleine spitze Nägel in die Gummis der Wischer eingearbeitet sind ... Madeleine dagegen sparte sehr lange für ihr neues Auto. Aber nur kurze Zeit konnte sie mit ihrem lang ersehnten Traum vergnügt durch die Gegend kurven. Knapp vier Wochen nach dem Kauf stank ihr kleines Ding bestialisch. Stärker als so manches Eingangsbecken einer Kläranlage. Spezialisten fanden heraus, dass jemand Buttersäure in den Lüftungskreislauf getan hatte. Pech für Madeleine, dass die Versicherung den Schaden nicht übernehmen wollte. Nun besaß sie ein nigelnagelneues und trotzdem wertloses, fahruntaugliches Vehikel. Alle ihre Mühen waren umsonst. Analysiert man im Internet die Rache-Foren, ist unschwer zu erkennen, dass Buttersäure eine sehr begehrte Substanz darstellt. Buttersäure ist für den Otto Normalrächer aber nur mit der Überwindung von größeren Hürden zu beschaffen. Der Umgang mit der Säure ist überdies auch nicht ganz ungefährlich. Möchte ich mich in meinem Leben einmal mit einer stinkigen Flüssigkeit rächen, ich würde entweder eine zünftige Brennessel-Jauche ansetzen oder aber ein halbes Kilo Spargel vertilgen und ein paar Stunden abwarten. Was gesund für den eigenen Körper ist, dürfte dem Opfer gewaltig stinken ...

7. Ungewollte Spenden

Kaum war im größten Teil der Europäischen Union der Euro eingeführt, musste er auch schon für besondere Späßchen herhalten. In einer Großstadt wurden in einer Straße sämtliche Schlösser von falsch geparkten Autos mittels Industrieschnellkleber und einem Ein-Cent-Stück plombiert. Trost für die zum Opfer gemachten Verkehrssünder: Die kleinen Münzen durften sie behalten. Immerhin waren das bis zu fünf Stück pro Auto. Auch sehr spendabel war die Person, die unserer lieben und immer alles besser wissenden Maria zwei Feuerzeuge schenkte. Der Spender hätte sie einfach nicht unbedingt im Auspuff ihres koreanischen Untersatzes deponieren müssen. Der Wagen röhrte danach ein ganzes Wochenende lautstark und in jedem einigermaßen schallgeschützten Raum gut vernehmbar durch unsere ansonsten ruhige Siedlung. Maria selber fuhr nach eigenen Angaben gerade auf einer Schnellstraße, als die Feuerzeuge mit einem großen Knall explodierten. Nur mit viel Glück konnte sie nach dem großen Schreck das Fahrzeug noch unter Kontrolle halten. Auch ein in der Gegend gerichtsnotorischer Autohändler bekam sein Fett im wahrsten Sinne des Wortes ab. Denn Fahrzeuge kauft man den Gerüchten nach besser anderswo als bei ihm. Nicht wenige der unterschriebenen Kaufverträge werden früher oder später vor dem Richter verhandelt. Bislang konnte man dem Autohändler offenbar aber nicht die geringste Schludrigkeit nachweisen. Zumindest machte noch kein Vergleich oder seitens des Autohändlers verlorene Gerichtsverhandlung die Runde. Die verärgerten Kunden entstammen dennoch nicht der Gerüchteküche. Mindestens eine Person machte ihrem Ärger auf illegalem Weg Luft. Er schüttete im Hochsommer des noch neuen Millenniums Speiseöl auf die brennend heißen Autodächer der Privat- und Verkaufsobjekte. Dem Vernehmen nach sah man anderntags drei Personen eifrig und gründlich Autos reinigen. Große Frevlertaten müssen in vielen Fällen von den Versicherungen und damit von der Allgemeinheit übernommen werden. Und es ist ein offenes Geheimnis, dass sich viele Geschädigte ihre Umtriebe vielfach von den Versicherungen vergolden lassen. Kleine Schäden fallen dagegen meistens in den vereinbarten Selbstbehalt und werden von der Assekuranz nicht übernommen. So erging es einer kleinen Sicherheitsfirma im frankophonen Raum. Sie musste über Jahre hinweg bei vielen ihrer Dienstwagen immer wieder die Schlösser auswechseln. Am Ende der Serie – der knapp volljährige Straftäter wurde gefasst – wurde ein mittlerer fünfstelliger Eurobetrag als Schadenssumme ermittelt. Und dabei war sich die Ermittlungsbehörde nicht einmal sicher, ob es nicht noch andere Geschädigte als die Sicherheitsfirma gab. Der vorbestrafte junge Mann rächte sich bei der Sicherheitsfirma, weil er von ihr vor Jahren eine Anzeige wegen einer Fassadensprayerei kassiert hatte. Mit einer kleinen Plastikspritze pumpte er jeweils hochkonzentriertes Eisendreichlorid in die Schlösser hinein. Normalerweise benutzt man die gelbbraune Substanz, um Leiterbahnen auf Kupferplatinen zu ätzen und nicht um Schlösser zu zerstören.

Auch Kaliumpermanganat ist richtig angewendet eine ganz hässliche Chemikalie. Grant vergaß einmal längere Zeit eine Petflasche mit einer Kaliumpermanganatlösung im Auto hinter dem Fahrersitz. Beim Aufräumen des

Wagens fand er nicht nur die undichte Flasche, fassungslos starrte er auch auf eine kleine Landschaft von Rostlöchern unter der Fußmatte. Octavia, die Tochter eines Kollegen aus der EDV-Branche, konnte nicht mit in die Sommerferien, weil sie in ihrem Betrieb keinen Urlaub bekam. Am Vorabend der Reise war sie derart sauer, dass sie den Autoradiocode im elterlichen Auto änderte. Die Eltern, die Großmutter und der Bruder hatten im Auto jedenfalls genug Zeit für lange Gespräche. Nach dem schönen Badeurlaub, der Vater hatte die Übeltäterin schon im Verdacht, verriet Octavia reumütig den neuen Code, und das Radio lief wieder, ohne eine umständliche, unnötige und natürlich auch kostenpflichtige Instandsetzung.

Flannas Ex-Lover Kern hatte schon einige kleinere Vergehen auf dem Kerbholz. Und Flanna konnte ihm nicht verzeihen, dass er sie drei Tage vor ihrem Geburtstag sitzen ließ. Ihr 24. Wiegenfest war ihr traurigster Geburtstag. Sie sann auf Rache. Was lag da näher, als ihm Ärger mit den Behörden zu verschaffen. In einer der langen, einsamen Nächte fiel ihr die passende Idee ein, und sie schritt bereits in der Folgewoche zur Tat. Sie wollte gleich zwei Fliegen auf einen Schlag erwischen. Die eine Mistfliege hieß Guido, ist als ziemlich gewalttätig bekannt und hatte vor Monaten eine Arbeitskollegin bei der Einwohnerbehörde bedroht, und die andere war eben ihr Ex. Dem Guido schraubte sie bei Nacht und Nebel in den frühesten Morgenstunden eines Samstags die Nummernschilder vom Auto ab und verstaute sie bei sich zu Hause an einem sicheren Ort. Genüsslich malte sie sich aus, wie der Guido schäumend vor Wut neue Nummernschilder organisieren musste. Wochen später tauschte Flanna bei Kerns Auto die Nummernschilder gegen die von Guido aus. Über Umwege wusste sie, dass das Fahrzeug drei ganze Tage unbenutzt auf dem Parkfeld herumstehen würde. Am dritten Tag verschickte sie von einer Website aus einen anonymen Tipp auf ein Handy eines Kollegen von Guido, der ein eigenes Geschäft besaß. Dessen Nummer konnte sie ganz einfach von seinem mit Werbung beschrifteten Auto ablesen. Der Weiberheld Kern sackte ein paar blaue Flecken ein und musste neue Autonummern besorgen. Der Ärger mit den Behörden blieb ihm aber erspart, da Guido die Dinge auf seine Art und ohne Polizei regelt. Als Flanna davon erfuhr, wusste sie nicht so recht, ob Kern ihr nun Leid tun soll oder ob sie einfach drauflos lachen will. Denn selbst fast ein Jahr nach dem plötzlichen Ende liebte sie ihren Kern immer noch. Na ja, wer sich rächen will, darf keine Emotionen mehr verspüren, ich bin mir sicher, dass sich Flanna eines Tages verraten wird. Vielleicht ist das sogar schon geschehen, und dann kann sie nur hoffen, dass Kern nicht nachtragend ist ...

8. Die Schutzgemeinschaft der Schulkinder

In Ernos Auto bin ich in meinem Leben nur ein einziges Mal gestiegen. Danach sagte ich ihm, dass ich ihn als Kollege zwar gut leiden kann, ich aber doch noch ein paar Jährchen leben möchte und es deshalb vorziehe, nicht mehr in seinem Auto mitzufahren. Damals guckte er mich mit großen ungläubigen Augen an, er hielt sich selber schließlich für einen sehr guten Autofahrer. Nun, mir war das eigentlich ziemlich egal, denn ich überlebte während einer einzigen Fahrt als sein Beifahrer zwei Mal nur mit knapper Not seine Angriffe auf zwei wirklich scharfe S-Kurven. Das reichte mir vollkommen. Die Jahre vergingen, sein Fahrstil wurde mit den Jahren nicht gemütlicher, und trotzdem baute dieser Kerl bis heute zum Glück nie einen Unfall! Da fliegen bei jeder Fahrt wohl ganze Heerscharen an Schutzengeln mit. Trotz allem fiel sein Fahrstil auch schon anderen Zeitgenossen auf. An einem Montag – Erno wollte gerade zur Arbeit rasen – fand er ein mittleres Plakat an seiner Frontscheibe und darauf stand: „Gemeingefährliche Idioten sollten nicht fahren! Die Nummernschilder sind eingezogen. Schutzgemeinschaft der Schulkinder." Als er mir das erzählte, konnte ich mir ein Grinsen nicht verkneifen, worauf Erno ein bisschen ungehalten reagierte. Seine Nummernschilder sind bis dato nie mehr aufgetaucht.

Viel netter sind da die Kinder aus der Nachbarschaft mit ihrer autoritären Lehrerin umgegangen. Sie steckten einfach immer wieder ein paar Kieselsteine unter die Radkappen. Das machte während der Fahrt ein bisschen Lärm, bis es der Lehrerin zu bunt wurde und sie Aluminiumfelgen montieren ließ. Da gab es dann keine Radkappen mehr. Das erinnert mich an eine überaus nette Lehrerin aus meiner Schulzeit, deren Mini wir hin und wieder zu viert in eine Ecke trugen. Wir waren wenigstens immer so nett, dass wir das kleine Kultauto auch wieder fahrbereit hinstellten. Schlechter erging es da einem heimlichen Liebespärchen. Die beiden – nur eben nicht miteinander verheirateten – Banker kamen gerade aus einer „Besprechung" in einem Nobelhotel, als er mit Schrecken im gesamten Innenraum seines offenen Cabriolets eine pulverartige Substanz vorfand. Minuten später war klar, dass es sich bei der Substanz um Toner oder Tonerreste handeln musste. Er wagte nicht, sich in das Auto zu setzen und wollte mit ihr Plastikfolie zum Abdecken holen. Sie stiegen also in ihre Limousine ein und mussten rasch feststellen, dass auch in das Lüftungssystem ihres Autos Tonerpartikel geleert wurden. Wenigstens hatten nun beide einen offiziellen, wenn auch unfreiwilligen Partnerlook.

Nicolas benötigte einige Monate für die Verarbeitung der Tatsache, dass ihm seine Traumfrau ausgespannt wurde. Seine Ex und der Nebenbuhler waren zwar nur ein paar wenige Wochen ein glückliches Paar, das hielt Nicolas aber nicht davon ab, sich gebührend dafür zu bedanken, dass er um ein paar Illusionen mehr beraubt wurde. Er wähnte sich ganz unverdächtig, da seine Zielperson in der Zwischenzeit schon einige Lokalschönheiten erobert hatte und sich kaum noch an ihn beziehungsweise an Alisa erinnern würde. Seine Wut jedenfalls muss unvorstellbar groß gewesen sein. Jedenfalls konnte er sich nicht auf Anhieb an jede Rachegeschichte erinnern, die er mir erzählte. Die monatelangen Quälereien fingen ganz harmlos an und obendrein konnte er sich so weit unter Kontrolle halten, dass er nicht blindlings auf Zerstörungswut schaltete. Sein Opfer sollte ruhig denken, dass sich ein verstoßenes weibliches Wesen an ihm rächen will ... – Nicolas' erste Tat entstammte aus dem Bereich der Hochzeitsstreiche. Er hängte an einer Schnur alte, leere Bierdosen an den Jeep der Zielperson. Diese musste zwangsweise nach ein paar Meter nervender Autofahrt anhalten und das scheppernde Altaluminium entfernen. Einige Wochen später hängte der Rächer vom Dienst mit einem kurzen Drahtseil den schweren, noch den Kanalisationsschacht abdeckenden Gullideckel an die Anhängerkupplung des Fahrzeugs. Das erwähnte Gusseisenteil befand sich meistens direkt unter dem Heckteil des geparkten Opferwagens. Da das Drahtseil sehr kurz war, kam der Wagen nicht unbeschadet weg. Das war, wie mir Nicolas zu versichern versuchte, nicht seine Absicht, freute ihn aber trotzdem. Nach diesem Vorfall verzichtete er etliche Wochen auf weitere Aktionen, um danach mit kleinen, netten Strafaktionen fortzufahren. Einmal entfernte er die Scheibenwischerblätter, ein anderes Mal schraubte der Racheengel die Radioantenne ab. Auch der Raddeckel auf der Fahrerseite vorne gefiel ihm gut. Nach etlichen Tagen nervte er sich zu Hause über die herumliegende Radabdeckung, und er entschied sich, das abmontierte Plastikteil wieder zurückzugeben. Und so legte er den Chrysler-Raddeckel vor das Hinterrad auf der Beifahrerseite. Der Chryslerfahrer Lucas übersah das silberne Ding prompt und fuhr die Radebdeckung gleich selber platt. Selig vom Geben nahm sich Nicolas vor, in Zukunft nicht mehr nur zu nehmen. Hätte Lucas gewusst, was noch auf ihn zukommen wird, er hätte den Wagen gratis weggegeben. Zuerst bekam er von Nicolas eine ganze Tube Zahnpasta geschenkt – sauber ausgedrückt unter den Griff der Fahrertür. Lucas freute sich zwar nicht, der Ärger war jedoch auch nicht sonderlich groß. Als Lucas jedoch eine neue Bekanntschaft herumkutschieren wollte und die beim Türgriff auf der Beifahrerseite voll in die Hundekacke griff, war der schöne Abend gelaufen. Es war auch ausgesprochen fies von Nicolas, dass er den Wagen spontan präparierte, als er ihn vor einem Kino abgestellt entdeckte ...

9. Beschäftigungstherapien für Autofreaks
William Fichtner, Co-Star im Film „The Perfect Storm“, bangte um sein automobiles Baby – einen erst gerade restaurierten Plymouth Road Runner Baujahr 1970. Aus purer Angst, dem Oldie auf vier Rädern könnte etwas zustoßen, parkte er den Wagen nicht auf dem normalen Studioparkplatz, sondern neben dem Wohnwagen von George Clooney. Diesem, nicht wie Mel Gibson berüchtigt für jede Art von dummen Streichen und Racheaktionen, juckte es einfach unter den Fingernägeln, und ließ Getriebeöl unter den Plymouth schütten. Quietschvergnügt erzählt Clooney noch heute in seinen zahlreichen Interviews, wie Fichtner neben dem Wagen auf die Kine fiel und laut zu schreien begann. Dabei war ja gar nichts passiert ...

Raiden wurde im Sinne der japanischen Übersetzung seines Namens zum Gott des Donners, als er frühmorgens mit seinem bis zur letzten Schraube aufgemotzten Audi zu einem Tunertreffen aufbrechen wollte, er aber seine veredelte Karosse aufgebockt und der Räder entledigt auf dem Parkplatz entdeckte. Er war bereits drauf und dran die Polizei anzurufen, als er ein komplettes Rad an einem Seil im Birnbaum baumelnd erblickte. Seine Kumpels berichteten, dass unser Freak ganze drei Stunden damit verbrachte, die gut versteckten Räder zu finden und mit dem Feingefühl eines Balletttänzers an seinen vergoldeten Untersatz zu montieren. Das Tunertreffen ließ Raiden zugunsten seiner Lebensgefährtin bleiben. Dies, obschon die Gerüchteküche trotz ihrer Gegenbehauptung noch heute ihr die Federführung bei diesem Streich unterschiebt. Motive dafür gibt es schließlich mehr als genügend.

Ebenfalls vor einem Tunertreff trug sich folgende Geschichte zu. Das Zielobjekt der Rächerbande – ein silberner, dreitüriger Ford Fiesta – war bis zur

Spitze der automatisch ausfahrbaren Radioantenne herausgeputzt und stand wartend im Unterstand auf dem Rasen des elterlichen Hauses. Bis zu dem Zeitpunkt, als sich drei Gestalten im Schutze der Dunkelheit bewaffnet mit billigen Toilettenpapierrollen dem Wagen näherten. Das Fahrzeug wurde innerhalb von Minuten fachgerecht eingewickelt. Der optimale Schutz vor jedem Dreck, wenn das Trio nicht noch mit großen Wasserpistolen rot gefärbtes Wasser auf die raue Papierschicht gespritzt hätte. Der Morgentau sorgte dann nochmals für ein bisschen Feuchtigkeit. Der Clan richtete zwar keinen Schaden an, der Schock saß bei dem Opfer aber tief.

10. Sieben Anschläge musst du übersteh'n ...
Allans Exfreundin Margret ist von Beruf Automechanikerin. Kaum überraschend ist, dass sie – zumindest aus Allans Sicht – auf alles mit vier Rädern und genügend Pferdestärken abfährt. Der eher zartbesaitete Musiklehrer Allan dagegen konnte mit den Autospinnereien seiner Ehemaligen nie viel anfangen. Einige seiner Bekannten tuschelten unter vorgehaltener Hand schon seit Beginn der Beziehung, dass Margret kaum mehr nach des Musiklehrers Pfeife tanzen wird, sollte dereinst ein nach Motorenöl stinkender Muskelmann mit einem heißen Flitzer vorfahren. Und irgendwann erhielten die Beziehungskritiker leider Recht. Niemand ahnte jedoch, wie sehr unser Klavierspieler auf Rache sann. Und doch begann sein Feldzug der verletzten Gefühle eher planlos. An einem dieser sommerlichen Wald- und Wiesenfeste erblickte er – die Beziehung lag bereits drei Monate zurück – Margrets PS-starken Goldschatz geparkt neben alten Fichten. Der Musiker und Bastler Allan stopfte ohne lange zu überlegen einige Tannenzapfen in die zwei Auspuffrohre. Selbst als Nichttechniker wusste er, dass die Zapfen bei Wärme aufquellen und die austretenden Abgase im Idealfall für ein unmusikalisches Pfeifkonzert sorgen würden. Da sich Allan nach der Tat relativ schnell vom Platz entfernte, erfuhr er erst Tage später über eine gemeinsame Kollegin, dass seine Rechnung aufgegangen war und sich Margret über die Attacke an ihrem Ein und Alles mächtig aufgeregt hatte.

Nach dieser geglückten Spontanrache entschied sich Allan für sechs weitere Untaten, um seinen durch den Beziehungsbruch ausgelösten Schmerz zu rächen. Wochen der Planung und des Wartens gingen ins Land, bis Allan zu seiner zweiten, noch durchaus vertretbaren Tat schritt. Mit einem entsprechenden Gegenstück ließ er die Luft durch die Reifenventile entweichen, und mit platten Pneus fährt es sich bekanntlich nicht mehr gut. Ärgerlich für die Ex – aber mit ein bisschen Luft war der Schaden behoben. Der dritte Racheakt war im Gegensatz zum zweiten als solcher für die Madame nicht gleich erkennbar. Allan wusste, dass Margret ihr Lieblingsspielzeug jeden Samstag pünktlich um 10 Uhr zur firmeneigenen, nichtöffentlichen Autowaschanlage dirigierte, um das edle Blech auf Hochglanz zu polieren – hätte ihr Widersacher die Bürste nicht mit einer rostigen Schraube präpariert gehabt, wäre Margrets Wagen sogar blitzsauber geworden. Stattdessen wurde ihre gute Wochenendlaune mit einer schnellen, lang gezogenen Bewegung weggebürstet – in etwa genau so schnell wie sich die rostige Schraube durch den Autolack pflügte. Etliche Wochen später vollbrachte Allan ein wahres Meisterwerk der Rachekunst, und Margret weckte die gesamte Nachbarschaft ihres neuen Lovers. In einem Sportgeschäft besorgte unser Rächer vom Dienst zwei billige Trillerpfeifen, im Baumarkt eine kleine, dicke Holzplatte. Aus der Holzplatte sägte er zwei Rondellen, in welche er die Trillerpfeifen hineinpasste. Die zwei Werkstücke stieß er an einem frühen Winterabend in die zwei Auspuffrohre von Margrets Auto. Mit Industriesekundenkleber sorgte er dafür, dass das akustische Tuningkit an seinem Ort verblieb. Die austretenden Abgase sorgten ihrerseits für ein höllisch lautes Pfeifen. Der fünfte Streich ließ nicht lange auf sich warten. Er bot ihr Fahrzeug einfach, aber nicht weniger wirkungsvoll als echtes Schnäppchen in diversen Zeitungen für kostenlose Anzeigen sowie im Internet an. Er konnte sich natürlich sehr gut erklären, warum sie kurze Zeit später eine neue Handynummer hatte. Gemein war, dass er mit ihr im direkten Umgang – wenn sie denn Kontakt hatten – immer ausgesprochen nett war. Kaum verwunderlich, dass er als einer der ersten die neue Handynummer bekam. Sie erzählte ihm nämlich, dass sie einen Autotuner verdächtigte, der sie auf gemeinste Weise mobbe. Mir berichtete er, dass er beim Thema Auto sofort das Gespräch auf etwas anderes lenken musste. Er befürchtete, sich das Lachen nicht verkneifen zu können und sich dadurch zu verraten. Zu Hause hatte Allan noch etwas Industriesekundenkleber, den er loswerden wollte. Den Klebstoff entsorgte er schlussendlich im Schloss des Tankdeckels, und das kurz bevor Margret zu einem jährlich stattfindenden Autotreff im Ausland reisen wollte. Die Fahrzeughalterin kam mit etlichen Stunden Verspätung und einem aufgemurksten Tankdeckel bei ihren Kumpels an. Für den Abschluss seines Rachefeldzuges kramte des Opfers Ex seinen Joker hervor – das Duplikat von ihrem Autoschlüssel! Sie glaubte diesen Schlüssel längst verloren, dabei kam das Racheobjekt öffnende Teil ausgerechnet nach der Trennung beim Aufräumen von Allans Kleiderschrank wieder zum Vorschein. An ihrem Geburtstag ließ er ihr drei mittlere Blätter zukommen – direkt in den Benzintank ihres Autos geliefert. Irgendwo war ihm einmal zu Ohren gekommen, dass das Grünzeugs den Ansaugstutzen verstopfen kann. Der Effekt ist dann der gleiche, wie wenn der Tank leer ist. Eine aufwändige Fehlersuche sei garantiert. Da Allan noch nicht so recht daran glauben wollte, versteckte er noch zusätzlich eine geschälte Zwiebel unter einer Plastikabdeckung. Erfreut stellte der rächende Musiklehrer fest, dass ihr Rennwagen von der Schnellstraße geschleppt werden musste und Wochen darauf auch noch penetrant nach Katzenurin stank. Und wenn sie die Knolle noch nicht gefunden hat, stinkt der Untersatz noch heute. Allan lebt übrigens wieder in einer glücklichen Partnerschaft und hat keine Ambitionen mehr, sich rächen zu wollen.

11. Wasser ist nicht nur zum Auto waschen da!

Koenraad wohnt im fünften eines acht Stockwerke hohen Hauses am Rande einer Großstadt. Meistens ist er in Eile und man kann ihn sehr schnell in Rage bringen, wenn man dem Fahrradfahrer ein motorisiertes Fahrzeug vor die Nase stellt, wo keines hingehört. Unzählige, nicht ganz unabsichtlich herbeigeführte Kratzer können das bezeugen. Vor Jahren – damals noch in einer Vorortgemeinde sesshaft – leerte der bekennende Anarchist 20 Liter gesammeltes Regenwasser in ein Cabriolet. Weder die Audiotechnik im Fahrzeug noch der Besitzer konnten sich über die Dusche freuen. Zum Jahrtausendwechsel erhielt Koenraad einen neuen Nachbarn. Dieser nervte ihn nicht nur mit seiner garantiert nicht bar bezahlten Angeberkarosse; der Junglenker verstand es ebenfalls mit seiner unüberhörbaren Musikwahl die Gunst von Koenraad auf sich zu lenken. Koenraads Pech war, dass der neue Mieter seinen Wagen auch noch auf der Schlafzimmerseite parkte und sogar bei mitternächtlicher Ankunft selbstverständlich nur mit voller Technolautstärke. Du kannst dir sicher ausmalen, dass unser Stadtbiker derartige Eskapaden nicht ungestraft lässt. Dazu kam, dass zu jener Zeit die Nächte lang und bitterkalt waren. Geradezu ideal für einen richtig gemeinen Rachefeldzug. So wartete unser Racheprinz eines Nachts sehnsüchtig auf die Ankunft des jungen Mannes. Dieser fuhr akustisch klar vernehmbar auf seinen Parkplatz, stieg telefonierend aus dem Wagen und lief schnurstracks in seine Wohnung. Bald darauf waren die Lichter gelöscht und Koenraad konnte sein Werk beginnen. Er schloss in aller Ruhe den extra gekauften Wasserschlauch an einen Hahn in der Waschküche an und begann drei Stunden lang verpackt wie ein Eskimo den Schlitten des Lärmverursachers zu bewässern. Danach sah das Fahrzeug wie ein ewiger Eispalast auf vier Rädern aus. Die mobile Musikanlage wurde einige Tage nicht bewegt, war aber über längere Zeit Gesprächsthema Nummer eins über das Stadtviertel hinaus.

12. Dies und das

Vivica versuchte lange lieb und nett, bei ihrem ehemaligen Arbeitskollegen eine größere Summe verliehenes Geld einzutreiben, was trotz guten Zuredens und aller Freundlichkeit nicht klappen wollte. Den Weg über das Gericht wollte sie sich ersparen, weil sie erfuhr, dass schon andere Gläubiger damit keinen Erfolg gehabt hatten. Die Jahre vergingen und sie hatte ihr Geld immer noch nicht. Ihr drohte der Kragen zu platzen. Eines Nachts montierte sie dem Schuldner einfach die Autoschilder ab und steckte unverhohlen einen Zettel „Geld gegen Nummernschilder" unter den Scheibenwischer. Der freche Trick funktionierte zu meinem großen Erstaunen sogar. Vivica erhielt ihr Geld tatsächlich zurück. Dabei hatte sie aber auch in strafrechtlicher Hinsicht mächtig Glück. Ein anderer, ähnlicher gelagerter Fall, der sogar Erwähnung in der Presse fand, endete für diesen Racheengel mit der Verurteilung wegen Nötigung.

Bei einem Pärchen in meinem Bekanntenkreis löste sie ein Problem ebenfalls mit seinem Fortbewegungsmittel. Er wollte unbedingt zu einem aus ihrer Sicht unwichtigen Fussballmatch fahren. Sie verhinderte sein Vorhaben, indem sie seinen Autoschlüssel verschwinden ließ. Der Dussel merkte das natürlich nicht, weil er des Öfteren vergisst, wo er seine Sachen hinlegt. Im Gegensatz zu einem Ausbilder in einer großen Autowerkstatt hatte der Bekannte noch Glück. Die Auszubildenden bedankten sich nach ihren Prüfungen auf ganz besondere Weise bei ihrem Lehrmeister. Sie veränderten kurzerhand dessen BMW-Schlüssel und den in seinem Büro deponierten Ersatzschlüssel! Die Veränderung war unauffällig, aber wirkungsvoll. Der weiß-blaue Reparaturdienst musste sich mächtig ins Zeug legen, damit der Besitzer wieder Freude am Fahren kriegte. Einem Sportkollegen wurde der Schlüssel einfach verbogen, auch das vermasselt das Benutzen des eigenen Wagens.

Ein mir persönlich bekannter Feuerwehrmann erzählte mir mit einem breiten Grinsen im Gesicht von Tetrachlormethan. Diese sehr gefährliche Chemikalie ist Hauptbestandteil von alten Tetra-Feuerlöschern. Nun, der Feuerwehrmann Mike erklärte mir, dass diese farblose, giftige, süßlich riechende Flüssigkeit vermischt mit Kraftstoffen aller Art eine außerordentlich teure Fehlersuche am Fahrzeug verursacht. Und Katalysatoren werden mit Garantie in die ewigen Jagdgründe geschickt. Mir schien es, als ob Mike aus Erfahrung sprach, er wollte mir auf meine diesbezügliche Frage aber partout keine Antwort geben. Wer weiß ...

10. Guten Appetit!

Jetzt wird es arg für dich! Wenn du findest, du solltest ein paar Kilo weniger auf die Waage bringen, empfehle ich, dir dieses Kapitel jeweils vor dem Essen zu Gemüte zu führen. Vor kurzem erhielt ich übrigens von einer lieben Kollegin eine nette E-Mail mit Fotos von taiwanesischen Grillspezialitäten. Die Käfer, Heuschrecken und Maden waren ganz nett zum Anschauen, ich bin aber doch froh, dass ich weiterhin meine westlichen Durchschnitts-Essgewohnheiten pflegen darf ...

1. Mit Essen spielt man nicht

Dieser altbewährte Spruch hat natürlich auch für die Gilde der Rächer Gültigkeit, außer man kann dem Rachegläubiger zünftig eins auswischen. Varnier logierte in einem angeblich besseren Hotel in einer euopäischen Großstadt. Vom versprochenen Service merkte er nicht viel. Nicht, dass unser Gast etwas nicht erhalten hätte, das Personal war aber durchwegs derart mürrischer Laune, dass die Qualität der einzelnen Dienstleistungen zu wünschen übrig ließen. Varnier nutzte den Abreisetag, um sich gebührend für das vermisste Lächeln zu bedanken. Er stand extra früh auf, um als einer der Ersten am überaus großen Frühstücksbüffet zu sein. Das Müesli sah er als Letzter im Originalzustand. Er brachte extra einige Schamhaare vom Duschen mit. Diese mischte er schelmisch lächelnd unter die Flocken und die Früchte des frischen Müeslis. Er musste nicht sehr lange warten, bis eine ältere Dame sich sehr gut vernehmbar beim Personal des Nobelschuppens über die unerwünschte Müesli-Zugabe beschwerte. Igitt, sie bemerkte das Haar erst, als sie es bereits zwischen den Zähnen spürte! In der Butter wäre ein Schamhaar wohl bereits eine visuelle Zumutung ...

2. Mehr oder weniger kulinarische Schülerstreiche

Besonders einfallsreich waren einige Schüler in ihrem ungeliebten Fach Kochen und Hauswirtschaft. Pete erklärte mir genüsslich, wie sie reihenweise Konservendosen mit einem Bohrer aus dem Modellbau aufbohrten, um dann die feine Injektionskanüle einer Spritze einzuführen und schwarze Lebensmittelfarbe in die Dose einzubringen. Das in der Regel nicht einmal Millimeter große Loch wurde danach wieder fachgerecht und für das nicht suchende Auge unsichtbar verschlossen. Auch die Süßgetränkeflaschen mussten dran glauben. Die PET-Flaschen wurden auf den Kopf gestellt und wie die Konservendosen aufgebohrt. Danach entnahmen die Jungrächer mit einer Spritze bis zu einem Deziliter Limonade, welche sie in der Regel durch Essig ersetzten. Getränkeflaschen mit hohem Kohlensäuregehalt wie Coca-Cola und Sprite wurden auf die oben beschriebene Weise beinahe komplett entleert. Danach wurden die Getränke mit Hilfe von anderen Flaschen, Auffangbehältnissen und unter Einsatz von kräftigem Schütteln von der Kohlensäure befreit, um schließlich wieder in den entsprechenden PET-Flaschen zu landen. Die seichten Erfrischungsgetränke konnten niemand mehr begeistern. Ein anderes Mal vertauschten die Rachebengel einfach nur Fanta mit Cola. Ich kann mich erinnern, dass wir unsere Lehrer in den Wahnsinn zu treiben vermochten, wenn wir nur Salz und Zucker vertauschten. Das scheint sich doch ein bisschen geändert zu haben.

3. Was sucht das Kondom im Salat?

Ein Großkunde schmeißt eine Party, der Chef ist der größte Idiot auf Erden und die Stelle beim Party-Service sowieso gekündigt. Das verleitet zu vielen netten Gedanken. Galdo sann auf nachhaltig wirkende Rache, was ihm ohne Probleme auch gelang. Kurz vor dem Kampf um das große Empfangsbuffet präparierte Galdo ein Präservativ mit einem milden Jogurt Natur sowie ganz wenig Salz und Mehl. Das nicht mehr jungfräulich aussehende Gummiteil mischte er unter den mit Ei- und Speckwürfelchen versetzten feinsten Feldsalat. Alles kam, wie es kommen musste. Der Finder war ungeheuer entsetzt, der Gastgeber wahnsinnig entrüstet und der Chef einen langjährigen Kunden los. Vor dem endgültigen Bruch versuchte der Geschäftsführer die Situation zu retten. Er machte darauf aufmerksam, dass vielleicht ein Gast für die Misere verantwortlich sein könnte. Das war für den großzügigen Hausherrn eindeutig zu viel des Guten. Die unwissende Belegschaft des Caterings konnte sich trotz des Verlusts eines wichtigen Kunden und der sehr schlechten Laune ihres Sklaventreibers das Grinsen nicht verkneifen. Die wildesten Geschichten wurden herumerzählt, aber niemand hätte jemals den an und für sich ruhigen Galdo verdächtigt.

Mathildes Tiefkühltruhe stand zugänglich für alle im Keller ihres Fünffamilienhauses. Eigenartigerweise bekamen darin abgelegte, selbst gemachte Speiseeiskübelchen hin und wieder Beine. Obwohl der materielle Schaden vernachlässigbar war, regte sie sich über die wohl im Kindesalter steckenden Diebe auf. Sie entschloss sich, die kleinen Schleckermäuler ein wenig zu überraschen. An einem verregneten Samstag produzierte sie eine neue

Ladung sehr spezieller Eissorten. Alles schmeckte ganz unverdächtig nach Erdbeeren und sah auch entsprechend aus. Der erste Eindruck täuschte aber gewaltig! Mutter Mathilde gab beim Abfüllen noch die wildesten Zutaten bei. Dabei schreckte sie weder vor toten Fliegen noch vor Spinnen, geschweige denn vor irgendwelchen komischen Käfern zurück. Zusätzlich versetzte sie die Portionen mit fein gemahlenem Pfeffer, Laxoberal – das ist ein Abführmittel – oder kleinen Mengen Essig. Nicht im Traum dachte sie daran, die Testesser ausfindig zu machen. Der Zufall wollte es jedoch anders. Mathilde saß mit ihrem Mann und den zwei Kindern auf der Terrasse ihrer Parterrewohnung und genoß unter der sommerlichen Abendsonne ein herrliches Abendessen, als urplötzlich ein gellender Schrei der allein stehenden Nachbarsfrau von der Wohnung über ihr die Ruhe unterbrach. Gleichzeitig flog ein Mathilde nicht unbekannter Eisbecher im hohen Bogen über die Balkonbrüstung. Anhand der Kennzeichnung wusste sie, dass darin zwei große schwarze Spinnen ihre letzte Ruhe gefunden hatten. Im Becher selbst erblickte sie keine der Spinnen. Mit ängstlich verirrten Augen und hochrotem Kopf stützte sich Frau Nachbarin am Balkongeländer ab. Mathilde fragte neckisch, ob ihr das Speiseeis nicht schmecken würde. Die Ertappte mochte jedoch – aus wohl nachvollziehbaren Gründen – vorerst nichts dazu sagen. Tage später überbrachte sie Mathilde einen großen Blumenstrauß und ein Entschuldigungsschreiben.

4. Der verhasste Nachbar

Hasina – eine hübsche, zierliche junge Frau – erzählte mir die folgende Geschichte, bei welcher ein ziemlich verhasster Nachbar im Mittelpunkt steht. Kyrill, ein pensioniertes, ehemaliges Führungsmitglied einer international bekannten Versicherung, hasste so ziemlich alles, was das Leben lebenswert macht. Wahrscheinlich war das auch der Grund, warum der alte Geizhals seit Jahrzehnten in der gleichen Mietwohnung hauste, obwohl er mit seinem angehäuften Vermögen das halbe Stadtviertel hätte kaufen können. Die graue Eminenz der Siedlung verbot den Kindern das Spielen auf dem Rasen, läutete Nachbarn mitten in der Nacht wegen irgendwelchem Unsinn aus der Wohnung. Auch Hasina traf es einmal, nur weil sie ihr Fahrrad an der Hauswand angelehnt ließ, statt es in den dafür vorgesehenen Abstellraum zu stellen. Schlaftrunken öffnete sie damals eine Stunde vor Mitternacht dem nachbarlichen Tyrann die Tür und erhielt eine kurze, aber überaus deftige Standpauke. Erst anderntags konnte sich Hasina über den giftigen Greis aufregen. Der Versicherungsmensch außer Dienst dachte wohl kaum, dass er bei unserem zierlichen Rotschopf an die falsche Person geraten ist. Sie verbündete sich mit einigen anderen jungen Bewohnern, die sich fortan „rote Zora und ihre Bande“ nannten. Der Stadtvierteldiktator hatte nichts mehr zu lachen. Sie verschafften sich einen Dietrich zu seinem Vorratsraum, in dem er einen kleinen Gefrierschrank, Wein und Lebensmittel, vor allem Konservendosen, verstaut hatte. Ihren Racheplan begannen sie ganz sanft umzusetzen. Zuerst knallten sie mit einem Schraubenzieher einen kleinen Schlitz in eine Dose Fruchtsalat, welche am Rande des Holzverschlages auf einem Gestell stand und verschwanden wieder. Den Rest besorgte Mutter Natur. Bereits nach wenigen Tagen wimmelte es nur so von Fruchtfliegen rund um die Konservendosen des alten Mannes. Kurze Zeit darauf – die Konservendose war von dessen Besitzer längst entsorgt worden – erblickte ein Bandenmitglied einen Kasten Mineralwasser. Eine Flasche davon wurde sorgsam mit mehr als genügend Abführmittel angereichert. Der Effekt, sofern er den bei der richtigen Person eingetreten ist, blieb der Bande zu ihrem Leidwesen bis zuletzt verborgen. Dafür konnten sie in Erfahrung bringen, was der Gefrierschrank Tolles frisch hielt – Eiswürfel! Die rote Zora und ihre Bande sammelten über Wochen fleißig tote Fliegen und warteten ab, bis die Siedlung zwei ganze Tage Ruhe von ihrem heimlichen Präsidenten hatte. Das kam zwar nicht häufig vor, aber wenn es einmal so weit war, wussten es wirklich alle. Hasina und ihre Freunde mussten nicht lange warten, bis sich der Mecker-Opa zwei Tage lang aufs Land zu seinem einzigen Sohn und dessen Frau verzog. Das Grüppchen und seine Anführerin begannen sofort die Schalen mit den Eiswürfeln aufzutauen, füllten sie neu auf und pikierten die toten Fliegen in die einzelnen Würfelfächer. Nach getaner Arbeit ging es gleich an den Schlusspunkt der Racheaktion. Sämtliche Weinflaschen wurden von ihren Etiketten befreit. Einer von Hasinas Rachebrüdern sammelt Briefmarken und brachte die Idee ein, die Weinflaschen in lauwarmes Wasser zu stellen. Die Etiketten könnten so rückstandsfrei abgelöst werden. Der Geistesblitz wurde zum Befehl. Gleichzeitig entfernte die Rasselbande auch sämtliche Etiketten von den Konservendosen. Es verging fast eine ganze Woche, bis der Alte seinen Vorratsraum aufsuchte und ausrastete. Amoklaufmäßig wollte er von allen wissen, wer die verantwortlichen Übeltäter gewesen seien. Dabei hatte er erst die anonymisierten Flaschen und Dosen gesehen. Die Fliegen hätte er wohl nicht mehr verkraftet. Da ihm niemand mit einem Tipp helfen konnte oder wollte, vermutete er natürlich eine Verschwörung. In den Monaten darauf wurde er noch eine Spur pingeliger, jedoch sollte es zu keiner neuen Racheaktion mehr kommen – das Problem löste sich auf biologische Weise. Der Griesgram verstarb.

5. Teefliegen und Trottoirkresse

Ein tristes Vorstadthotel mit ein paar Tischen und Stühlen auf einem Grasimitationsteppich auf dem Gehsteig vor dem Hotel hatte nach Meinung eines ehemaligen Mitarbeiters unbedingt eine Verschönerung nötig. Mit Kressesamen bewaffnet, sorgte Salvator für eine baldige Begrünung. Seine Aussaat unterstützte er tagtäglich in aller Herrgottsfrühe mit einer Gießkanne voll Wasser. Das sprießende Resultat ließ nicht lange auf sich warten. Der handelnde Hoteldirektor auch nicht. Flugs wurde der alte Teppich durch ein neues Exemplar ersetzt.

Francie getraute sich nicht, sich richtig bösartig zu rächen und dennoch wollte die Angestellte einer Cafeteria dem Laden eins auswischen. Denn ihr Chef fand Gefallen an einer jüngeren Frau und versprach dieser die Stelle von Francie. Sie konnte sich natürlich ausrechnen, dass sie demnächst die Kündigung erhalten würde. Das Imponiergehabe des eitlen Geschäftsinhabers musste darum einfach einen Dämpfer abkriegen. Um sich selber nicht durch falsche Spontanreaktionen zu verraten, begann sie ihre Rachetour – sie nannte es Scherzreihe – kurz vor ihrem vierwöchigen Urlaub. Sie kaufte Scherzzucker mit eingepressten Fliegen – die natürlich nicht echt waren – und mischte diesen unter die normalen Würfelzuckerstücke. Zum Kaffee gab es jeweils selbst gemachte Biskuits. Francie packte die Backleidenschaft und stellte gleich aussehendes Gebäck mit spezieller Geschmacksrichtung her. Sie verwendete dazu vor allem viel mehr Salz als in allen Rezepturen angegeben und Pfeffer. Die selbst hergestellte Ware mischte sie so unter die Lagerware, dass der Verbrauch genau in ihre Ferien fallen musste. Frisch erholt aus ihrem Urlaub erfuhr sie vom angerichteten Desaster und konnte sich erst noch erstaunlich gut schockiert geben. Viele Gäste der vornehmlich älteren Kundschaft kehrten dem Lokal einfach den Rücken. Es verging sehr viel wertvolle Zeit, bis der Wirt auf die Ursache des Ausbleibens seiner Kundschaft stieß. Francie kümmerte das nicht groß, sie musste ja sowieso gehen.

11. Der Gast ist König

Restaurationsbetriebe sind besonders dankbare Opfer für die wirkungsvolle Umsetzung von Racheideen. Kaum eine andere Branche kann in ihrer Existenz so grausam empfindlich getroffen werden wie die Gastronomie.

1. Schabenzuchtbetrieb „Zum goldenen Krug“

Edvard hatte die Idee, den Fresstempel „Zum goldenen Krug“ zu übernehmen. Voller Vorfreude machte er schon ein halbes Jahr im Voraus groß Mund-zu-Mund-Propaganda, auch bei seinem Nachbarn und nicht wirklichen Freund Hugh. Der zukünftige Gastronom dachte sich wohl, dass Hugh vor Neid erblassen würde und versprach ihm ebenfalls eine Einladung zur gediegenen Eröffnungsfeier. Hughs Ex-Frau erzählte mir, wie sehr dieser sich auf die Neueröffnung freute. Über den zoologischen Fachhandel besorgte er sich gleich nach der mündlichen Einladung argentinische Schaben und begann diese zu züchten. Für seine Blaptica dubia – so heißen die ekligen Viecher im Fachjargon – baute Hugh ein Aquarium zum Zuchtbehältnis mit vielen Versteckmöglichkeiten um. Bei 27 Grad Celsius und erhöhter Luftfeuchtigkeit fütterte der Hobbyzüchter die Dinger mit Katzenfutter und erfreute sich sechs Wochen später über den prächtigen Nachwuchs. Zur Eröffnung des „Goldenen Kruges“ entließ er seine mittlerweile 60 Schaben in die Freiheit der gehobenen Gastronomie. An Edvards verpatztem Einstieg in die Gastronomie erinnert man sich noch heute, und obwohl er es nie beweisen konnte, verdächtigte er natürlich Hugh. Lang währende Feindschaft muss schließlich gut gepflegt werden. Trotz der Käferplage schaffte es Edvard aber doch, seinen Betrieb zum Erfolg zu führen.

2. Ruhe!

Marcus ärgerte sich über den neuen Pächter des Bistros. Dieser hielt sich seit der Übernahme nicht an die vorgegebenen Ruhezeiten und störte die Nachtruhe empfindlich. Trotz Intervention der Polizei verbesserte sich der Zustand nicht merklich. Marcus wollte aber nicht warten, bis niedrigere Temperaturen die Saison beenden würden und schritt zur Tat. Schlafen konnte er wegen des Lärms sowieso nicht, also machte er sich einen schönen Abend in der Stadt und kam selber erst früh morgens – der Kalender zeigte schon den Samstag als aktuellen Tag an – nach Hause. Mit Freude stellte er fest, dass im sonst lärmerzeugenden Gastgewerbebetrieb alle Lichter bereits gelöscht waren. Er holte den ausgeliehenen Lieferwagen und verlud kurzerhand die paar Tische und Stühle der Gartenwirtschaft. An die Tür klebte der Ruheverordner ein Plakat, auf dem zu lesen war, dass der Wirt sein Inventar zurückerhalte, sofern er sich in Zukunft an die Nachtruhe hielte. Die Gartenmöbel deponierte Marcus auf einem verlassenen Industriegelände außerhalb der Stadt. Anderntags erzählte ihm ein Hausbewohner, dass der Italiener völlig aus dem Häuschen gewesen sei. Erst recht, nachdem ihm die Polizei auch noch klar machte, dass sie nicht viel machen könne und er doch ein paar Tage warten solle, was passieren würde. Marcus' Nachbar kannte den einen Polizisten der Einsatzstreife und dieser habe hinter vorgehaltener Hand über das anarchistische Vorgehen des Diebes schmunzeln müssen. Auch der Nachbar polterte, dass es völlig in Ordnung sei, dass da jemand endlich die Initiative ergriffen habe. Der Wirt wetterte bei seinen Gästen über die gemeinen Diebe und bekam bereits am Montag von seinem Getränkelieferant einige Ersatzmöbel zur Verfügung gestellt. Merkwürdigerweise hielt sich der Bistrobetreiber Giovanni aber von nun an ganz brav an die Nachtruhe. Nicht einmal zwei Wochen nach dem nächtlichen Klau schickte Marcus dem Möbelbesitzer eine Postkarte mit der Adresse, wo er sein Mobiliar finden würde. Was Marcus zu diesem Zeitpunkt nicht wusste: Giovanni besaß weder Auto noch Führerschein! Jedenfalls holte sich der Bistrowirt seine Möbel irgendwie wieder zurück, und an die Nachtruhe hielt er sich danach auch mehrheitlich. Marcus ist seither sogar selber des öfteren Gast bei Giovanni.

3. Nur Klauen ist billiger ...

Kims Ex betreibt in einer Kleinstadt einen erfolgreichen Pizzalieferdienst. Zum 10-jährigen Jubiläum des Lieferservices ließ sich die Gestalterin ein besonderes Dankeschön für die vielen Seitensprünge ihres Ehemaligen einfallen. Sie gestaltete einen wunderschönen Jubiläumsflyer mit Preisen wie vor 20 Jahren, ließ diesen billig drucken und auf seine Kosten in der ganzen Stadt verteilen. Kim hatte gut recherchiert, die Verteilaktion fiel wunderbar in seine Urlaubswoche. Kaum aus den Ferien zurück, hatte der Pizzabäcker die Bescherung und verärgerte seine Kunden mit notdürftigen Erklärungsversuchen. Er konnte und wollte nicht zu den veröffentlichten Preisen liefern. Seine vagen Verdachtsmomente zielten vor allem auf die Konkurrenz ab. Dass eine seiner früheren Lebensabschnittspartnerinnen hinter der Aktion stecken könnte, fiel ihm offenbar nicht ein. Da er als schräger Vogel in Sachen Eigenmarketing bekannt war, argwöhnte gemeinerweise gar die Regionalpresse, ob nicht doch er selbst einfach auf sehr spezielle Art hatte auffallen wollen. Trotz all dem Ärger gibt es den Pizzabringdienst auch heute noch.

4. Jetzt gibt es Freibier!

Ähnlich rächten sich Robert und Wilney am Wirt ihrer ehemaligen Stammkneipe. Der Wirt gab den beiden Hausverbot, nachdem sie zünftig einen über den Durst getrunken hatten und ein wenig unangenehm auffielen. Robert mutmaßte, dass sie wohl besser nicht im Vollsuff und nackt in einen von Jungunternehmern gemieteten Saal hätten stürmen sollen. Wie auch immer, die beiden bedankten sich zum Geburtstag des Hausverbot Erteilenden artig mit einem kleinen Inserat im örtlichen Anzeigenblatt. Sie luden zum Freibier ein! Der Gaststättenchef machte gute Miene zum bösen Spiel und beschaffte ganze 200 Liter Freibier. Obwohl ihn die unfreiwillige Geste massiv wurmte, war er danach der Held seiner Gästeschaft ...

5. Viele kleine Ärgernisse ...

Ein Gastronomiebetrieb zu führen ist wirklich nicht einfach. Auch viele kleine, spontane, oft auch unüberlegte Streiche können Wirte zum Wahnsinn treiben. Zu meiner Jugendzeit war Industrieschnellkleber der wahre Hit. Wir probierten den Kleber oft und überall aus. Unser Treffpunkt – ein Bahnhofsrestaurant – hatte alle Hände voll zu tun, um Aschenbecher, Gläser, Flaschen und mehr von den Tischunterseiten zu entfernen. Das Personal schöpfte zwar Verdacht, konnte die Schuld für die Taten aber nie schlüssig uns zuweisen. So kam es halt so weit, dass uns die Bedienung ständig im Visier hatte und beobachtete.

Im Gegensatz zu anderen Geschichten waren unsere Streiche aber allesamt harmloser Natur. Arnika erzählte mir, wie sie und ihre Kollegen enttäuscht ein nicht nobles, aber besseres Lokal in den Bergen verließen. Viel Geld für schlechtes Essen und eine miserable Bedienung wollten sie nicht einfach auf sich sitzen lassen. Auf den Toiletten ließen sie sämtliche WC-Papierrollen verschwinden und in der Garderobe leerten sie erkaltete Aschenbecherinhalte in die Regenschirme und verschwanden auf Nimmerwiedersehen. Diese Clique scheint für gemeine Rachezüge eine eher niedrige Hemmschwelle gehabt zu haben. In einem Gasthof rächten sie sich für ewiges Warten, indem sie einfach den Stecker der Speiseeiskühltruhe herauszogen.

In einem Pub behandelten sie den Wandteppich großzügig mit viel Knoblauch, um den Ort des Geschehens wenig später erneut aufzusuchen und zu riechen, ob der eingeriebene Knoblauch bereits seine ganz spezielle Duftnote entfaltet hätte. In einer Jugendherberge, wo sie wegen zu viel Lärm getadelt wurden, gab es plötzlich Brötchen mit Essiggeschmack zum Frühstück. Die Gemeinen verabreichten dem frischen Frühstücksgebäck mit einer sterilen Spritze Essig-Injektionen. Die Spritze besorgten sie sich aus einem Automaten, der Drogenabhängigen den Bezug sauberer Spritzen ermöglicht.

12. Die Rache des Meister Proper

Wenn alle zuerst vor der eigenen Türe wischen würden, gäbe es keine Rächer, und ich hätte dieses Buch gar nicht erst schreiben können. Nun, da die Realität ein klein bisschen anders aussieht, können wir uns die Schadenfreude teilen. Meister Proper rächt sich in diesem Kapitel manchmal ziemlich massiv, denn gewisse Zeitgenossen sind in der Entwicklung von wirklich ekligen Racheideen einfach nicht zu bremsen.

1. Guck mal, wo der kackt

Viele Hundebesitzer scheren sich einen feuchten Kehrricht darum, wo ihr Vierbeiner hinkackt. Wen erstaunt es, dass es viele Menschen gibt, die das nicht einfach tolerieren und einige darunter sind, die mehr oder minder kreativ der Sache Einhalt zu gebieten versuchen. Dolores, allein erziehende Mutter von munteren Zwillingen, regte sich über einen Nachbarn auf, der plötzlich auf die Idee kam, einen Hund zu kaufen. Niemand traute dem im Sicherheitsbereich tätigen Menschen die Geduld und Freude zu, seinen Deutschen Schäferhund richtig zu halten. Die Misstrauischen sollten Recht behalten. Es schien so, als habe er den Hund nur angeschafft, um die eigene Geltungssucht zu befriedigen. Des Öfteren waren plötzlich vor allem rund um den gemeinsamen Kinderspielplatz Hundehäufchen auszumachen. Die engagierte Mutter versuchte anfangs sogar, die Angelegenheit auf konstruktive Art und Weise mit dem Hundebesitzer persönlich zu klären. Sämtliche Versuche blieben jedoch erfolglos. Sie beklagte sich bei mir, wie sie und andere Eltern etliche Wochen den Hundekot aus dem Sand holten, damit die Kinder spielen konnten. Irgendwann hatten sie genug, die Drecksarbeit des feinen Securityherrn zu erledigen und sannen auf pädagogisch fruchtende Rache. Zuerst säumten sie liebevoll die kleine Treppe zum Eingang seines Hauses mit gesammeltem Hundekot und warteten die Reaktion ab. Die war jedoch sehr ernüchternd. Nur noch mürrisches Grüßen, aber sonst änderte sich überhaupt nichts. Alt aber bewährt erwies sich der Rachestreich Nummer zwei, einen Monat später. Dolores Freundin deponierte vor seiner Haustür eine Papiertüte voller Hundescheiße aufgefüllt mit zusammengeknülltem Papier. Sie zündete das Zeugs an, klingelte fast eine halbe Minute lang Sturm und rannte dann so schnell wie möglich um die Hausecke und weg. Währenddessen beobachtete Dolores von ihrem Wohnstubenfenster aus, versteckt hinter Gardinen, wie der Wachmann die Türe öffnete und instinktiv in den qualmenden Haufen trat, um dann mordsmäßig fluchend zu registrieren, dass er mit Anlauf in reinste Hundekacke getreten war. Mit böser Miene tänzelte er zum Rasen vor seinem Haus und versuchte, den Dreck von seinen Schuhen zu streifen. Die Wochen darauf zeigten, dass selbst sture Hundehalter belehrbar sind. So waren keine weiteren Lektionen mehr nötig. Dabei hegte Dolores so richtig schön gemeine Rachefantasien. Hätte der Hundebesitzer kein Einsehen gezeigt, wären irgendwann Hundehäufchen in seinem Briefkasten deponiert oder leicht aufplatzende Wurfsäckchen voller Hundekot an Türen und Fenster geworfen worden. Notfalls hätten sie ihm sogar Pakete voller Hundescheiße in die Firma geschickt. Dolores war überzeugt: Irgendwann würde auch der faulste Hundekotentsorger Einsicht zeigen. Aber zu ihrer großen Freude waren ihre Rachepläne viel erfolgreicher als sie anfangs zu hoffen geglaubt hatte. Vor allem aber war der Erfolg nachhaltig!

2. Ferien-Andenken

Groß war die Freude bei Saschas Familie, als sie nach mehrstündiger Fahrt endlich im für ganze zwei Wochen gemieteten Ferienhaus in einem bekannten Schweizer Skigebiet angekommen waren. Die Koffer waren endlich in der Ferienwohnung, das Auto im Parkhaus und Sascha und die seinen wollten ihr Zeugs so rasch wie irgendwie möglich in die Schränke verstauen, um dann das verdiente Abendessen in einem nahe gelegenen Restaurant einzunehmen. Zum Glück wollten sie nicht selber kochen. Denn die Küche brachte die auf Sauberkeit sehr achtende Frau des selbstständigen Informatikers in Rage. Überall Dreck! Nicht einmal Kakerlaken hätten sie noch sonderlich überraschen können. Das Badezimmer sah zwar auf den ersten flüchtigen Blick recht ordentlich aus, lud aber auf den zweiten genaueren Blick auch nicht zum sofortigen Benutzen ein. Die urinverspritzte Klobrille, die am Badewannenrand klebenden Schamhaare, die Zahnpastaspritzer auf der Mischbatterie und der kleine gefüllte Abfallkübel zeugten davon, dass auch der Nassbereich vor der neuerlichen Vermietung nicht ordentlich gereinigt worden war. Die anderen Räumlichkeiten nahm die Familie nicht mehr genau unter die Lupe. Sie machten sich – frei nach dem örtlichen Slogan – auf und davon zum nächstgelegenen Speiserestaurant. Der trotz allem immer optimistische Sascha – das würde ich sogar selber bezeugen – konnte seine Frau, den Sohn und die zwei Töchter überzeugen, das Beste aus der Situation zu machen. Letztendlich zog vor allem das Versprechen, dass sie sich gemeinsam am Vermieter für die unfreiwillige Einzugsreinigung rächen würden. Noch in der gleichen Nacht reinigten sie schnell und gründlich die Schlafräume, um anderntags gemeinsam noch den Rest in einer Rekordzeit von zwei Stunden zu bewältigen. In der darauf folgenden wunderschönen Ferienzeit beschäftigte sich die Familie vor allem mit dem Brainstorming rund um die Rache am Hausbesitzer. Als von Berufs wegen analytisch denkender Mensch schränkte Sascha die Möglichkeiten der Racheideen stark ein. Damit sie als Racheengel nicht auffallen würden, müsse die Rache im Haus geschehen, dürfe aber erst ein paar Wochen später auffallen. Da hatte er seinen Kindern eine schöne Aufgabe gestellt. Ausgerechnet die jüngste Tochter brachte gegen Mitte der zweiten Woche eine Idee ins Spiel, welche sie in einem ihrer vielen mitgebrachten Kinderbücher fand. Sie schlug vor, an verschiedenen Orten im Haus geschälte Zwiebeln zu verstecken. Diese würden dann Wochen später penetrant zu stinken beginnen. Die Familie war begeistert von der Racheidee ihres jüngsten weiblichen Mitglieds. Sascha wusste, dass nach ihnen das Haus bis auf eine Woche für mehrere Monate bereits ausgebucht war. Die Idee war einen Versuch wert. Sascha gestand mir aber, dass sie nie herausgefunden haben, ob die Umsetzung der Zwiebelrache von Erfolg gekrönt war oder nicht.

3. Schafft endlich die Schüler ab!

Robert ist Direktor in einem Schulinternat mit gut betuchter, internationaler Kundschaft. Ihn kenne ich seit Jahren aus meiner früheren Tätigkeit, und da spielte er im Gespräch immer wieder auf die Unmöglichkeit seiner Zöglinge an. Selbstverständlich bat ich Robert, mir ein paar Geschichten zu erzählen. Geschichten für das Schwarzbuch der Rache. Wie bei vielen anderen Informanten musste ich ihm zusichern, dass ich die Geschichten vollkommen anonymisiere, vielleicht sogar in ein anderes Umfeld stelle. Denn die Diskretion ist genau der Punkt, den seine solvente und heikle Klientel so sehr wünscht, sonst hätte sich Robert wohl selber schon lange mit der eigenen Rachebibel gerächt ...

Bei all seinen Erzählungen vergaß er nicht darauf hinzuweisen, dass er wenigstens noch nie wegen eines Schülerstreiches die Polizei oder Rettungskräfte hatte rufen müssen. Die meistens lustigen, oft aufwändigen und manchmal auch ein wenig boshaften Streiche hatten ihn und das übrige Lehrerkollegium bisher glücklicherweise auch noch nie in die Nähe eines Nervenzusammenbruches gebracht. Wie im Film „Die Feuerzangenbowle“ (Deutscher Film mit Heinz Rühmann – die Aufführung des Films wurde 1944 für kurze Zeit von den Nationalsozialisten wegen „Respektlosigkeit gegen Autoritäten" verboten) hatte es Robert und seine Internatscrew mit ebenso ausgefuchsten Schlaumeiern zu tun. Ob manipuliertes Periodensystem, ferngesteuerte Wasserpumpen, gehackte Mailboxen oder vorbereitete Biervernichtungsaktionen – Schülern fällt immer etwas ein! Davon aber später.

Robert erzählte mir eines Abends von einem Sportlager in den Österreichischen Alpen Anfang der neunziger Jahre. In der Abschlussklasse war auch ein gewisser Jan. Jede potentielle Schwiegermutter hätte an dem Diplomatensohn ihre helle Freude gehabt. Nur eben, stille Wasser gründen tief, und wenn sich das helle Köpfchen bei einem späteren Klassentreffen nicht mehr oder weniger absichtlich verplappert hätte, würden die Lehrkräfte noch heute orakeln, wer hinter der damaligen Serie von Streichen gesteckt haben könnte. Da war beispielsweise die mit Mayonnaise versetzte Zahnpasta oder die scharfe Zahncreme mit Capsicum-Extrakten. Die Tube ausdrücken, das Zahnputzmittel mit Mayonnaise vermischen und das Ganze wieder mühsam reinspritzen ist für mich ein Vorgang, der nachvollziehbar ist. Um aber herauszufinden, was Capsicum-Extrakt genau ist, musste ich mir zuerst einmal die entsprechende Fachliteratur beschaffen. Und das meint die Fachwelt dazu: Der Extrakt wird aus Chili Pepper gewonnen. Die scharfen Schoten sind in einer erstaunlich bunten Vielfalt rund um die Welt zu finden und zeichnen sich durch unterschiedliche Schärfe aus. Die Pfefferbeeren brennen je nach Capsaicin-Gehalt, gemessen in Scoville-Einheiten, unterschiedlich stark im Schlund des Vertilgers. Das Alkaloid Capsaicin selber ist farb- und geschmacklos und präsentiert sich isoliert als weißes Pulver, das in Alkohol, aber nicht in Wasser löslich ist. Die Schärfe geht weder durch Erhitzen noch Einfrieren verloren. – Nach diesem kleinen Exkurs in die Welt der Chemie kannst du dir wahrscheinlich vorstellen, dass die erwähnten Scoville-Einheiten beim Capsicum-Extrakt massiv hoch sind. In Zahlen ausgedrückt sind es mehr als 500000 Einheiten. Damit ist der Spitzenplatz gesichert, das Zeugs ist gnadenlos scharf, und mit Wasser spülen nützt nichts, da Capsaicin ja nicht wasserlöslich ist ...

Ein wenig boshaft, sehr effizient und teuer war die Haarentfernungscreme in der Haarspülung. Jedoch bekam es Jan bei diesem Streich schnell einmal mit der Angst zu tun, über die Stränge geschlagen zu sein. Der betroffene

Sportlehrer wollte schon einen Arzt konsultieren, weil sich seine volle Haarpracht innerhalb weniger Tage massiv lichtete. Die Situation war schnell geklärt, nachdem der Übeltäter die leere Tube an die Türe zum Schlafraum der Sportskanone hängte. Er hinterließ zudem eine Nachricht, wohin sich die Creme verflüchtigt hatte. Der Sportlehrer machte danach gute Miene zum bösen Spiel und ließ sich eine Glatze scheren. Schließlich ist ein Teil Schmerzensgeld im üppigen Salär inbegriffen. Auch der Nagellack in der Wimperntusche einer jungen Lehrerin war nicht gerade die feine englische Art und doch war sie froh, keine Haarentfernungscreme abbekommen zu haben. Keine Chance hatten die zerkleinerten Ostereierfärbeplättchen im schraubbaren Siebteil des Wassermischers – dem so genannten Perlator – in der Küche. Zwar hatte der Koch rostfarbene Hände, die er nicht so schnell sauber kriegte, aber die Ursache fand er innerhalb von Minuten. Er gab damals verschmitzt zu, früher selber derartige Aktionen durchgeführt zu haben. Pech für Jan. Richtig schweinisch wurde er aber erst zum Schluss der Sportferien. Auf dem Billardtisch im Untergeschoss lagen drei benutzt aussehende Kondome. Der Internatsschüler präparierte die genoppten Präservative mit Mehl angereicherter Körperlotion. Nur, das wusste zu diesem Zeitpunkt ja niemand, und so wurden die Dinger mit Handschuhen entfernt und der komplette Billardtisch gründlich gereinigt. Robert wusste noch einige Geschichten von Jan und dem Sportlager zu erzählen wie von innen abgeschlossene Toiletten, Geisterstimmen in der Mädchendusche und, und, und. Es würde zwar nicht für 333 Rachegeschichten reichen, aber ein kleines Taschenbuch gäbe es wohl allemal. Nach dieser Sportwoche gab es verständlicherweise einige vom Leitungsteam, die sich wünschten, sie könnten die Schüler abschaffen.

4. Fremdgehen tut weh

Vanessa verdächtigte ihren Mike schon lange, dass er nicht nur ihr treu war. Als sie endlich Gewissheit hatte, beobachtete sie weiter intensiv seine neuen Gewohnheiten. Die selbstständige Floristin erklärte mir, dass die Beziehung schon seit längerer Zeit eher platonischer Natur war, weshalb sie sich eigentlich recht gut beherrschen konnte. Sie bemerkte, dass sich Mike neuerdings auch abends rasierte, wenn sie noch nicht von der Arbeit zurück war und dass er meistens noch eine heiße Ersatzshorts einpackte. Eine dieser Shorts, die er erst kürzlich gekauft hatte. Er zog sich sowieso ein Spürchen modischer an als sonst schon, einzig das Parfümieren ließ er nach wie vor bleiben, wahrscheinlich nur, um nicht noch mehr aufzufallen. Warte nur, dachte sie sich und begann zu studieren, wie sie sein außereheliches Liebesleben ein bisschen durcheinander bringen konnte. Der Dödel selber merkte nicht, dass er längst aufgeflogen war, zu sehr mimte seine Vanessa noch das liebe Heimchen am Herd. Da Mike als Außendienstreisender sehr viel unterwegs war, glaubte er nicht, dass seine Ausreden plötzlich nicht mehr taugen könnten und wähnte sich sehr sicher. Selbst als er sich dauernd mit den Rasierklingen schnitt und ihn die Shorts im Schritt massiv bissen, merkte er nicht, dass Vanessa dem immer ein bisschen nachhalf. Die Rasiermesser manipulierte sie mit der Nagelfeile und die Shorts machte sie mit einer Prise weißem Pfeffer noch ein bisschen schärfer. Als das nichts nützte, er die Quälereien schon zu geduldig in Kauf nahm, fasste sie den Entschluss, allem ein Ende zu bereiten, den heimlich Turtelnden aber noch ein gehörig schlechtes Gewissen oder zumindest ein schlechtes Gefühl mitzugeben. Sie schrieb Mike eine ominöse, selbst gemachte Postkarte. Die Vorderseite zeigte das Liebespärchen beim heftigen Knutschen. Auf der Rückseite schrieb sie mit der Schreibmaschine „Finger weg von meiner Frau, sonst knallt es.“ Vanessa fand die Adresse der Frau ohne Mühe heraus. Ein Eintrag in Mikes Handy sprach Bände und als begeisterte Hobbyfotografin war der Rest ein Kinderspiel. Die Karte gab ihr Anlass, ihm eine filmreife Szene zu machen, ihn aus der gemeinsamen Wohnung zu werfen, und sie hatte ein perfektes Alibi, die Scheidung zu ihren Gunsten durchzuziehen. Obendrein gab sie den beiden ein Rätsel auf, wer die Karte wohl abgesandt haben könnte. Was wollte sie mehr?!

5. Rote Bäckchen für Kona

Finalgon ist eine Salbe eines bekannten Pharma-Unternehmens und enthält die Wirkstoffe Nonivamid und Nicoboxil. Nonivamid ist ein synthetisches Capsaicin. Du als aufmerksamer Racheschüler erinnerst dich natürlich gleich an die Wirkung von Capsaicin-Extrakt. Das Nicoboxil arbeitet als Verstärker des Nonivamids! Nach Angaben des Herstellers kann über die Zugabe von Nicoboxil die Wirkung um bis zu 40 Prozent erhöht werden. Der Hersteller mahnt zu Vorsicht im Umgang mit Finalgon. Pro handtellergroße Fläche sollte man nicht mehr als eine erbsengroße Menge auftragen. Der Produzent meint damit natürlich: bei sachgerechter Anwendung. Lise wollte aber ihrer heimlichen Erzfeindin, der Kona, ordentlich eins auswischen. Die Geschichte hinter dieser Rache kann ich nicht so richtig nachvollziehen, darum beschränke ich mich auf den ausgeübten Racheakt. Lise wusste, welche Tagescreme Kona benutzt, kaufte die gleiche und reicherte diese mit mehr als genügend Finalgon an. Im Selbsttest trug sie ganz wenig auf ihre rechte Wange auf. Die Dosis reichte für ein massives Wärmegefühl. Lise war auf Pflichtbesuch bei ihrer Schwägerin Kona, als sich die Gelegenheit ergab, die zwei Plastikdosen zu vertauschen. Vorher löffelte Lise noch die in etwa verbrauchte Menge aus der Originaldose. Unter einem guten Dutzend Besucherinnen rechnete sie nicht damit, dass der Verdacht gleich auf sie fallen könnte. Vor allem auch, weil sie mit Kona eine verwandtschaftliche Beziehung verband. Für rote Bäckchen war jedenfalls gesorgt. Denn nicht von ungefähr schreibt der Hersteller in seinem Prospekt: „Die Wärmewirkung hält über Stunden bis Tage und kann über ein heißes Bad, eine Wärmeflasche oder Körpererwärmung, beispielsweise Sport, wieder hervorgerufen werden.“ Noch gemeiner war das künstliche Indigopulver im Vollwaschmittel. An der neuen Farbe der betroffenen Textilien, unter anderem ursprünglich weiße Gardinen, hatte Kona wirklich keine Freude. Indigo ist übrigens einer der ältesten und wichtigsten organischen Farbstoffe, mit dem schon vor Jahrtausenden Kleider und Teppiche gefärbt wurden. So fand man beispielsweise bei Mumien der Ägypter aus der Zeit 2000 Jahre vor Christus mit Indigo gefärbte Bänder. 1878 stellte der deutsche Chemiker Adolf von Baeyer das erste künstliche Indigo her. Das synthetische Indigo ist farbintensiver, günstiger in der Herstellung, und es sind dunklere Färbungen möglich. Aller guten Dinge sind drei, und so kam Lise auch noch auf die Idee, ein Gemisch aus verdünntem Holzleim, weißer Dispersionsfarbe und Acryllack der Möbelpolitur beizumischen. Dazu muss man wissen, dass bei Kona nur massive Maßmöbel und andere edle Dinge Platz finden und diese regelmäßig von ihr persönlich sehr pedantisch gepflegt werden. Und mit der teuflischen Politur wollte sie ausgerechnet ihren wertvollen Steinway-Flügel pflegen. Nach Aussagen ihres Mannes, Lises Bruder, weinte sie, als die eigenwillige und doch harmonische Maserung des erlesenen Santos Palisander unter dem hartnäckigen, grauenhaften weißen Zeugs zu ersticken drohte. Ihre feuchten Augen flehten das hölzerne Juwel der Klavierbaukunst an, dass es nur ein böser Traum sein möge. Der klangvolle Smaragd schien nur noch die Noten von „Spiel mir das Lied vom Tod“ zu kennen. Kona war innerlich zerbrochen, und Lise mochte sie plötzlich sogar irgendwie, sie hatte mit ihrer Schwägerin Mitleid und stoppte fortan ihr boshaftes Tun. Zumindest sagte sie mir das.

13. Gelegenheit macht Rächer

Die Gelegenheit macht nicht nur Diebe, sie macht auch Rächer. Man will zwar auf gar keinen Fall auffallen, man will nicht entdeckt werden, und deshalb geht man bedächtig vor, schenkt dem Gegner keinen Triumph und trotzdem – plötzlich erliegt man einem Geistesblitz, es bietet sich einem die scheinbar einmalige Chance an, man bekommt die Achillesferse des Feindes direkt unter die Nase gestreckt, der Sieg über den Rachegläubiger ist greifbar nah, man muss es tun! – Und hier gibt es den zweiten Teil für Gelegenheitsrächer:

1. Sparen ist angesagt!

Mansi konnte ihren Chef nicht ausstehen, sie gestand mir, dass sie schon lange nach einer Möglichkeit suchte, ihm eins auszuwischen. Und die bot sich ihr vor seinen Sommerferien richtiggehend auf dem Präsentierteller an. Er ließ sich von seiner persönlichen Sekretärin eine Liste seiner Geldkarten anfertigen. Schließlich könnten die Karten verloren gehen oder gestohlen werden, und dann ist man froh, wenn man die Daten der Karten irgendwie zur Hand hat. Mansi beschaffte sich diese Daten und wusste, sie würde diesem elenden Sklaventreiber ordentlich eins auswischen. Beiläufig ergatterte sie sich bei der Kollegin von der Personalabteilung noch das Geburtsdatum des baldigen Opfers und wartete ungeduldig den Urlaubsbeginn ihres Chef ab. Drei Wochen wollte er auf den Seychellen ausspannen und einfach das Leben genießen. Am Freitag seiner ersten Ferienwoche gegen Abend rief Mansis Freund die verschiedenen Institute der drei Karten an und jammerte, dass die Karten gestohlen worden seien und bat, diese umgehend zu sperren. Die Unternehmen kamen dem Wunsch problemlos nach. Sie schöpften keinen Verdacht, schließlich konnte der Anrufer sich mit Namen, Anschrift, Geburtsdatum und Kartennummer identifizieren. Mansi freute sich nach eigenen Aussagen wie ein kleines Kind, dem Bürofeind erfolgreich den Urlaub vermiest zu haben. Am Montag nach dessen Abwesenheit fuhr sie ein bisschen früher als sonst zur Arbeit. Sie wollte ihren Triumph über den ungeliebten Chef voll auskosten. Der Chef war bereits in seinem Büro und erstaunlich gut gelaunt. Sie musste sich bis zur Kaffeepause gedulden, um etwas über seine Ferien zu erfahren. Und tatsächlich, er erwähnte kurz, sich über einen perfiden Streich aufgeregt zu haben, weil seine Bankkarten allesamt eingezogen wurden. Ein Auszubildender fragte naiv und ungeniert nach, wie denn das mit den Karten war. Der Abteilungsboss setzte sein „ist eigentlich vollkommen unwichtig"-Lächeln auf und erzählte, dass die Karten plötzlich nicht mehr angenommen worden seien und ihm die freundlichen Agenten auf den Hotlines lapidar mitgeteilt hätten, er habe die Karten als gestohlen gemeldet und dass es nicht so einfach wäre, die jetzt wieder zu aktivieren. Nach dem kurzen Schock wollte er sich seinen Urlaub aber nicht vermiesen lassen, schließlich hätten sie ja noch die Karten seiner Frau zur Verfügung gehabt. Mansi erzählte mir das ziemlich zerknirscht. Der Racheakt lag schon ein paar Jährchen zurück und sie hörte sich immer noch enttäuscht an! Wenigstens bescherte sie ihm ein bisschen unnötige Arbeit. Sie sagte, dass sie es nie für möglich gehalten hätte, dass er den ganzen Trubel so auf die leichte Schulter nahm. Im Büro gab er sich immer stark unter Druck und machte alle Leute mit seinem künstlichen Stress nur nervös. Tja, so kann man sich irren.

2. Die hungrige Antennenleitung

Bei Kort waren alle im Mehrfamilienhaus froh, dass er einer geregelten Arbeit nachging und mehreren Sportarten frönte. Den meisten war er auch so noch viel zu viel im Haus anzutreffen. Zumindest hörte man im Treppenhaus immer, ob der junge Bankangestellte in seiner Wohnung war oder nicht. Kam er nach Hause, schaltete der bekennende Single als Erstes seinen Fernseher ein und zwar so, dass er in jedem Raum seiner Vier-Zimmer-Wohnung wohl hätte schreien müssen, um die verdammte Kiste zu übertönen. Keine Reklamation und auch kein inständiges Flehen, den Apparat leiser laufen zu lassen, konnte den Fernsehjunkie bekehren. Es mussten härtere Maßnahmen ergriffen werden. Piet, der mir diese Geschichte schrieb, ist Elektroingenieur und dazu auch noch ein ganz großes Schlitzohr. An einem lauen Spätsommertag saß er zusammen mit drei Nachbarn auf dem Balkon, sie spielten Karten und tranken Bier um Bier. Je mehr Bier floss, umso deftiger wurde die lustige Runde. Irgendwann war Kort das Thema, und an diesem Abend fassten die vier Freunde den Entschluss, das Übel an der Wurzel zu packen, Kort einen Denkzettel zu verpassen. Nick, der von Technik überhaupt nichts verstand, meinte, man müsse die Flimmerkiste einfach in die Luft jagen und genau da machte es bei Piet klick. Er kombinierte, dass jede Wohnpartei einzeln an den Hausverstärker vom Kabelfernsehen angeschlossen war, also war auch Korts Fernseher direkt angreifbar. Nach ein paar Minuten war sein Plan bereits durchführungsreif. Bevor ich aber weiter erzähle, will ich noch rasch einige technische Anmerkungen machen.

Fernsehsignale werden mit Hilfe von Elektrizität übertragen. Der Strom, der dabei fließt, ist aber so schwach, dass er für Mensch und Tier völlig ungefährlich ist. Darum sehen die Anschlussdosen für Kabelfernsehen auf den ersten Blick auch völlig ungeschützt aus. Man kann die metallenen Verbindungsteile problemlos berühren. Bei Stromsteckdosen kann man im Normalfall keine stromführenden Teile berühren, es wäre auch sehr ungesund. Piet hatte nun vor, das zu Korts Wohnung führende Antennenkabel von der Verstärkereinheit im Keller des Hauses zu trennen und mit richtigem Strom zu speisen. Dazu muss man wissen, dass die Empfangsteile der Fernsehapparate ausgesprochen empfindlich auf Überspannungen reagieren. Damit keine Spuren auf den Vandalenakt hinwiesen, nahm Piet bei der Ausführung seines Planes einen regelbaren Trenntransformator mit nach Hause. Dieses Ding wird mit normalem Strom gespeist und stellt eine Ausgangsspannung bis maximal zum Wert der Eingangsspannung zur Verfügung. Durch Tests in seinem Labor an einem Altgerät wusste der Hobbyzerstörer, dass er den Trafo auf etwa 100 Volt Wechselspannung einstellen und nur etwa 10 Sekunden einschalten muss. Das Empfangsteil war mit hundertprozentiger Sicherheit zerstört, und das an einem Freitagabend! Für das Mehrfamilienhaus wurde es ein ruhiges Wochenende. Der Fernseher war offensichtlich kaputt, einen Zweitfernseher besaß Kort offenbar nicht, und Radio hören bereitete ihm wahrscheinlich keinen Spaß. Am Montag fuhr der Wagen vom Fernsehreparaturdienst vor und lud die Elektronikleiche auf. Der Ruhe nach urteilte Piet, dass Kort kein Ersatzgerät erhielt. Ein paar Tage später ging der Lärm von Neuem los, aber Piet hatte noch einen viel besseren Einfall. In seinem Labor baute er einen Schalter für 75 Ohm-Koaxialkabel. Diesen installierte er gut versteckt in das Zuleitungskabel zu Korts Wohnung. Je nach Lust, Laune und Lärm sperrten Piet und seine Kollegen danach das Fernsehsignal für den Bankmitarbeiter hin und wieder. Richtige Ruhe kehrte aber erst ein, nachdem sich Kort beruflich und privat in einer anderen Stadt niederließ.

3. Rauchen ist ungesund!

Uralte Binsenwahrheit! Den Nichtrauchern kommen natürlich die heißesten Ideen, wie man den verdammten Rauchern das Leben schwer machen kann. Ladykracher oder Frauenfurz werden die Kleinstfeuerwerkskörper genannt, welche eingepflanzt in Tabakwaren aller Art für einen kurzen Schreckmoment sorgen können. Der Trick ist alt und vor allem aufwändig.

Zu aufwändig, wie ich meine. Vor allem ist der pädagogische Effekt für hartgesottene Raucher doch recht klein. Was das Rauchen ohne zu viel Aufwand mehr vermiest, sind in Zigaretten eingesteckte Fingernagelabschnitte! Auch eingeführte Haare stinken angezündet bestialisch. Kein Raucher der Welt inhaliert freiwillig verbranntes Horn. Auch die Beigabe von irgendwelchen Essenzen wird von nikotinabhängigen Mitmenschen sehr geschätzt. Zitronensaft, Duftöle und PVC-Streifen sind weitere sehr geliebte Zutaten, die das Genießen von Tabak enorm aufwerten – auf jeden Fall für alle eingeweihten Nichtraucher. Mit Karola verstand sich Tanja eigentlich recht gut. Der einzige Streitpunkt der zwei Wohngenossinnen waren die Zigaretten. Die Nichtraucherin Tanja und die Kettenraucherin Karola fanden sich in dieser Beziehung nie so richtig, obwohl sich Karola fürs Rauchen auf den Balkon oder in ihr „Rauchzimmer" verzog. Tanja, die damals Studentin der Rechtswissenschaften war, roch überall den hässlichen Tabakgestank. Mit der Zeit begann sich Tanja zu überlegen, wie sie der Karola in aller Heimlichkeit das Rauchen abgewöhnen könnte. Gutes Zureden nützte schon lange nichts mehr. Der suchtgesteuerte Griff zum Sargnagel erfolgte völlig gedankenlos, nur noch vom Unterbewusstsein befehligt.

Gleich päckchenweise zerstörte Tanja die Glimmstängel, indem sie Schnellkleber in die Zigaretten vor den Filter spritzte. Karola war scheinbar so dauerbenebelt, dass sie nicht bemerkte, wie sie Opfer einer Nichtraucher-Attacke wurde. Ab und an fluchte sie über den Hersteller und seine vermeintlichen Produktionsfehler. Der Griff zum Suchtmittel wurde durch die Sabotage aber wieder zurück ins Bewusstsein geholt. Das war bereits der halbe Sieg für Tanja, die dann verbal noch einiges draufgab. Das hörte sich dann so an: „Karola, lass doch das Rauchen bleiben." Oder, dass es eh gesünder sei und sie, die reisesüchtige Karola, könne sich mit dem gesparten Geld doch jedes Jahr eine zusätzliche und verdammt teure Reise leisten. Gute Argumente, die tausendfach gesagt nichts bewirkten, plötzlich aber mehr Gewicht erhielten, weil Karola das Rauchen viel bewusster wahrnahm. Ab und zu ließ Tanja auch gleich das ganze Päckchen und/oder das Feuerzeug verschwinden. Tanja verunsicherte die dann verbissen ihr Handtäschchen durchsuchende Karola zusätzlich mit scheinbar so nebenbei hingeworfenen Bemerkungen wie: „Du hast die sicher vorhin in der Bar liegen gelassen." Die rauchende Wohngenossin „musste" während dieser Zeit auch des Öfteren Aschenbecher mitgehen lassen. Tanja vernichtete – natürlich völlig unbeabsichtigt beim Putzen – sicher ein halbes Dutzend Aschenbecher. Innerhalb eines Jahres brachte es die überzeugte Nichtraucherin nach eigenen Aussagen fertig, dass Karola pro Tag nicht einmal mehr eine halbe Schachtel Lungennieten vernichtete! Ausgerechnet der ehemals wandelnde Schornstein Karola lächelte sich einen nichtrauchenden Studienkollegen als Freund an. Mit diesem machte Tanja in der Folge gemeinsame Sache, und Karola ist heute überzeugte Nichtraucherin. Irgendwann wird Tanja sie aufklären, wer für dieses Resultat mitverantwortlich ist.

4. Mobbing in der Waschküche

Die großzügig eingerichtete Waschküche im Zehnparteienhaus einer bekannten Westküstenstadt der USA wurde nicht nur zum Tratschen und Waschen benutzt. Helena schrieb mir, wie sie diesen Ort der Sauberkeit und Begegnung auch zum Ablassen aufgestauter Frustgefühle benutzte. Vor allem ihre direkte Türnachbarin hatte darunter zu leiden. Die bekennend eifersüchtige Helena nutzte jede Gelegenheit, der vermeintlichen Konkurrenz hinterhältig Schaden zuzufügen. Dabei war sie nicht einmal sehr erfinderisch, trotzdem aber außerordentlich effizient. Mindestens an zwei Male mochte sich Helena erinnern, wie sie die Feinwäsche ihrer Erzfeindin in Kochwäsche verwandelte. Sie stellte einfach das höher temperierte, Kleider zerstörende Waschprogramm ein. Das kann ja schließlich allen einmal passieren und sieht nicht gleich nach einem Racheakt aus. Einige Erwachsenenkleider vermochten danach natürlich nur noch Kinder und Puppen zu bekleiden. Des Öfteren ließ die Racheprinzessin auch einfach eine Socke verschwinden, riss Laufmaschen in edle Strümpfe oder drückte mit einer Zigarette ein Brandloch in die Markenjeans. Voller Herzblut einer Rachegöttin beschrieb sie mir, wie sie die ursprünglich strahlend weißen Gardinen in schimmelgrau umfärbte. In ihrem Keller bereitete sie die hässliche, gardinentötende Mixtur vor, um sie danach voller Vorfreude in die Waschmaschine zu schütten. Zum Glück war die Gardinenbesitzerin nicht mehr verheiratet, sonst hätte Helena wohl einem handfesten Ehekrach beiwohnen können. Die Wände derartiger Wohnblocks sind in der Regel ja nicht besonders dick und schallundurchlässig.

5. Wie man Verehrer in die Versenkung stößt

24 Lenze zählte Patricias junges Leben gerade, als sie den zwei Jahre älteren Ken kennen lernte. Schon bald erkannte sie, dass Ken nicht der nette

Junge von nebenan war, sondern ein anhänglicher, nervtötender Verehrer. Obwohl sie ihm klar zu verstehen gab, dass sie nichts von ihm wollte, ließ er einfach nicht von ihr ab. Zu ihrem 25. Geburtstag rief sie alle Freunde zur großen Party, um ein Vierteljahrhundert Patricia zu feiern. Ken lud sich selber ein. Zuerst war Patricia ziemlich überrumpelt, aber schon Minuten später hatte sie eine fiese Idee, wie sie den lästigen Verehrer in die Flucht treiben könnte. Im Verlaufe des noch jungen Abends weihte sie die meisten ihrer Gäste in ihren Plan ein und begann sich dann aufmerksam um Ken zu kümmern. Dieser genoss dies offensichtlich. Wie mir Patricia Jahre danach berichtete, verschwand sie irgendwann einmal mit Ken in ihrem Schlafzimmer und fragte ihn, ob er es sich nicht bequem machen möchte. Ken, der übrigens nicht die geringste Ähnlichkeit mit dem Barbie-Freund aufwies, ließ sich nicht ein zweites Mal bitten und hechtete gleich auf die Spielwiese. Mit sämtlichen Künsten einer lüsternen Frau, unter Einsatz des verführerischsten Augenaufschlags, den sie im Repertoire hatte, fragte Pat ihren liebestollen Verehrer, ob er sich nicht schon einmal ausziehen möchte, sie müsse nur ganz kurz noch ins Bad. Der nur noch hormongesteuerte Ken gehorchte aufs Wort und zog sich bis auf die Shorts komplett aus und räkelte sich auf dem bequemen XXL-Bett. Wahrscheinlich dachte er, es sei sein Glückstag und freute sich bereits auf den im Sonnenstudio gebräunten und mit wöchentlichen Fitnessstunden gestählten Edelkörper von Patricia. Die Angebetete dachte jedoch nicht im Entferntesten daran, Ken gefügig zu sein. Pat begab sich zurück in den Schlafraum und tänzelte betont laszif um das Bett herum, bezirzte den überglücklichen Ken und fragte ihn intime Details und was er denn so von ihr erwarten würde. Ken war so dumm genug, um brav zu antworten und schnallte nicht, warum seine Traumfrau immer näher zur Tür turnte. Plötzlich schaute sie ihn nicht mehr mit ihrem hübschen Schmollmund an, sondern blickte ihm direkt und unmissverständlich in die Augen und sagte ihm, dass seine Träume nie und nimmer wahr würden, gleichzeitig riss sie die Tür auf, und die ganze Partymeute drückte johlend in den Schlafraum und hänselte den eben noch im Glück schwelgenden Romeo. Nach dem ersten Schock zog er sich irgendwie so schnell wie möglich wieder an und verließ enttäuscht und wutentbrannt den Ort des Geschehens. Der Gehörnte wusste nicht, dass das ganze Theater im Schlafzimmer auch noch durch ein vorher gut verstecktes Tonband vollständig aufgezeichnet worden war. Kaum hatte sich Ken aus dem Staub gemacht, hörten sich die Gäste und das Geburtstagskind das Hörspiel unter Beigabe leutseliger Kommentare an. Bei Patricia meldete sich der hintergangene Verehrer übrigens nie mehr. Der arme Kerl hatte sich wohl einen Schock fürs Leben eingefangen.

6. Postkartengrüße der besonderen Art

„Das wird schon bald dein neues Zuhause sein ...“ stand auf der Postkarte, die Gustav erhielt. Die Postkarte hat ihn nicht begeistert. Ein Sarg, zusammengezimmert aus ein paar alten Holzlatten, wurde ihm als sein neues Heim suggeriert. Dass einer seiner zwei Schwager der nette Urheber dieser fröhlichen und sehr persönlichen Umzugskarte war, weiß Gustav bis heute nicht. Der Schwager heißt übrigens Marc, und man darf ihn ruhig als Grußkartenschreck bezeichnen! Karten mit sehr eindeutigen Aussagen wie „Schlampe“, „Bezahl endlich deine Schulden!“ und „Analphabet“ gehören noch zu den netteren Ausführungen. Von meinen Bekannten, die bei der Post und bei postnahen Betrieben arbeiten, weiß ich, dass Intimitäten jeglicher Art sehr gerne gelesen werden. Grußkarten mit unübersehbaren Botschaften laden dazu natürlich speziell ein. Marc ist sich seiner Sache in der Regel sehr sicher. Er weiß, dass er seine Opfer oft eiskalt erwischt, diese peinlich berührt sind und danach sehr verunsichert wirken. Die Empfänger können die Absender wenn überhaupt nur erahnen. Hinzu kommt, dass sie nicht wissen, was sie mit der empfangenen Botschaft anfangen sollen und nur orakeln können, ob und was als Nächstes kommen wird. Mit einem leicht hämischen Grinsen erklärte mir Marc, dass die Wirkung seiner Karten etliche Tage anhält. Schickt er einige Wochen später wiederum eine seiner freundlichen Grußkarten los, wirkt sie um einiges mehr, weil auch noch, so seine Analyse, die Erinnerung an die erste Botschaft geweckt wird. Die Idee hat mir derart gut gefallen, dass ich den Makro, ein herausragender Künstler, der wie ich beim gleichen Verlag unter Vertrag ist, fragte, ob er nicht einige Karten in dieser Art für mich entwerfen könnte. Gesagt getan, und ich darf dabei anmerken, dass Makro wie immer ganze Arbeit geleistet hat. Mit dem Bestellabschnitt am Schluss des Buches erhältst du übrigens ein Set gratis!

7. Und es hält ...

Ich hoffe für dich, dass du Rico nie über den Weg läufst und wenn, dann schau ihn auf gar keinen Fall irgendwie komisch an. Der Installateur hat eine besonders niedrige Hemmschwelle, wenn es darum geht, sich bei ihm völlig unbekannten Menschen zu rächen. Personen, die nicht einmal ahnen, dass sie dem Fastrevenge-Junkie auf die vorderste Spitze des kleinen Zehs getreten sein könnten. Ricos Lieblingsspielzeuge sind Kabelbinder in allen Farben und Längen. Von denen hat er übrigens immer ein paar Exemplare bei sich. Ja, ich dachte zuerst auch an ganz harmlose Kinderstreiche, die nur einfach ein bisschen lästig sind. Na ja, irren ist menschlich! Es hört sich sicherlich lustig an, wenn ich von festgezurrten Wintermänteln im feinen Restaurant, von diebstahlsicher mit Kabelbindern angebundenen Treteseln und von plötzlich sehr fest zusammengehörenden Skiern und Skistöcken berichte. Nur, hast du zu jeder Zeit in jeder Situation einen Seitenschneider oder eine Beißzange zur Hand? Eben. Das ist genau der Haken an der Sache! Ich habe mal so zum Spaß im hiesigen Baumarkt einige Kabelbinder gekauft und ein paar Dinge richtig schön festgemacht und mir vorgestellt, dass ich kein geeignetes Werkzeug zur Hand habe. Seit diesem Selbstversuch kann ich mir sehr gut vorstellen, wie einem mit Kabelbindern überraschten Racheopfer die Nervenstränge durchbrennen könnten. Viel schlimmer sind natürlich massive Fahrradschlösser, die nur mit einem sehr starken Schneidewerkzeug, vielleicht gar nur mit einem Winkelschleifer zu überwinden sind. Mit soliden Ketten und Schlössern könnte man ganze Fahrzeuge für etliche Stunden lahm legen. Bei sehr kalten Temperaturen im Winter sogar für mehrere Tage, wenn das Ganze mit genügend Wasser auch noch kunstvoll vereist würde ...

8. Der Rasenmäher-Killer

Endlich ist Feierabend! Das Wetter ist schön, das Bier ist kühl und das Steak ist in wenigen Augenblicken „à point“. Man greift zum Teller, richtet darauf die verschiedenen Salate an, schneidet sich ein Stück Kräuterbutter ab und schreitet voller Vorfreude zum Grill, um das Stück Fleisch auf den Teller zu packen. Zum Essen gibt es noch einen feinen Bordeaux, um mit der Partnerin anzustoßen. Und genau in dem Moment, wo man das Glas hebt, der Partnerin einen innigen Kuss geben will, fängt irgendwo in der Nachbarschaft ein lästiger Rasenmäher zu stottern an. Beim dritten Anlauf röhrt er bei voller Lautstärke und dreht von seinem Besitzer gestoßen seine Runden auf dem großen Rasenstück. Mit der Ruhe ist es vorbei, das Essen schmeckt nur noch halb so gut und der Feierabend hat seinen ganzen Reiz verloren. So oder ähnlich musste es wohl Thomas immer und immer wieder ergangen sein. Irgendwann fand er, es sei genug. Er sann auf Vergeltung. Der Zeitpunkt schien ihm ideal ein paar Tage vor Beginn seines Sommerurlaubs, den er wie in den vergangenen Jahren wiederum mehrheitlich zu Hause auf dem großen Balkon seiner Wohnung verbringen wollte. Thomas schlich sich in den Geräteschuppen des schrecklich stolzen Besitzers des wohl lautesten Rasenmähers weit und breit. Es wurden Gerüchte herumgereicht, dass dieses benzinbetriebene Monster auch auf Maximalleistung getunt, speziell lackiert und tiefer gesetzt sei als der straßentaugliche Rennbolide des Besitzers. Natürlich war das alles nicht wahr, und wahrscheinlich machten diese Geschichten auch nur die Runde, weil die Zielperson dieser Rachemission den Mäher für jede noch so kleine Millimeterarbeit an seinem nahezu englischen Rasen aus dem Geräteschuppen stoßen musste. Thomas stand also vor dem Rasenmäher und pumpte von Hand etwa die Hälfte des Tankinhaltes in seinen mitgebrachten, leeren Benzinkanister. Auch rund die halbe Füllung vom Reservekanister schüttete er in seinen Behälter. Danach kramte er die mit normalem Leitungswasser gefüllten PET-Flaschen aus dem Rucksack und gab etwa die jeweils entnommene Menge in den Tank des Mähers wie auch in den Reservekanister. Mit Genugtuung verschwand Thomas nach getanem Unfung in seine Wohnung und freute sich auf eine ruhige Ferienwoche. Der Motor des Rasen- und Ruhequälers war natürlich klar zum Tode verurteilt. Für das samstägliche Rasenmähen jaulte der Motor noch einige Male kurz auf, um dann röchelnd das Zeitliche zu segnen. Die Tat war vollbracht. Selbstverständlich funktioniert das Ganze auch in umgekehrter Weise. Für diesen Fall gibt es im Handel sogar Audio-CDs mit 74 Minuten Rasenmäher-Lärm zu kaufen. Einfach Musikanlage in die Büsche stellen und Zeitschaltuhr programmieren, damit der Mäher aus der Konserve über die volle Zeit bei maximaler Lautstärke dröhnt, und ab ins Freibad düsen. Die programmierte Zeit überschneidet natürlich keine Sekunde die vorgeschriebenen Ruhezeiten, so kann der arme Nachbar nicht einmal Anzeige bei der Polizei erstatten. Ebenfalls muss die Verstärkeranlage natürlich mit einer Plastikplane vor plötzlichen Regengüssen geschützt werden. Man weiß ja nie!

9. Der Winter und seine Tücken

Der Winter ist doch herrlich! Vor allem, wenn in den Bergen genügend Schnee liegt und man sich auf den Wintersport freuen kann, nimmt man auch die klirrende Kälte, die vereisten Straßen und den Matsch im Unterland in Kauf. Minusgrade erfreuen aber nicht nur Wintersportler, auch Freunde der eiskalten Rache leben auf. So denkt Paul im Winter immer an seine allerliebsten

Feinde. Wenn der Ökofreak auf Rachepirsch geht, trägt er in seinem Thermo-Rucksack ein hübsches Überraschungspaket mit sich. Bewaffnet mit einer mit heißem Wasser gefüllten Bettflasche, zwei großen PET-Flaschen gefüllt mit Leitungswasser, einer Spritze und einem Pflanzensprüher steht er im Dienst seiner Rachemission. Es hört sich irgendwie unüblich an, aber seine Bewaffnung kann durchaus als zweckmäßig bezeichnet werden. So sprüht Paul nachts Schlösser aller Art mit Wasser ein und zwar derart perfekt, dass man sogar mit Enteiser-Sprays und kleinen Wärmequellen Mühe hat, die Schlösser wieder zum Funktionieren zu bringen. Nur gegen kleine Gas-Bunsenbrenner ist auch Paul machtlos. Sein Trost, so ein Leuchtgasbrenner steht kaum einem seiner Kunden auf die Schnelle zur Verfügung. Feuerzeuge helfen auch nicht wirklich weiter, man verbrennt sich nur die eigenen Finger. Einzig die berühmten Zippo-Feuerzeuge können einem auch da aus der Patsche helfen, wenn man sich denn überhaupt wagt, offenes Feuer einzusetzen. Denn das ist gerade bei Tankdeckelschlössern nicht wirklich ratsam ...

Malte beichtete mir, dass er ja nicht ohne Grund aus seiner Wohnung rausgeworfen worden sei, aber trotzdem hätte der Vermieter problemlos Gnade vor Recht walten lassen können. Immerhin sei er über zehn Jahre ein treuer, solventer und vor allem pünktlich zahlender Mieter gewesen. Als dann halt seine Frau sich wegen eines anderen Typen von ihm getrennt habe, sei er, der sonst immer starke Malte, in ein tiefes Loch gefallen. Als Folge davon habe er dann auch noch seinen Job verloren und kurze Zeit später natürlich kein Geld mehr für die Miete der schönen Wohnung gehabt. Die Kündigung der Wohnung, das wissen wir bereits, ließ nach diesem Desaster auch nicht lange auf sich warten. Irgendwann hat sich Malte dann wieder gefangen und verlangte von allen, die sich seiner Meinung nach an seinem Unglück labten, Sühne. Den Hausbesitzer erwischte er wortwörtlich kalt. Das in den späten Siebzigerjahren erbaute Mehrfamilienhaus besaß eine zentrale Ölheizanlage. Immer im Spätsommer ließ der Vermieter den mehrere tausend Liter fassenden Heizöltank auffüllen. Der Füllstutzen des Tanks versteckte sich hinter einem kleinen, unscheinbaren und ungesicherten Gitter. Malte erzählte mir, wie er sich an einem kalten Wintertag durch die unverschlossene Haupttüre in das Haus schlich und sich hinter einem Berg von Kartons unter dem letzten Treppenstück im Untergeschoss schlafen legte. Zumindest versuchte er es. Mitten in der Nacht schlich er sich in die unverschlossene Waschküche, hängte den in einer Tasche mitgebrachten Wasserschlauch an die Armatur, schmiss den Schlauch zum Fenster raus und hangelte sich selber raus. Drei Meter neben dem Waschküchenfenster steckte Malte den Schlauch in den Tankfüllstutzen und ließ über eine halbe Stunde lang das Wasser laufen. Danach machte er sich samt Schlauch aus dem Staub. Tagsüber fuhr er mit seinem Auto am Racheobjekt vorbei und stellte keine Besonderheit fest. Auch am zweiten und dritten Tag stellte er nichts Ungewöhnliches fest. Erst am vierten Tag, einem Montag, sah er, wie eine im Ort bekannte Tankrevisionsfirma ihre Wagen vor dem Haus geparkt hatten. Malte durfte sich über die gelungene Aktion freuen. Erst viel, viel später erfuhr er einmal, dass tatsächlich die komplette Heizung ausgefallen war. Die armen Bewohner hatten ein ganzes Wochenende weder Heizung noch Warmwasser und der Hauseigentümer wohl, so mutmaßte Malte, eine gesalzene Rechnung.

10. Rettet die Heimchen!

Aufgrund ihrer sehr einfachen Massenzucht sind Heimchen sehr beliebte Futtertierchen für alle Echsenarten. Die Männchen messen ausgewachsen um die zwei Zentimeter, die an ihrem Legeohr erkennbaren Weibchen können problemlos doppelt so groß werden. Die im Fachlatein Acheta domesticus genannten Schädlinge haben, wenn sie nicht vorher verfüttert werden, eine Lebenserwartung von rund zwölf Wochen. Die Jungtiere schlüpfen nach rund neun bis zehn Tagen und gelten mit vier Wochen als ausgewachsen. Heimchen sind arme Tierchen. Sie gelten wie alle Grillen als Schädlinge. In Wohnräumen ist zwar nicht unbedingt damit zu rechnen, dass sich die Tiere ungezügelt vermehren, die männlichen Heimchen besitzen jedoch eine ganz andere Möglichkeit, den Menschen um seinen Schlaf zu bringen! Die Männchen verursachen durch ihre Paarungsrufe eine extreme Lärmbelästigung, zudem sind sie schlichtweg nicht zu orten. Ein offensichtlich Kinder hassender Neureicher brachte Kate derart auf die Palme, dass sie gleich eine komplette Heimchenzucht aufkaufte und einfach im Garten des Flegels aussetzte. So rettete sie alle Tierchen vor ihrem sicheren Verfütterungstod. Und wenn sie nicht gestorben sind, dann zirpen die Nervensägen noch heute!

11. Tote Fische musizieren nicht

Laura und Naomi musizierten während ihrer Jugendzeit in der regionalen Jugendbrassband und das nicht einmal schlecht, obwohl Naomi immer wieder offen dazu stand, wie faul sie eigentlich sei. Daheim investierte sie keine einzige Übungsstunde in ihr Können. Sie spielte ihr Euphorium im Übungslokal, wo sich die Band zwei Mal die Woche traf und höchstens noch zu speziellen Anlässen. Laura dagegen bewies ihr Können auch zu Hause im Kreis ihrer höchst musikalischen Familie und schnitt dadurch, wen erstaunt es, mit ihrem Flügelhorn noch um einiges besser ab als Naomi mit ihrem Blasinstrument. Die beiden dicken Freundinnen, beide Jahrgang 1974, bekamen in ihrem 22. Lebensjahr ein ernsthaftes Problem miteinander. Laura fand am neuen Cornet-Bläser Matt großen Gefallen, aber Naomi schnappte sich den Boy mit den Sommersprossen. Das wollte Laura, obwohl sie sich nach außen hin nichts anmerken ließ, nicht auf sich sitzen lassen. Am letzten Übungsabend vor der großen Ferienpause schmuggelte sie einen tagsüber beim Fischhändler gekauften Speisefisch ins Übungslokal. Nach Übungsschluss, die Bandmitglieder packten bereits ihre sieben Sachen zusammen, ergriff die Fischkäuferin eine günstige Gelegenheit und stopfte den französischen Wolfsbarsch rasch in das bereits im Instrumentenkoffer liegende Euphorium von Naomi. Wie mir Laura erzählte, konnte sie ihren Erfolg leider nicht unmittelbar genießen. Der geschuppte Kadaver stank derart, dass Naomi nicht umhin kam, ihren Koffer trotz Übungsferien zu öffnen. Im Instrument erkannte sie etwas Undefinierbares, das bereits, wie wir umgangssprachlich zu sagen pflegen, Beine hatte. Das war wohl der Moment, wo Naomis Bruder den durch Mark und Bein gehenden Schrei hörte, der auch gleich wieder verstummte, denn erbrechen und schreien, das geht nun einmal nicht zusammen ...

12. Kastrierte Motorboote

Verkehrsrowdies gibt es nicht nur auf der Straße, auch Bootsbesitzer halten sich nicht an alle Gesetze und rasen, dass den Fischen im Wasser zuweilen ganz schwindlig wird. Lucca ist Hobbyfischer, und er hat überhaupt keine Freude an den vielen Freizeitskapitänen, die in ihrem Geschwindigkeitsrausch durch seinen kleinen Fluss pflügen und die Fische verscheuchen. Vor allem einer ging Lucca derart auf den Geist, dass der Fischersmann unweigerlich an Rache denken musste. Der in Ungnade Gefallene hieß Sandro, von Beruf Sohnemann und besaß eines dieser kleinen Kabinenboote mit einem Vier-PS-Außenbordmotor. Das Boot an und für sich war nicht einmal besonders schnell, aber weil Sandro unbelehrbar immer mit Höchstgeschwindigkeit nahe dem Ufer entlangpreschte, bekam er von Lucca natürlich die volle Aufmerksamkeit geschenkt. Was nicht unbedingt zu Gunsten von Sandro ausgelegt werden darf. Lucca konnte mir nicht sagen, wann der Entschluss zur Rache gefallen ist, aber irgendwann fasste er sich ein Herz und schwor, dem Taugenichts einen Denkzettel zu verpassen. Ohne nennenswerte Probleme fand Lucca heraus, wo das Objekt seiner Rachebegierde ankerte und begutachtete den Yamaha-Außenbordmotor ein bisschen genauer. Einige Tage später fiel Sandro mit seiner flegelhaften Fahrweise schon wieder auf. Noch in der gleichen Nacht fuhr Lucca mit seinem Chevrolet zum kleinen Bootshafen, griff sich die Werkzeugkiste im Kofferraum und montierte Augenblicke später in Sandros Nussschale die Steuerstange des Außenborders ab. Das gab erst einmal ein paar ruhige Tage. Aber nicht einmal zwei Wochen später, Lucca stand mit ausgeworfener Angel am Ufer, tuckerte der verhasste Hobbykahn wieder stromaufwärts und natürlich am Ufer entlang. Luccas Geduld war vollends am Ende. Am anderen Tag fuhr er mitten in der Nacht wieder zum Boot, und dieses Mal montierte er gleich die ganze Schiffsschraube ab! Die letzten paar Wochen der Schiffsaison hat Lucca seinen Liebling und dessen Hobbytitanic nicht mehr gesichtet ...

13. Der billige Computer-Jakob

Ivan war bis vor kurzem der billigste Computerschrauber weit und breit. Mit seinem geölten Mundwerk, dem Wissen, wo es die billigsten Computerbauteile zu kaufen gibt und nicht zuletzt wegen der üppigen Software, mit der er seine Kisten ausstattete, angelte er sich viele neue Kunden. Das, obschon der diplomierte Landwirt rein fachlich mit den Computer-Profis nicht mithalten konnte. Als der Computerfreak auch noch in die Domäne der Webseitengestaltung eindringen wollte, reichte es dem Vollblut-Informatiker Sven endgültig. Denn auch der Profi mit gutem Ruf verlor an Ivan zahlreich Kunden, denen der Discountpreis wichtiger war als guter Service. Die Informatik-Koryphäe begann Pläne zu schmieden, um den Widersacher ans Messer zu liefern. Ivan machte es seinem Bestrafer auch allzu einfach. Erstens stattete er seine Computer zu hundert Prozent mit Raubkopien aus und zweitens benutzte er für die Gestaltung der Kundenhomepages viele fremde Texte und Bilder, die natürlich ebenfalls urheberrechtlich geschützt waren. Über ein halbes Jahr sammelte Sven die Adressen von Ivans Kundschaft. Das war für den durchtriebenen Rachenovizen nicht weiter schwierig, denn er brachte Ivan dazu, einen Teil des benötigten Materials über ihn zu bestellen, und da blieb natürlich immer wieder ein bisschen Zeit für einen kurzen

Fachtratsch. Sven umschrieb dies mir gegenüber zwar immer als eine Art Monolog des sehr selbstsicheren Ivan. Dieser prahlte gegenüber Sven richtiggehend, wen er als neuen Kunden habe gewinnen können. Der Rachespion schrieb diese Namen jeweils dankbar in das von ihm speziell erstellte Textdokument hinein. Nach etwas über 30 gesammelten Ivan'schen Kundenadressen setzte sich Sven hinter seinen Computer und schrieb eine überzeugende E-Mail an die Adresse piracy@microsoft.com! Die anonyme Mail würzte er nicht nur mit vielen Kundenadressen, er kannte von drei Reparatureinsätzen auch die Seriennummern einiger illegal kopierter Programme aus Ivans Sammlung. Um Fragen des Mailempfängers beantworten zu können, benutzte Sven schlauerweise ein Mailkonto eines bekannten Gratisanbieters. Bereits nach ein paar Tagen bekam er schriftlich die Gewissheit, dass die Informationen zu seiner vollsten Zufriedenheit genutzt würden. Und keine drei Wochen später erfuhr Sven, dass bei Ivan eine Razzia durchgeführt und der Raubkopierer verhaftet worden war. Ivan gab seinen Nebenverdienst auf und dürfte noch heute damit beschäftigt sein, den angerichteten, in einem außergerichtlichen Vergleich bezifferten Schaden abzuzahlen.

14. Tschüss und weg!

Gerald ist begeisterter Modellflugzeugpilot und gestand mir unlängst eine Jugendsünde, die es in sich hat. Der Vorfall liegt nun weit über zehn Jahre zurück und endete mit ein paar nur gewaltsam unterdrückten Tränen und beträchtlichem Sachschaden. Er experimentierte damals vornehmlich mit allerhand exotischem Fluggerät. Hin und wieder stürzte ihm eine Maschine ab. Da es sich aber nur um ferngesteuerte Modelle handelte, verursachte er jeweils lediglich Land- und Sachschaden. Weit mehr regte ihn das Gespött von Dave auf. Dieser riet ihm des Öfteren, doch auf ferngesteuerte Automodelle zu wechseln. Die könnten weder vom Himmel stürzen noch Titanicmäßig in den Fluten irgendeines Baggersees untergehen. Der Spötter selber flog mit historischen Nachbauten Akrobatik. Er wähnte sich mit seinen Modellen trotz Kunstflug auf der sicheren Seite, schließlich setzte er nur auf tausendfach bewährte Technik. Seine Zeit steckte Dave in die hohe Detailtreue beim Nachbau sowie ins zeitintensive Flugtraining. Für die innovativen Fluggeräte von Gerald konnte sich der Akropilot hingegen nie begeistern, er fand die Flugschüsseln einfach nur lächerlich, was er auch bei jeder sich bietenden Gelegenheit unterstrich. Dass er dabei Gerald zutiefst verletzte, bemerkte Dave nicht oder es war ihm einfach egal. So kam es, dass sich Gerald im Vorfeld eines öffentlichen Flugtages Ende der Achtzigerjahre nicht nur mit den eigenen Flugmodellen befasste. Er erstand günstig eine gebrauchte Funkfernsteuerung der Firma Multiplex und baute sich einen Signalverstärker, einen so genannten Brenner. Durch die vielen Trainings wusste Gerald natürlich, auf welchen Frequenzen Dave sein Kunstflugmodell steuern würde und besorgte sich auch die entsprechenden Frequenzquarze für seine Fernsteuerung aus zweiter Hand. Der damals gut verdienende Single konnte sich das ohne zu überlegen leisten. Dazu muss man wissen, dass natürlich auch die im Modellbau eingesetzte Technik wie jedes andere für den Privatgebrauch bestimmte elektrische Gerät im Verhältnis zu heute saumäßig teuer war. Die vereinseigene Flugpiste samt Vereinshütte befand sich damals unmittelbar am Rande des aufstrebenden Industrieviertels, was Gerald für die Ausführung seines Racheplans mehr als nur gelegen kam. Der Flugtag sollte für Dave der Tag der Abrechnung werden. Denn Gerald wollte es so.

Der Tag X kam, das Flugwetter war prächtig und die Vorführungen waren voll im Gange. Auch Gerald präsentierte bereits seine zwei neuesten Experimentalflieger pannenfrei vor all den begeisterten Besuchern. Seine offizielle Funkfernsteuerung gab er, wie das in seinem Verein üblich war, in die Obhut des Organisationskomitees. Diese Sicherheitsmaßnahme diente dazu, dass kein Vereinsmitglied einem Kollegen aus Versehen dazwischenfunkte. Gerald meldete sich kurz ab, um die angeblich zu Hause liegen gebliebene Fotoausrüstung zu holen, setzte sich in seinen Wagen und fuhr weg. Er steuerte sein Fahrzeug aber keineswegs nach Hause, sondern in das Industriegebiet und parkte es dort möglichst unauffällig. Auch seine Fototasche hatte er schließlich nicht vergessen, die lag hinter dem Beifahrersitz unter einer Decke. Er packte sich seine zweite Funkfernsteuerung mit aufgesetztem Verstärker und schlich sich zu einem Gebäude mit Sichtkontakt zur Modellflugpiste. Selbstverständlich machte sich Gerald kurz bevor er losfuhr schlau, wie lange er auf die ersehnte Akrobatikvorführung warten musste. Daves Flieger startete und verzauberte wie jedes Jahr sogleich das Publikum. Gerald bekam das natürlich nicht mit und testete mit kurzem Einschalten seiner Multiplex, ob der Flieger reagieren würde. Dieser flog sehr wohl einen unvorgesehenen Schwenker. Dave korrigierte diesen problemlos und dachte wohl eher an eine Böe als an einen bösen Buben mit starker Funktechnik. Das aufwändig nachgebaute Kunstfliegerchen war mitten in einem Doppellooping, als Gerald entschied, das Ding unter Kontrolle zu nehmen und abstürzen zu lassen. Ganz ruhig schaltete er seine Fernsteuerung ein und steuerte das schöne Ding im Sturzflug, bolzengerade wie einen Sturzkampfbomber im Selbstmordauftrag auf den harten, frisch gemähten Grasboden zu. Starr vor Aufregung schaute der Rächer zu, wie die Propellermaschine seines Feindes am Boden in tausend Stücke zersplitterte. In weiter Ferne nahm er wahr, dass eine Person in seine Richtung losrannte. Es war Dave, der geschockt zu den Überresten seines Stolzes sprintete.

Zitternd vor Befriedigung, Aufregung und Angst verschwand Gerald zu seinem Auto, um schnell nach Hause und dann wieder zum Flugfeld zu fahren. Zurück auf dem Platz erfuhr er von seinen Kameraden natürlich sofort vom Verlust des Modellflugzeugs. Dave war zu diesem Zeitpunkt nicht gesprächig und transportierte die kümmerlichen Wrackteile in einer Kiste zu seinem Auto. Gerald beließ es bei einem vielsagenden „Tja“; der weinerliche Gesichtsausdruck seines Gegners sprach Bände. Fortan konnte Dave keine dummen Sprüche mehr von sich geben, ohne nicht selber unter die verbalen Räder zu geraten. Klubintern reihte man ihn nämlich nun auch in die Liga der Bruchpiloten ein. Welch eine Schmach! Sein fliegerisches Können hatte jetzt einen Knacks gekriegt!

15. Kopien tun's auch!

Viele Menschen haben sich im Internet überhaupt nicht mehr im Griff. Könnte man ihnen unbemerkt über die Schultern gucken, während sie chatten, mailen oder surfen – dem Beobachter würden sich wahre menschliche Abgründe auftun. Dino ist Betreiber eines schnuckligen Internetcafés in einer kleinen Kreisstadt mitten im alten Europa. Durch seinen Job schöpft er aus dem Vollen und kann stundenlang über unfähige, bescheuerte und einfach dumme Internet-Benutzer referieren. Mit einem zufriedenen Lächeln erzählte er mir auch folgende Geschichte, die ihn selber betraf. Dino lernte auf einer Party die hübsche Barbara kennen und war gleich hin und weg. Ein paar Treffen, Abendessen und Partynächte später merkte er aber, dass er für seine Traumfrau nur ein angenehmer Türöffner und Spielbube war und dass wohl nicht alles ganz der Wahrheit entsprach, was sie ihm so unter die Nase zu reiben versuchte. Er litt, wie er selber zugab, enorm unter dieser Situation, sagte jedoch nichts, um Barbara trotz allem nicht zu verlieren. Der Zufall wollte es, dass Dino in einem Lokal ausgerechnet einem Gespräch zwischen ihrem Ex – Barbara war erst vier Monate solo – und dessen Kumpel lauschen konnte. Dabei erfuhr der verliebte Lauscher so nebenbei viel Unerfreuliches über seine Angebetete. Seine Verliebtheit trieb ihn aber weiter zu der Hoffnung, dass die Geschichten nicht der Wahrheit entsprechen. Irgendeine höhere Kraft wollte ihm, dem jungen Internet-Unternehmer, wohl um jeden Preis die Augen öffnen. Nur so kann sich Dino heute erklären, auf was er etliche Tage später stieß.

Es war ein Montagmorgen, das Internetcafé war kaum zehn Minuten offen, als der erste Kunde an einem der acht Terminals Platz nahm, um sein Mail-Postfach zu leeren. Das ging aber nicht, und so bat er den noch verschlafenen Dino um Hilfe. Dieser startete für den Kunden einen anderen Computer und ging der Fehlfunktion auf der ersten Station nach. Wie der Kunde wollte Dino die Hotmail-Homepage öffnen, um Kennung und Kennwort einzugeben. Stattdessen öffnete sich gleich das Eingangsfach eines noch unbekannten Mailkontos. Für Dino war alles klar. Irgendein DAB (dümmster anzunehmender Benutzer) wies den installierten Browser an, sich das Passwort zu merken. So öffnete sich eben nicht die Eingabemaske, sondern das Konto des Users mitsamt allen seinen mehr oder weniger vertraulichen E-Mails. Selbstverständlich wollte Dino wissen, welcher Idiot ihm an seinem arbeitsfreien Sonntag diese Überraschung bescherte und begann mit noch nicht ganz wachen Augen die eingegangenen Mails anzuschauen. Blitzschnell war Dino fit und konzentriert, als er kapierte, dass es Barbara war, die am Sonntag seinem Café einen Besuch abstattete und bei Hotmail die automatische Anmeldung aktivierte! Er begann die Mails Stück für Stück an eine seiner geheimen Mail-Adressen zu senden, um sie dann ein bisschen genauer anzuschauen. Die Mails öffneten ihm die Augen. Barbara entpuppte sich in den Mails als Schwätzerin mit lokalem Luderpotenzial! Obwohl Dino nur die Mails vom Eingangspostfach auf seinem Computer hatte, konnte er ohne interpretieren zu müssen, auf Barbaras Aktivitäten schließen. So war es ein Leichtes für ihn, anhand der Mails eindeutig zu belegen, dass sie es entgegen ihrer Behauptungen mit der Treue nicht sehr ernst nahm. Als sie noch mit ihrem Ex Bett und Tisch geteilt hatte, hatte sie zumindest bereits Kontakt zu anderen Männern und Frauen gesucht. Lachen musste er, als er las, dass sie auf Fesselspiele stehe. Was ihn noch mehr bedrückte, war aber der Umstand, dass sie zu dem Zeitpunkt, als sie mit ihm angebändelt hatte, versteckt eine Beziehung führte und diesen Freund gleichzeitig mit dessen

Arbeitskollegen betrog! Dino wurde schlagartig Realist und reduzierte den Kontakt zu dieser Schlampe auf ein Minimum, obwohl es ihm die ersten paar Wochen verdammt weh tat, wie er mit nachdenklicher Stimme zugab. Eines schwor er sich: Diese Frau sollte nicht ungeschoren davonkommen!

Dino kam der Umstand zu Hilfe, dass der unwissenden Barbara der eigene Ruf sehr wichtig war. Sie gab sich gerne als das arme, seriöse Mädchen vom Land, mit dem es das Schicksal in den ersten 24 Jahren ihres bisherigen Lebens nicht häufig gut gemeint hatte. Dino wusste aber, dass die verwöhnte Göre von ihren Eltern jede familiäre und finanzielle Unterstützung erhielt. Trotzdem verstand sie sich mit ihrem strengen, aber überhaupt nicht dominanten Vater mehrheitlich schlecht. Was lag da näher, als die in psychologischer Hinsicht elterliche Gewalt auf den Plan zu rufen? Dino bereitete eine Reihe von anonymen Briefen und Postkarten an die elterliche Adresse vor. Auf die erste selbst gemachte, A4-große Postkarte schrieb der Rächerbote in großen Lettern „Eure Tochter ist eine Schlampe". Einen dazu passenden Mail-Ausdruck klebte er auf die Rückseite. Das Unikat schickte Dino tatsächlich wenige Tage vor Barbaras Geburtstag deren Eltern nach Hause. Mehrere Wochen erhielten diese und schließlich auch noch der neue Arbeitgeber der Angeprangerten ungebetene Post zugeschickt. Von Barbara hörte Dino überhaupt nichts mehr. Sie war wie vom Erdboden verschluckt.

16. Post ist da!

Die meisten Menschen freuen sich über persönlich adressierte Post, natürlich mit Ausnahme von Rechnungen, Steuerbescheiden und dergleichen. Larissa überzeugte mich eindrücklich, dass einem auch andere, selbstverständlich adressierte Postsendungen ziemlich auf den Wecker gehen können. Ihre Arbeitskollegin Camilla verbrachte einen Großteil der Arbeitszeit damit, irgendwelche Wettbewerbs- und Bestellcoupons auszufüllen. Auf die Arbeitsqualität hatte ihre Privatbeschäftigung zwar keinen direkten Einfluss, aber Larissa durfte sich dann auch noch das Geschwafel über die schriftlich getätigten Bestellungen und die vielen, wenn auch oft minderwertigen Gewinne anhören. Das wurde ihr mit der Zeit einfach zu viel und sie überlegte, wie sie Camilla von der Couponausfüll-Krankheit heilen könnte. Die nervige Empfangskollegin verweilte gerade zwei Wochen im Urlaub, als der Geistesblitz bei Larissa endlich mit voller Wucht einschlug. Die Rachetante kaufte sich am Kiosk mehr als zwei dutzend Frauenzeitschriften, schnitt alle möglichen Bestellcoupons aus und begann diese fein säuberlich mit der mechanischen Schreibmaschine auszufüllen. Kurz vor Camillas Urlaubsende vernichtete Larissa sorgfältig alle bearbeiteten Zeitschriften und nahm die ausgefüllten Bestellscheine mit nach Hause, um sie dann gestaffelt mit der Post abzuschicken. Die meisten konnte sie gar ohne zu frankieren in die Briefkästen der Post einwerfen. Einige Tage noch hörte sich Larissa notgedrungenerweise Camillas Ausführungen zu ihren Ferienerlebnissen und den eingetroffenen Postsendungen an. Dann endlich, ganze zehn Tage nach der ersten Versandaktion erzählte die verwunderte Empfängerin von einem Paket voller Fahrradteile, das sie nie und nimmer bestellt habe. Glucksend erklärte mir Larissa, wie sie sich rasch mit „muss mal für kleine Mädchen" entschuldigte und in der Frauentoilette verschwand. Dort konnte sie dann einmal eine Runde ungehemmt ablachen, um dann einigermaßen beruhigt wieder an ihren Platz zurückzukehren. In den folgenden Tagen wurde Camilla immer beunruhigter, zuweilen sogar fast hysterisch. Sie faselte dauernd etwas von unzähligen Probeabos, irgendwelchen Ansichtsstücken und sonstigem Krimskrams, den irgendwer unter ihrem Namen bestellen würde. Larissa gab sich als die liebe, verständnisvolle Kollegin aus, die Camilla natürlich aus dieser Misere heraushelfen würde. Dabei wollte sie sich tatsächlich nur am Ärger, den die vermeintliche Bestellerin mit den Lieferanten hatte, laben. Der war in der Tat nicht klein, denn die meisten Ansichtsstücke besaßen ein Rückgaberecht von lediglich sieben bis zehn Tagen, und sowieso hatte Larissa in Camillas Namen auch einige Lehrgänge wie auch wöchentlich erscheinende Werke bestellt, die wegen nicht fristgerechter Abmeldung automatisch weiter geliefert wurden – aber kostenpflichtig! Larissa fand den Briefwechsel mit den zu Recht verärgerten Firmen im Gegensatz zu Camilla sehr spannend. Nach dieser perfiden Racheaktion fand Camilla ein neues, ganz anderes Hobby. Sie begann für die Firma eine Homepage zu gestalten und begeisterte damit sogar Larissa.

17. Der lästige Vertreter

Didi ist ein lästiger und erfolgreicher Weinverkäufer. Was ich von ihm weiß, nährt bei mir die Befürchtung, dass seine Kunden nur deshalb bei ihm kaufen, weil sie hoffen, dass er sie dann wenigstens für eine Weile in Ruhe lässt. Erstens kann ich dir aber versichern, dass das Gegenteil der Fall ist und zweitens kenne ich bislang noch niemanden, dem Didi über den Weg gelaufen ist und früher oder später nicht doch ein paar Flaschen gekauft hätte. Jemandem ist Didi aber allzu sehr auf den Geist gegangen. Ich nenne ihn einmal Roger, werde mich aber hüten, irgendwelche Details zu dieser Person auszuplaudern. Roger versuchte Didi mit den gleichen Waffen zu schlagen, ob es tatsächlich gelungen ist, bezweifle ich ernsthaft. Davon aber später. Um seinen Plan perfekt umzusetzen, nahm er sich fast ein ganzes Jahr Zeit, aufwändig und mit List zu recherchieren. So tippte er nach jeder besuchten Messe die gesammelten Visitenkarten von Vertretern, die ihm beispielsweise durch ihr geöltes Mundwerk als besonders durchtrieben aufgefallen sind, in seinen Computer. Von Didi selber wusste er, wie wohl jeder von Didis Kunden, dass dieser seinen Geburtstag Mitte Mai, der im damals aktuellen Jahr auf einen Donnerstag fiel, zu Hause bei seinen Lieben feiern würde. Genau auf diesen Tag bestellte er einige Dutzend (!!) Vertreter zu Didi nach Hause. Natürlich befürchtete er, dass irgendein Außendienstmensch auf Didis Festnetzanschluss telefonieren würde, weshalb er jeden Einzelnen darum bat, genau dies zu unterlassen, da seine Frau – also eigentlich die von Didi – von seinen Absichten noch nichts mitbekommen sollte. Der Weinhändler hatte an seinem Wiegenfest wirklich alles, nur keine Ruhe! – Mal ganz ehrlich, ich finde die Rachegeschichte genial, und ich denke auch, dass die Idee überall klappt, außer eben bei Didi! Ich glaube – nein – ich bin der festen Überzeugung, dass Didi Roger vor Freude um den Hals fallen würde, wüsste er von dessen Urheberschaft in dieser Sache. Denn Didi hat sicherlich jedem Anrufenden im Verlaufe kürzerster Zeit den Weinkeller mit Produkten seines Brötchengebers aufgefüllt. Dem Roger ist ganz sicher ein hübsches Sümmchen an Provisionen entgangen ...

Vielleicht fragst du dich, warum ich ausgerechnet diese von langer Hand organisierte Geschichte in das Kapitel „Gelegenheit macht Rächer“ stellte? Nun, die Story mag zeitaufwändig erscheinen, die Idee dahinter ist aber ausgesprochen subtil und ohne viel Aufwand zu adaptieren. Ein Telefon und das regionale Branchenbuch reichen, um dem auserwählten Opfer viel Ärger zu bereiten. Je nach Lust und Laune kannst du auch noch Pizza bestellen, das Taxi rufen oder die Regionalpresse zur Medienkonferenz einladen. Der teuflischen Kreativität sind keine Grenzen gesetzt.

18. Erinnerung an die Persönlichkeit

Nach einem Todesfall in der Familie war Carlene auf ihren erbgierigen Bruder Clayton mächtig sauer. Sie musste ihrer Wut Luft machen. Sie verriet mir, dass sie sich die Geldbörse ihres Bruders unter den Nagel riss, als dieser sie achtlos in einem Pub rumliegen ließ. Ihr Bruder dachte natürlich gleich an einen Diebstahl und wollte anderntags bei der Polizei Anzeige erstatten. Der grinsende Beamte erklärte ihm aber, dass am Morgen in ihrem Briefkasten sein Portmonee mitsamt dem Geld und Ausweisen gelegen habe. Auf einem Zettel habe gestanden, dass es beim einzigen Pub im Ort auf dem Parkplatz gefunden worden sei. Bei der Aushändigung der Fundsache meinte der Beamte noch, Clayton solle doch so gut sein und die Ausweise erneuern lassen. Clayton verwunderte sich ein bisschen über den Hinweis des Polizisten, stellte aber bei der Inhaltskontrolle erschreckt fest, was dieser ihm mit diesem Wink mitteilen wollte. Auf jedem amtlichen Papier und jedem Geldschein war mit einem wasserfesten Stift eine deftige Bezeichnung vermerkt: „geldgieriges Arschloch"! Ohne weitere Diskussion verabschiedete er sich vom Revierchef und fuhr nach Hause, wo er gleich seine Schwester zur Rede stellte. Mit beleidigter Unschuldsengel-Miene konnte sie ihn jedoch davon überzeugen, dass sie mit dieser Sache nichts zu tun habe, obwohl sie sich durchaus derselbigen Meinung anschließen könnte, was sie ihm genau so mitteilte.

19. Turntables Heroes

Peggies Ex-Freund Linus legt in mehreren Clubs und Discos Musik auf. Dass es der Frauenschwarm während der Beziehung mit ihr mit der Treue nicht immer so genau genommen hatte, musste Peggie irgendwann einmal zutiefst verletzt erfahren und akzeptieren. Akzeptieren kommt natürlich nicht einem Racheverzicht gleich! Die Hintergangene rächte sich an ihrem Ex-Freund, Seitenspringer und Hobby-DJ, indem sie ziemlich viele seiner CDs ein wenig mit Schmirgeltuch bearbeitete. Auch die Vinyl-Schallplatten mussten leiden. Mit einer Rundfeile vergrößerte sie jeweils das Loch der Platten, damit sie so richtig schön leierten. Als Aushilfs-Barmaid hatte sie auch sehr praktischen Zugang zu seinem in der Disko deponierten Material. Noch viel schlimmer als die paar zerstörten Tonträger war jedoch die Tatsache, dass sie jede Scheibe, aber wirklich die hinterste und letzte aus ihrer Hülle nahm und woanders hineinsteckte. Wie sie erfuhr und mir erzählte, soll ihr Ex getobt haben, wie ihn noch nie jemand jemals zuvor erlebt hatte.

20. Der Idiot von nebenan

Austin betrachtet sich selber als Durchschnittsbürger und kann es heute noch nicht begreifen, warum ihn ein böser Nachbar wegen Nachtruhestörung bei der Polizei anzeigte. Es stimme schon, dass es damals ein bisschen laut herging, aber – so versicherte er mir – er sei in seinen nun fast vierzig Jahren nur damals an seinem dreißigsten Geburtstag einmal so richtig ausgeflippt und genau für dieses eine Mal musste er tief in die Geldtasche greifen, um den recht hohen Bußgeldbescheid zu begleichen. Er kenne etliche Menschen, die mehrmals im Jahr und ohne besonderen Grund wirklich laute Feten organisierten und trotzdem kennen die solchen Ärger nur vom Hörensagen her. Ich entgegnete ihm zwar, dass ich auch schon unnötige und teure Gerichtsurteile mit Geld ausgleichen durfte, nur weil irgendein Sensibelchen meinte, es sei zu laut. Im Gegensatz zu mir – ich würde sowas natürlich sowieso nie freiwillig zugeben – rächte sich Austin, und wie! Zuerst inventarisierte er sämtliche öffentliche Beschriftungen des Nachbarn, um dann in aller Ruhe seine Aktion vorzubereiten. Ob Klingel- oder Briefkastenbeschriftung, das Schild des gemieteten Parkplatzes, das Autonummernschild des Privatwagens oder den in der gemeinsamen Waschküche aufgehängten Waschtagplan – für alles suchte und fand Austin eine Lösung. Denn er wollte den Namen des Nachbarn geringfügig ändern – auf „Idiot“. Auf dem Computer fertigte er neue Namensschildchen für den Briefkasten und für die zwei Klingeln an, aber nicht einfach auf festem Papier, wie man sich das denken könnte, sondern auf Selbstklebeetiketten! Den Waschtagplan fälschte Austin komplett, und für die Neubeschilderung des Parkplatzes sowie des Autos schnitt er aus einem großen Stück Karton eine einfache Sprayschablone aus. An einem sehr frühen Morgen sprayte er draußen erst einmal die Blechschilder gelb, ging rein und wechselte die Schildchen gegen die selbst gefertigten Klebeetiketten aus, um draußen die Arbeit zu beenden. Zuerst prüfte er, ob der Autolack wirklich schon trocken war, und das war er. So konnte er mit schwarzem Schnelllack in aller Ruhe durch seine Schablone die fünf Großbuchstaben für das Wort „Idiot“ auf die gelb leuchtenden Schilder sprayen. Fertig war sein Meisterwerk der Rache. Ohne groß Schaden anzurichten, hatte er seinem Nachbarn eine neue Identität verpasst.

21. Zum Teufel mit den Rechnungen

Wir wissen es alle aus eigener Erfahrung – manchmal könnte man den Postboten einfach in die Wüste schicken. Ständig bringt er ohne zu fragen unerwünschte Briefe! Genau das dachte sich auch Ricarda. Rechnungen erhielt sie dauernd, die Unterhaltszahlungen von ihrem ehemals Angetrauten Carlos dagegen selten bis nie. Eines Tages, sie besuchte gerade eine neue Bekannte in einem dieser großen, nicht besonders wohnlich aussehenden Hochhäuser am Rande der Stadt, fiel ihr auf dem Nachhauseweg eine nette Rachemöglichkeit ein. Aber alles der Reihe nach. Ricarda erfuhr von der Kollegin, dass etliche Wohnungen teilweise seit Jahren leer stünden. Als sie mit ihrer kleinen Tochter das Haus verließ, schweifte ihr Blick ganz kurz über die unendlich langen Briefkastenreihen. Noch dachte sie sich nichts dabei. Die allein erziehende Mutter hatte eine nicht gerade kurze Strecke nach Hause zu radeln, und mit dem kleinen Schatz im Kindersitz ging sie die Sache verständlicherweise ein bisschen ruhiger an. So hatte die Fahrradfahrerin mehr als genügend Zeit zum Denken. Sie sinnierte über Gott und die Welt, ärgerte sich über ihren schludrigen Ex und seinen Unwillen, etwas an seiner Situation zu ändern, und ihr fielen die zahlreichen Briefkästen ohne Namen ein. Jeder namenlose Briefkasten stand für eine leer stehende Wohnung, die so übel eigentlich gar nicht sein konnten. Ricarda beteuerte mir gegenüber, dass sie wirklich keinen Zusammenhang gesucht hatte, die Idee war urplötzlich einfach da. Sie dachte daran, ihrem Ehemaligen Gutes zu tun und all die böse Post von ihm fernzuhalten, witzelte sie. Postumleitung heißt das Zauberwort. Denn unbenutzte Briefkästen sah sie für diesen Zweck ja genug. Anderntags, die Idee ließ sie keine Minute in Ruhe, klärte sie kurzum das Vorgehen ab, um Post umleiten zu können. Nachdem sie auch noch die neue Anschrift definiert hatte, fuhr sie mit einem ausgefüllten Umleitungsauftrag und etwas Kleingeld zur Post. Die Beamtin am Schalter wollte nicht einmal einen Ausweis sehen und versprach, dass der Auftrag pünktlich zum Monatsersten zu laufen beginne. So hatte Ricarda auch noch einige Tage Zeit, den auserwählten Briefkasten korrekt zu beschriften. Der Umstand, dass sie bis heute nie erfuhr, wie die Geschichte endete, fuchst Ricarda merklich. Später erwähnte ich ihr gegenüber während eines Telefongesprächs, dass man Umleitungsaufträge in manchen Ländern sogar via Internet aufgeben kann und dass auch Umleitungen ins Ausland möglich seien, beispielsweise in den Kongo. Vielsagend meinte sie, dass die Option Afrika durchaus einen gewissen Reiz auf sie ausüben würde ...

22. Beschäftigungsprogramm für Rentner

Astrid ärgerte sich tagein, tagaus über den bornierten Rentner von nebenan. Für der garstigen Opa war Verständnis ein Fremdwort, und das nicht nur, wenn Kinder im Spiel waren. Bei den Knirpsen war der Vorstadtschreck aber besonders gnadenlos. Er rechnete wohl damit, dass er sich wenigstens bei den Kleinen Respekt verschaffen könnte. Mitnichten! Die Dreikäsehochs der kleinen Einfamilienhaussiedlung grübelten selber schon längere Zeit, was sie dem verknöcherten Greis alles antun könnten, um ihn für seine Gemeinheiten zu bestrafen. Astrid konnte es ihnen nicht verübeln; der Alte tat auch wirklich alles, um sich nicht nur beim Nachwuchs unbeliebt zu machen. Mit Kreide auf die Straße gezeichnete Himmel-Hölle-Spiele spritzte er mit dem Gartenschlauch weg; wenn sich ein Spielball auf seinen englischen Rasen verirrte, tobte er wie ein Berserker, und wenn eine Kinderstimme ein paar Dezibel lauter war, gab es gleich massiv Schelte. Da wunderte es mich überhaupt nicht, als Astrid mir erzählte, dass ihn nicht einmal die eigenen Enkelkinder besuchten. Bei so einem Feldwebel als Großvater?! Ihr achtjähriger Sohn schaute mit ein paar Freunden einen Zeichentrickfilm, als der Astrid ein Missgeschick passierte. Wegen einer ungeschickten Bewegung fiel ihr eine große mit Styropor-Chips gefüllte Kartonschachtel auf den Boden. Der ganze Inhalt verteilte sich im halben Wohnzimmer auf dem Parkett. Nicht weiter schlimm, sie konnte das Zeugs ja ganz einfach zusammenwischen. Davon ausgenommen war jedoch der kleine Anteil, welcher auf das auf dem Boden ausgebreitete, zottelige Schafsfell zu liegen kam. Die Chips ließen sich nur mühsam von Hand entfernen. Klein-Steve hatte seine helle Freude daran, der Mutter bei dieser Arbeit zu helfen und fügte kichernd an, dass man die Styropor-Teilchen auf dem ganzen Rasen des bösen Onkels verteilen könnte. Astrid verbündete sich mit ihrem Sohn und seinen Freunden und sagte leise, dass diese Strafe nicht mehr als gerecht wäre. Sie würde ihnen helfen, aber nur unter der Bedingung, dass alle wie ein Grab schweigen müssten. Klar, dass Astrid die Jungs auf ihrer Seite hatte. Sie besorgte noch zwei große Schachteln des leichten Füllstoffes und ging in Wartestellung. Geschlagene drei Wochen mussten sich die Knaben und Astrid in Geduld üben, dann endlich schien der ideale Rachemoment gekommen zu sein. Der alte Knacker stieg früh morgens in einen mit anderen Senioren besetzten Kleinbus ein und verschwand. Astrid beobachtete die Abreise und lachte sich ins Fäustchen. Jetzt war endlich die Zeit gekommen, die Rachemannschaft zu mobilisieren und die Styropor-Chips innerhalb weniger Minuten auf dem nachbarschaftlichen Rasen auszubringen. Der Heimkehrer am frühen Abend konnte sich für die Aussaat gar nicht begeistern. Laut fluchend und wild gestikulierend sah er sich die Bescherung auf seinem Grün an und begann einzelne Styropor-Stückchen einzusammeln. Den nächsten Morgen verbrachte der Graukopf damit, mit gut vernehmbarem Motzen die Rasenfläche zu säubern. Die Kinder guckten ihm dabei mit ganz unschuldigem Blick zu ...

14. Arbeiten macht Spaß

Doch, doch! Ich denke, man sollte seine Arbeit nach Möglichkeit nicht nur nach rein monetären und zum Beispiel arbeitsmarktorientierten Kriterien auswählen. Zu einem großen Teil darf einem der Brotverdienst durchaus einfach nur Spaß machen. Voraussetzung hierzu ist natürlich, dass einem die lieben Mitarbeiter, Untergebenen, Vorgesetzten, Geschäftspartner und Kunden die Freude auch gönnen ...

1. Der rechte Sicherheitsdienst

Private Sicherheitsdienste sind überall im Aufwind und bedingt durch ihre Aufgaben nicht immer bei allen beliebt. Dazu kommt, dass die Wachleute zunehmend auch Aufgaben kommunaler Polizeibehörden übernehmen und damit für zusätzlichen Gesprächsstoff sorgen. Und selbstredend gibt es auch in dieser Branche einige schwarze Schafe. Menschen, die mit ihrer Uniform die eigenen Minderwertigkeitsgefühle zu verdrängen versuchen. Sicherheitsbedienstete, die andere grundlos peinigen. So verwundern einen dann selbst Geschichten wie die folgende nicht mehr. Die Firma, nennen wir sie einfach „Security", nimmt vor allem Aufträge im Umfeld von Veranstaltungen an. Bei einigen Clubs, Discos und anderen Partylocations erfüllt Security fixe Aufträge, zum Beispiel die Eintrittskontrollen. Die Security ist jedoch nicht nur für ihr breit gefächertes Dienstleistungsangebot bekannt, sie besitzt ebenfalls den Ruf, einen nicht gerade zimperlichen und objektiven Umgang zu pflegen, wenn es darum geht, nicht genehmen Gästen die engeren Hausregeln beizubringen. Wenn man die vornehmlich glatzköpfigen Typen einer genaueren Betrachtung unterzieht, kann man sich denken warum. Bomberjacken, Kampfstiefel und eine Gestapo-Armbinde würde zu den meisten dieser Armleuchter noch ein wenig besser passen als die provozierende, schwarze Kampfmontur. Maurice machte bis wenig nach seinem zwanzigsten Lebensjahr mit einigen anderen Jugendlichen seine Gegend unsicher. Dazu gehörte auch das Dock 3, ein moderner Musikschuppen. Der fünfundzwanzigste Geburtstag von Justin wurde dort mit mehr als genug Alkohol und einem dadurch deutlich vernehmbaren Geräuschpegel gefeiert. Bei den Security-Mitarbeitern lösten die jungen Leute schon bei ihrer Ankunft keine Freude aus. Und gar keinen Kredit besaßen die Feiernden mehr, nachdem Maurice das Missgeschick unterlief, sich unglücklicherweise direkt neben einem vor dem Eingang stehenden Security-Fahrzeug übergeben zu müssen. Jeder Einzelne der ganzen Sippe wurde danach am Kragen gepackt und aus dem Lokal befördert. Maurice erhielt eine Sonderbehandlung. Nachdem er bereits genügend mit Fäusten und Füßen traktiert wurde, drückte ihm einer der Schlägertruppe zum Abschied auch noch sein Gesicht in den bittersäuerlich riechenden Fladen neben dem Fahrzeug. Die blauen Flecken am Leib von Maurice verschwanden, seine Gedanken der Rache nicht. Nachdem die Security in einer Lokalzeitung wieder einmal in einem kurzen Vierzeiler negativ erwähnt wurde, wartete Justin mit einer Idee auf. Er und Maurice fuhren danach mit einem Auto am Firmensitz der Security vorbei und erblickten deren Fahrzeugpark. Bei einem ersten Augenschein stellten sie erstaunt fest, dass anscheinend keine Überwachungskamera den Fahrzeugen Schutz vor Vandalismus bot. Während mehrerer Wochen fuhren sie immer wieder an diesem Parkplatz vorbei, um auszukundschaften, wann der günstigste Moment sein könnte, um zuzuschlagen. Monate nach dem Vorfall im Dock 3 schlugen sie vermummt in einer Blitzaktion zu. Sieben von fast einem Dutzend roter Geschäftswagen kriegten große schwarze Hakenkreuze auf die Front, das Heck und die Seiten aufgesprayt. Maurice meinte mir gegenüber überlegen-keck, dass dieses Emblem viel besser zu diesem hässlichen Betrieb passen würde. Die Security ließ den Schaden sehr schnell und ohne Medienwirbel beheben. Warum wohl?! Maurice drückte noch sein Bedauern aus, dass es damals noch keine Digitalkameras gab. Ein gewöhnlicher Fotoapparat schien ihnen zu gefährlich. Beim Entwickeln des Filmes hätte es zu viele Spuren und auch Mitwisser gegeben.

2. Der Betriebsausflug und sein Organisator

Maloney ist ein älterer vorwitziger Kerl, der immer irgendetwas im Schilde führt. Vor seinen Streichen ist niemand sicher, erst recht nicht in der großen Eisenwarenhandlung, wo er arbeitet. Das kann mitunter auch sehr nachteilig sein! Diese Feststellung machte der quirlige Maloney, als im Unternehmen Flugblätter für den Betriebsausflug zirkulierten – eine Reise, von der nicht einmal der Chef etwas wusste. Der Boss hatte natürlich sofort Maloney im Visier, und das tat Gregor eigentlich Leid. Gregor war damals in eben dieser Eisenwarenhandlung Auszubildender und wollte mit seiner Aktion nur dem geizigen Firmenführer eins auswischen. Dieser ließ einmal verlauten, dass er keine Firmenausflüge mehr organisieren würde, das koste nur einen Haufen Geld, bringe der Firma aber überhaupt nichts. In etwa so führte er auch seine Grundsatzdiskussionen mit unserem Lehrling, wenn es darum ging, dass irgendwelches Verbrauchsmaterial angeschafft werden musste.

Gregor jammerte, dass der Chef selbst bei Klopapier noch hinterfragen musste, ob wirklich die geforderte Menge nötig sei. Dem Bürolehrling ging die Krämermentalität des Inhabers derart auf den Wecker, dass er beschloss, in aller Heimlichkeit eine kleine Firmenreise zu organisieren. Eine Ausfahrt, die es dem Geizkragen vom Dienst schwer machen würde, sie einfach so abzusagen. Gregor gab zwar Acht, dass er als Urheber nicht so rasch verdächtigt, geschweige denn ausgemacht wurde, fürchtete aber in seinem jugendlichen Übermut auch keine Konsequenzen. Was hätte ihm schon passieren können, die Ausbildung dauerte nur noch knappe zehn Wochen, und ein Denkzettel für den Chef war längst überfällig. In etwa so hörte sich seine Argumentation an. Gregor stiftete nicht nur einen befreundeten Grafiker dazu an, ihm ein Einladungsblatt zu gestalten, nebst dem, dass er dieses in die Ablagefächer aller Mitarbeiter verteilte, bestellte er den Reisebus, reservierte genügend Plätze im Ausflugsrestaurant und organisierte weitere nette Details. Das alles wusste der Alte aber noch gar nicht. Der musste zuerst einmal den Schock, den er durch die interne Mitteilung erlitt, verarbeiten. Rasch tötete er danach die allgemein erwachte Motivation, indem er kühl mitteilte, es handle sich bei dem Einladungsschreiben um einen Scherz. Punkt.

Zwei Tage später erschien im lokalen Anzeigenblatt eine schlichte Textanzeige, dass das Geschäft am Montag in zwei Wochen wegen eines Mitarbeiterausfluges geschlossen sei. Der Boss kochte. Keine 24 Stunden später brachte ihm der Postbote nicht nur die Rechnung für das angeblich von ihm geschaltete Inserat, sondern auch das detaillierte Reiseprogramm. Gregor erklärte mir, dass sein damaliger Chef spätestens zu diesem Zeitpunkt hätte umdenken sollen. Die Kosten pro Person wären extrem niedrig gewesen, versuchte sich der heimliche Organisator zu erklären. Er blieb aber stur. Und damit blieb die Aktion auch nicht ohne negative Folgen für das Geschäft. Das Betriebsklima wurde von einem auf den andern Tag kühler, die Kunden fühlten sich nicht mehr wohl und blieben plötzlich aus. Der Geschäftsinhaber würde wohl heute anders reagieren, mutmaßte Gregor süffisant bei unserem Treffen.

3. Erlebnispark Supermarkt

Das Autorenleben ist manchmal sehr frustrierend. Ich habe mich über harte Monate hinweg abgemüht, viele kleine Rachegeschichten zusammenzutragen und in eine einigermaßen erzählbare Form zu pressen. Ich habe geschrieben, anonymisiert, strukturiert, verbessert, verworfen, um Worte gerungen, mit Zeichen gekämpft, Sätze gesprengt – ich war im Dauerzustand der vollkommenen Erschöpfung, und dann kommt so ein Bengel wie Yannik zu Besuch! Ich gab ihm ein paar Seiten des Manuskripts und ein uraltes Buch über Schülerstreiche zu lesen und freute mich diebisch darüber, dass ich nun mehr oder weniger ungestört weiterarbeiten kann. Denkste! Kaum hatte er begriffen, dass ich, sein Onkel, an diesem kleinen Werk arbeite, sprudelte es nur so aus ihm heraus. Wäre ich an seinen Geschichten nicht derart interessiert gewesen, hätte ich dem kleinen Teufel wohl kräftig den Hintern versohlt. So aber lauschte ich seinen Ausführungen, ohne dabei laut lachend auf meine Schenkel zu hauen oder mich sonstwie erfreut über sein Tun zu zeigen. Übrigens, dass sind die auf das Wesentliche gekürzten Erlebnisse eines Elfjährigen! Ich möchte gar nicht wissen, was ihm in den nächsten Jahren noch so alles einfällt.

Kohlensäurehaltige Getränkedosen und -flaschen schütteln, Leute mit offenem Hosenreißverschluss laut und mit ausgestrecktem Zeigefinger fixierend auslachen und kreatives Umkleben von Preisetiketten gehören zum harmlosen Repertoire. Gemeiner sind da schon das Einreiben von Sitzflächen mit Senf, mit Schokoladencreme bestrichene Griffe von Einkaufswagen oder das Einlegen von Bierflaschen in Tiefkühltruhen. Letzteres hat Yannik einmal kurz vor Feierabend verbrochen, am Morgen danach seien die Tiefkühlpizze mit einem gefrorenen, gelben Schaum überzogen gewesen. Ganz heftig finde ich diese Racheakte: Yannik und sein Kumpel überzogen eine im Obstregal liegende Salatgurke mit einem Kondom, legten mit Sekundenkleber bestrichene Münzen in das Einkaufswagenschloss und rissen in einem Großmarkt mit besonders unfreundlichem Personal Fleischpakete auf und legten diese in einem anderen Regal hinter irgendwelche Gebäckpackungen. Ich stellte mich blöd und fragte Yannik ganz naiv, was es denn damit auf sich habe. „Das gibt ganz viele weiße, dicke Maden, und die Leute ekeln sich davor." Aha! Mit eklig verklebten und verdreckten Flaschen strapazierten sie die Pfandflaschenrücknahmeautomaten und ignorierten dabei, dass die Sortierer letztendlich wieder aus Fleisch und Blut bestehen. Und wem fällt es schon ein, bewusst in einen Hundehaufen zu treten, um dann schlurfenden Schrittes das verhasste Geschäft zu besuchen? Lustig hörte sich hingegen an, wie sie vornehmlich alten Frauen Kondompackungen in deren Einkaufswagen schmuggelten. Damen, die kurz darauf an der Kasse mehrheitlich leicht in Verlegenheit gerieten. Oder wie sie mechanische Wecker aufzogen und alle auf eine bestimmte Zeit einstellten. Tja, die heutige Jugend – die Rächer von morgen ...

4. Verdammte Technik ...

Einer meiner früheren Bürokollegen hatte die Angewohnheit, den großen Bürokopierer immer so zu verstellen, dass der nächste Benutzer ratlos und fluchend davor stand. Die meisten wussten nicht, wie man die Standardeinstellungen wieder herstellen konnte, und mit Einstellungen, dass der Kopierer die Vorlagen auf 130 Prozent aufblasen und auf A5-großes Papier 99 Mal ausgeben musste, war wirklich niemandem gedient. Bis heute weiß ich nicht, was der Grund für das Tun des ehemaligen Arbeitskollegen war. Ich kann mir fast nicht vorstellen, dass er wirklich derart viel technisches Unverständnis besaß. Daniel dagegen hat ein großes technisches Verständnis und trotzdem kann er sich fürchterlich aufregen, wenn eine Maschine nicht das macht, wofür sie gebaut wurde. Als häufiger Videoausleiher wünschte er vor allem den Automaten seiner Videothek zur Hölle. Dieses Gerät machte nun wirklich nie das, was er wollte. Der Chefmechaniker Daniel gab dem neuen Geschäftsführer sogar noch Tipps, wie die Fehlfunktionen ausgemerzt werden könnten. „Dem ging das aber ganz offensichtlich am Arsch vorbei." So umschrieb der frustrierte Kunde sein Empfinden. Der neue Herr der Videos rief offenbar nicht einmal einen Servicetechniker des Herstellers an. Die Fehlfunktionen ärgerten Daniel bereits über mehrere Wochen, da spachtelte er blind vor Wut den Kartenschlitz mit Hundekacke zu und ging stinkesauer nach Hause. Er war der festen Ansicht, dass jetzt selbst der wohl begriffsstutzige Videothekar darauf kam, einen Techniker zu bestellen. Tage darauf funktionierte der einzige Videoverleihautomat im Ort endlich wieder einwandfrei, was Daniel spitzbübisch freute.

Tatjana und ihre Gesinnungsgenossinnen gingen nicht ganz so brutal vor, obwohl sie ein viel stärkeres Motiv gehabt hätten. Die Nichtraucherin regte sich während ihrer Studentenzeit tierisch darüber auf, dass es in ihrem Umfeld immer weniger Leute gab, die noch nicht dem Glimmstengel verfallen waren. Die Studentin war mit zwei Kolleginnen unterwegs, die ebenfalls nicht rauchten, und so kam es, dass das Rauchen plötzlich das Thema war. Die drei weiblichen Musketiere beschlossen, dem blauen Dunst den Kampf anzusagen. Noch in der gleichen Nacht klebten sie bei diversen Zigarettenautomaten den Geldschlitz zu und hängten jeweils ein „defekt"-Plakat hin. Die Anführerin versicherte mir, dass die Gruppe keinesfalls naiv war. Die Mädels glaubten nicht einmal im Traum daran, dass sie mit ihrer Aktion auch nur einen einzigen Menschen vom Paffen abhalten würden. Es reichte die Befriedigung, dass die Automatenbesitzer unnötige Umtriebe und kräftige Umsatzeinbußen zu verbuchen hatten. Die verschiedenen, verkaufshemmenden Maßnahmen wurden eine ganze Weile durchgezogen. Manchmal war es auch ein Kaugummi, der den kaufwilligen Münzen den Weg versperrte und ein anderes Mal ein verkeiltes Holzstück.

Silvano fand in einem ganz anderen Hobby seine Genugtuung. Der Computerfreak druckte eigene EAN-Codes auf Selbstklebeetiketten aus. Diese Codes werden im Handel für die Preisauszeichnung benutzt und können von den Kassenscannern problemlos ausgelesen werden. Im Abstand von mehreren Wochen frisierte er bei seinem ehemaligen Arbeitgeber diverse Waren damit. Ein interessantes Detail am Rande ist sicherlich, dass Silvano die Preise nur nach oben und keinesfalls nach unten korrigierte. Er wollte „lediglich" viele Kundenreklamationen provozieren! Die Gewissheit, mit seinen Sabotageaktionen die Arbeitsabläufe in der Firma erheblich zu stören, gab ihm den befriedigenden Kick.

5. Neuer Chef gesucht!

Ilona rächte sich auf verdammt witzige Art bei ihrem ehemaligen Boss. Sie musste, wie es so schön heißt, die Firma aus wirtschaftlichen Gründen verlassen. Aus ihrer Sicht war der Grund ein anderer. Die Sachbearbeiterin verriet mir, dass der damalige Vorgesetzte bei ihr nicht hatte landen können. Sie wollte von diesem stinkreichen und verheirateten Scheusal einfach nichts wissen. Beim Durchblättern der Stelleninserate ging ihr dann ein Licht auf, wie sie sich rächen könnte. Mit verklärtem Blick weihte sie mich ein, was sie genau angestellt hat. Erstaunt erfuhr ich zuerst einmal, dass sie mehr als zwei Jahre mit ihrem Racheplan zuwartete! Sie hatte natürlich längst eine neue Aufgabe gefunden und saß an einem verregneten Tag nach getaner Arbeit unruhig vor ihrem Bürocomputer und musste, was sehr selten vorkam, die Zeit totschlagen und die Telefonzentrale hüten. Da auch sämtliche Privatkorrespondenz erledigt war, surfte sie noch ein bisschen im Internet und besuchte unter anderem auch die Homepage des ehemaligen Arbeitgebers. Sie erinnerte sich an die Racheidee und hatte einfach die pure Lust, diese nun umzusetzen. Auf der Website einer überregionalen Zeitung besorgte sie sich die notwendigen Mediadaten. Ilona informierte sich über mögliche Größen, Annahmeschlüsse, Kosten und so weiter. Längst war Betriebsschluss, und sie brütete noch weiter bis spät in die Nacht hinein über dem möglichen Anzeigentext. Kurz nach Mitternacht las sie den Text nochmals sorgfältig durch und trat mit einem zufriedenen Lächeln den Heimweg an. Am Morgen packte sie noch einige Papierbogen mit dem Geschäftslogo des ehemaligen Brötchengebers ein. Die ließ sie damals in fast schon weiser Voraussicht mitgehen. Im Ernst, mir gegenüber gab Ilona zu, dass es nur der schiere Frust war, weshalb sie das Geschäftspapier mitnahm. Nach Feierabend, begann die Rächerin das Stelleninserat zu gestalten. Der ehemalige Betrieb suchte einen neuen Geschäftsführer, oder anders ausgedrückt: Ilona schrieb die Stelle des Geschäftsinhabers aus! Witzig und ebenso gekonnt spielte sie mit Stichworten wie Überforderung und Familienleben – eingesetzt als Gründe für den Rücktritt des bisherigen Stelleninhabers! Abends warf sie den Anzeigenauftrag bei der Post ein. Im Begleitschreiben bat Ilona bei Fragen darum, sich per Mail an die Gestalterin zu wenden. Für diesen Zweck eröffnete sie von einem öffentlichen Terminal aus ein entsprechendes Konto. Am gleichen Abend besuchte sie noch die auftragerteilende Firma und guckte beim Lieferanteneingang in den Paketkasten. Und da lag tatsächlich wie eh und je die aktuelle Durchwahlliste mit den entsprechenden Nummerinhabern. Sie schnappte sich die Liste, fuhr nach Hause, und holte die etlichen arg fehlenden Stunden Schlaf nach. Vom Zeitungsverlag hörte sie in den Tagen darauf nichts. Am Samstag stieg sie früh aus den Federn und kaufte am nächstgelegenen Kiosk die aktuelle Zeitung mit den Stellenanzeigen. Und da war sie! Grölend versuchte sie mir zu erklären, dass sie niemals geglaubt hätte, dass die Zeitung das Inserat blindlings abdrucken würde! Am selben Tag setzte sie sich vor den heimischen Computer, legte die vorhin erwähnte Telefonliste neben die Tastatur und tippte den obersten Vornamen ab, setzte einen Punkt, tippte den zugehörigen Nachnamen ab, setzte ein @ und hängte die Homepage-Adresse der Firma an. So arbeitete sie sich Zeile um Zeile vor und besaß am Schluss ein Dokument mit allen aktuellen Mail-Adressen. Danach scannte Ilona noch die Stellenpublikation. Mit der Liste und der Bilddatei auf einer Diskette besuchte sie in einer Nachbarstadt ein anonymes Internetcafé. Sie versandte an alle Mitarbeiter eine E-Mail mit dem angehängten Bild und dem Kommentar „Glückwunsch! Euer Chef verschwindet endlich!" Nach getaner Arbeit löschte sie ihr Mailkonto unwiderruflich und belohnte sich mit einem süffigen Glas Wein. Wie ihre Racheaktion ankam, ist bis zum heutigen Tag ein ungelüftetes Geheimnis. Ungelüftet wie eine verqualmte Bar im Rotlichtmilieu.

6. Kleiner Mobbingkurs

„Ihr Gerechtigkeitssinn ist ausgeprägt. Stets sind sie auf der Suche nach der Wahrheit. Bedingt durch ihren starken Einsatz neigen Skorpiongeborene zu Verbohrtheit und Fanatismus. Sie sind nachtragend und sinnen, wenn sie sich verletzt fühlen, gerne auf Vergeltung!" So viel zu einem leicht stacheligen Sternzeichen. Die im Tierkreiszeichen des Skorpions geborene Sandra erfüllt wohl so ziemlich alle diesem Sonnenzeichen zugeordneten Charaktereigenschaften. Jedenfalls hatte ich dieses beklemmende Gefühl, nachdem ich bei ihr einen Schnellkurs in Sachen effizientes Büromobbing genießen durfte. Sie ist eine Meisterin im Intrigieren, Nerven und generell im Mobbing der ganz trivialen Art. Wenn ich neben ihr einen Büroplatz beziehen müsste, würde ich unter anderem ein Telefon mit hellfarbenem Hörer verlangen. Ansonsten müsste ich jedes Mal vor dem Telefonieren mühsam kontrollieren, ob die Ohrmuschel per Zufall in das schwarze Stempelkissen gedrückt worden ist. Oder ich müsste, bevor mich meine Partnerin im Geschäft besuchen kommt, meinen gesamten Arbeitsplatz minutiös nach irgendwelchen versauten Pornoheften durchsuchen. Ebenso müsste ich Acht geben, dass nicht in irgendwelcher Fachliteratur ominöse Liebesbriefe abgelegt wären. Und bei Kundenpräsentationen hätte ich dauernd Angst, dass der Beamer plötzlich etwas in der Art „Vor Ihnen steht ein Arschloch" auf die Leinwand projizieren würde. Vor allem untreuen Männern gegenüber ist Sandra schlichtweg gnadenlos. Amüsiert erzählte sie mir, wie sie einem lästigen Lustmolch einen Denkzettel verpasste. Die kleine Hexe schickte dem Typen je eine Postkarte nach Hause und ins Geschäft. Mit „dem feigen Vater herzliche Glückwünsche" spielte sie auf ein außereheliches Kind an. Von dem wussten freilich der Empfänger wie auch die Absenderin nichts. Aber natürlich kam die Gerüchteküche im Betrieb ins Brodeln, und das Eheleben bekam durch die Ansichtskarte vermutlich ein großes Plus an Dynamik, wenn auch, zumindest aus der Warte der Eheleute, in die falsche Richtung.

Merke dir eines! Interessante Postkarten werden trotz aller viel beschworenen Postgeheimnisse in der Regel selbst von wildfremden Menschen gerne gelesen! Ach ja. – Ich erhielt heute vom Verlagszeichner die Postkartenentwürfe. Sofort eilte ich damit zum Verleger, um zu feilschen. Mit dem Verlagsboss habe ich nun ausgehandelt, dass alle, die mit dem Originalabschnitt aus dem Buch ein Kartenset bestellen, noch eins gratis dazu erhalten. Das ist aber noch nicht alles! Jeder Bestellung wird noch eine CD-ROM mit den hochauflösenden Bildern beiliegen. Diese Bilder kannst du problemlos für eigene Privatdrucksachen verwenden. Den Bestellabschnitt findest du übrigens irgendwo auf den letzten Seiten des Buches.

Einem Vorgesetzten, der sie bei einem interessanten Job überging und dem auch Frauengeschichten nachgesagt wurden, legte sie stoisch hartnäckig immer und immer wieder lange Frauenhaare um und an seinen Mantelkragen, zusätzlich besprühte ihn das Luder ganz wenig mit einem lieblichen Frauenparfüm. Zu lange blieben ihre Aktionen ohne für sie erkennbare Reaktion. Da dachte sie, einen Gang höher schalten zu müssen. Hinterhältig lachend erzählte mir das Biest, wie sie an einem Abend – der Chef saß ganz brav in einer Sitzung – unverdächtig die Frau vom Boss anrief. Als die Ehefrau das Gespräch entgegennahm, tat Sandra ganz naiv verwundert und fragte schüchtern, ob das nicht die Telefonnummer von Eric sei. Die Dame am anderen Ende gab zur Antwort, dass dies sehr wohl die richtige Nummer und sie seine Frau sei. Als hätte Sandra das durch die Telefondrähte überdeutlich übermittelte Stirnrunzeln nicht wahrgenommen, hakte sie ungläubig nach: „Er ist verheiratet?“ Das war für die gute Frau zu viel. Mit unbeherrschter Stimme keifte die Hausfrau und Mutter zurück, was die Anruferin von ihrem Mann denn wolle. Statt einer klaren Antwort hörte sie von Sandra nur noch mit tränenerstickter Stimme, dass Eric nicht erwähnt habe, dass er verheiratet sei. Dann hängte Sandra einfach auf. Ihre Mission war erfüllt. Zum Beweis brach sie bei mir noch praktisch auf Kommando in Tränen aus. Naja, dachte ich, sie ist zwar ein durchaus hübscher junger Feger, aber so wird das nie was aus uns und wir gingen über zur nächsten Story.

Einen Arbeitskollegen vom Außendienst nahm die Stachelige besonders übel an die Kandare. Der Frauenheld hatte nebst Ersatzkleidern eine ganze Reihe von Hygieneartikeln in seinem Büroschrank verstaut. Der clevere Verkäufer wollte allzeit bereit sein, um neue Kunden zu gewinnen. So pflegte er zumindest die gefüllten Regale zu begründen. Hinter vorgehaltener Hand spottete längst das halbe Unternehmen, der schöne Harry wolle abends nur möglichst schnell und super geschniegelt das Büro verlassen können, um locker einen hübschen, weiblichen Matratzenaufleger zu finden. Jedenfalls schnappte sich Sandra eines Tages vor dem Toilettengang Harrys Zahnbürste und hielt mit der Digitalkamera fest, was man damit alles anstellen kann. Die Fotografie zeigte das ungespülte und offensichtlich übel riechende Klo und eine in einem gelben Gummihandschuh steckende Hand, welche die Zahnbürste tief in die Kloake tauchte. Später fotografierte sie noch die mittlerweile kräftig mit Wasser gespülte und getrocknete Zahnbürste, wie sie in einem Glas im erwähnten Schrank stand. Harry bemerkte den Missbrauch nicht, weshalb er die Bürste in den darauf folgenden Tagen auch weiterhin ohne Ekel für seine Zahnpflege benutzte. Das änderte sich schlagartig, als eine E-Mail mit dem Betreff „meine Zahnbürste" auf zahlreichen Mitarbeiter-Mailkonten einging. Naiv gab ich zu bedenken, dass in einem Strafverfahren der Weg zum absendenden Computer relativ problemlos nachgewiesen werden könnte. „Sollen sie doch", gab die Hobbyfotografin schnippisch zur Antwort. Sie musste wohl ein großes Fragezeichen in meinem Gesicht erkannt haben. Laut lachend versuchte sie mir zu erklären, dass Harry seinen Computer oft unbeaufsichtigt und ohne Passwortschutz laufen ließ. Und ich ahnte schon, was mir die durchtriebene Tussi nun zu erklären versuchte. Der Zahnbürstenbesitzer stellte unwissentlich den eigenen Bürocomputer zum Versenden der Massenmail zur Verfügung! Und genau so war es. In einem unbeobachteten Moment schob Sandra die Diskette mit den Fotos in Harrys Computer und verschickte die Mails an die anderen Mitarbeiter. Das war ein wuchtiger Schlag gegen den Sunnyboy.

Sandras letzte Geschichte dreht sich um Colin. Der arme Kerl passt so überhaupt nicht in das Profil ihrer anderer Opfer. Nach ihrer Aussage zu urteilen, ärgerte sie sich einfach über sein sehr ausgeprägtes Unverständnis technischer Belange. Da gehörte vor allem auch sein persönliches Firmen-Notebook dazu. Damit kam er nämlich nicht nur bei Sandra fast täglich angetrabt, um sich irgendetwas erklären zu lassen. Der Technikabstinenzler guckte seine bessere Rechenmaschine teilweise bereits bei einfachen Aufgabenstellungen hoffnungslos überfordert an. Colin konnte irgendein Dokument aus dem Firmennetzwerk nicht öffnen und watschelte wieder einmal zu Sandra. Diese schaute sich für die Problemlösung unter anderem auch den Verlauf des Internetprotokolls an und machte eine für sie interessante Entdeckung. Mit dem produktiven Benutzen des Computers hatte der Herr zwar seine liebe

Mühe, wusste aber sehr wohl, auf welchen Internetseiten es nackte Frauen zu bestieläugen gab! Sandra half ihm, sein Problem zu lösen und freute sich bereits darauf, zu Hause eine Favoritenliste mit deftigen Sexseiten vorzubereiten. Diese speicherte sie auf Diskette ab und nahm sie mit ins Büro. Sie musste nicht lange warten, bis Colin wieder Mal mit gesenktem Blick angeschlichen kam und leise um Hilfe bat. Sandra tat schwer beschäftigt und meinte, er solle doch seinen PC bei ihr lassen. Er könne ja schnell einen Kaffee trinken gehen. Während seiner kurzen Abwesenheit lud sie die Favoritenliste in den Internet Explorer und löschte eine Programmdatei, welche Colin für die Lösung seines Problems gebraucht hätte. Als er nur Minuten später wieder bei ihr auf der Matte stand, entschuldigte sie sich dafür, dass sie ihm nicht helfen könne und verwies ihn an den Hausinformatiker. Der EDV-Mensch höchstpersönlich tratschte bei ihr, wie er der Geschäftsleitung einen Mitarbeiter melden musste, der ein bisschen zu viele frivole Seiten in seiner Favoritenliste gespeichert hatte. Es versteht sich von selbst, dass damit Sandras Neugierde geweckt war. Auf ihr Drängen hin verriet er trotz all seiner guten Vorsätze den Namen des Übeltäters und hängte an, dass dieser für sein Tun eine Verwarnung erhalten habe, und zwar von ganz oben. Sandra frohlockte: Wieder eine sehr erfolgreiche Bestrafung ...

7. Werbung der besonderen Art

Hakan ist Besitzer einer florierenden Kommunikationsagentur. Wir saßen in einem italienischen Restaurant und sprachen über unsere Arbeitswelten. Dabei interessierte mich die seine natürlich vor allem auch im Hinblick auf dieses Buch. Denn es ist eine Binsenwahrheit, dass schlechtes Marketing ein Unternehmen gnadenlos in den Ruin treiben kann. Infolgedessen kann man die einfache Schlussfolgerung ziehen, dass man das Instrument „Werbung" auch für böse Rachefeldzüge missbrauchen könnte! Nach langem, interessiertem Zuhören stellte ich Hakan meine Hypothese vor. Dieser schaute mich ein bisschen schräg an, verzog sein Gesicht zu einem Schmunzeln, verdrehte die Augen, schaute mich wieder vielsagend an und begann bedächtig und jedes Wort auf die Goldwaage legend seine Ausführungen. Da war beispielsweise die Geschichte von Malin. Der Grafiker erhielt von einer Boutique den Auftrag, die gesamte Werbung zu gestalten. Als Generalunternehmer durfte er über ein nicht eben kleines Budget verfügen. Auch von den grafischen Vorgaben her konnte er sich ziemlich frei bewegen. Der junge

Werbetreibende glaubte sich im siebten Werbehimmel und schuftete Tag und Nacht für diesen Referenzauftrag. Er konnte zwar tun und lassen was er wollte, sah aber nie einen Cent. Erst nach über sechs Monaten – also mehr als einem halben Jahr der Plackerei legte er sein Mandat nieder! Danach kämpfte er etliche Monate um sein Geld. Und was kriegte er? Knapp so viel, dass er damit die eigenen Auslagen rein netto begleichen konnte. Das fand er nicht gerecht. Eines Nachts setzte er sich wieder hinter seinen Apple und kreierte eine komplette Aufkleberserie für den hinterhältigen Boutiquenbesitzer. Seinem Freund Hakan schilderte er die Situation, weil er einen verschwiegenen Siebdrucker für die Produktion benötigte. Das Schlitzohr Hakan schilderte mir die Situation genau in diesem Wortlaut und dachte dabei wohl nicht daran, dass ich vor etlichen Monaten in seinem Keller genau so einen Halbautomaten zu Gesicht bekommen hatte! Gut, ich will ihm gar nichts unterstellen. Die Werbeaufkleber wurden gedruckt und an geeigneten Orten verteilt. Unter anderem erhielt auch das Hinterteil des noblen Sportwagens vom Boutiqueninhaber eine neue Werbung. Der generelle Schönheitsfehler dabei war, dass die Dinger mit frechen, diskriminierenden und vulgären Sprüchen versehen waren. Slogans, die bei Kunden der so genannten oberen Zehntausend nicht unbedingt an erster Stelle stehen. Der Kleiderspezialist versuchte sich daraufhin mit Rechtfertigungen via Presse und bemühte sich dann, quasi als ersten Schritt in die totale Resignation, seinen Laden auf eine andere Kundenkaste auszurichten. Das schlug fehl und die Boutique existiert heute nicht mehr.

8. Die Presse – dein Freund und Helfer

Mit einem schelmischen Grinsen erzählte mir der Werbeprofi von den Mechanismen in der Medienlandschaft. Er deutete insbesondere auf das Missbrauchspotenzial von Pressemitteilungen hin. Plötzlich bewegte sich sein Kopf gleichzeitig tiefer und näher zu mir, und mit vertraulicher Stimme versuchte er meine Gedanken anzuregen. „Was meinst du, woher all die Aufdeckjournalisten ihre Informationen bekommen?“ Ich schaute ihn weiter fragend an. „Das sind alles frustrierte Mitarbeiter, gemeine Nachbarn, ideenlose Konkurrenten und besitzlose Neider, die den Schreiberlingen gewissenlos ihre Informationen preisgeben.“ Er schwieg und beobachtete mich. „Hinter jeder Recherche steckt ein Tippgeber“, schloss er seinen kurzen Monolog ab. Spitzbübisch hakte ich für Details nach, bis er endlich mit der Sprache herausrückte. Für einen guten Kollegen stellte er ein kleines

Gastronomiekonzept zusammen und besorgte auch die entsprechenden Dekorationsteile. Per Zufall war im selben Stadtteil, wo das Wirtshaus lag, ein Sammlerladen zu Hause. Er ging also in dieses Geschäft, das allerhand Fanartikel, Shirts, Caps, Fahnen, Plastikfiguren und vieles mehr anbot und ließ sich beraten. Eine Ecke des Restaurants sollte auf eine Art ein bisschen traditionell, aber nicht zu ernsthaft aussehen. Hakan wollte ganz einfach mit den Klischees seines Landes ein bisschen die Touristen unterhalten und keinesfalls irgendwelche Nationalisten anlocken. Mit Anspielung auf rechtsextreme Gruppen – die mit Glatzen, Bomberjacken und weißen Schnürsenkeln in ihren hässlichen Kampfstiefeln – versuchte er seine Idee zu kommunizieren. Die Ladenbesitzerin hob kurz die Schultern und meinte beiläufig, das seien gar nicht so schlimme Menschen. Die seien harmloser als oft dargestellt. Nach diesem Einwand hatte es Hakan eilig. Er kaufte ein lustiges Blechschild, verabschiedete sich und verließ den komischen Laden. Er fand die Verkäuferin mit ihrer Aussage nicht besonders originell, vergaß den Vorfall aber schon bald. Monate später saß er mit dem Wirt an der Bar, als sich ein Tisch mit sehr uniform aussehenden, pubertierenden Glatzköpfen füllte. Der Hausherr und er kamen unweigerlich auf das Thema Rechtextremismus zu sprechen. Hakan wärmte nebenbei kopfschüttelnd die Geschichte mit dem Sammlerladen auf, als sein Freund urplötzlich mit dem Zeigefinger auf ihn zeigte, die Augen aufriss und für Sekunden erstarrte. Der Gastronom berichtete, dass der Sammlerladen offenbar inoffiziell nationalistische Zeichen aus der Hitlerzeit, Gürtelschnallen und mehr verkaufe. Darum habe er manchmal leider auch unbekannte Kreaturen aus dieser Szene zu Besuch. Da deren Stippvisite in der Regel einmalig sei, versuche er gar nicht erst, ein Lokalverbot durchzusetzen. Der Aufwand stehe in keinem Verhältnis zum Ertrag, denn nach einer halben Stunde seien sie meistens eh auf Nimmerwiedersehen verschwunden. Hakan hatte eine andere Idee. Er gab einem befreundeten Journalisten den lokalen Wochenzeitung den Tipp mit dem Sammlerladen. Dieser recherchierte sich eine schöne Story und machte damit dem schrägen Inhaberpaar das Leben schwer. Die Presse – dein Freund und Helfer.

9. Tierfreundliches Brot

Es gibt nicht viele Dinge, die ich mehr liebe als sonntags in der Früh ausgiebig zu frühstücken und in der sonntäglichen Zeitung zu blättern. Aber selbst das wird einem noch vermiest! Schuld daran ist Dario. Der Bäckermeister arbeitete in einer bei uns in der Region sehr bekannten Backstube mit zusätzlichen Verkaufsstellen in anderen Gemeinden. Auch ich kaufte – mit starker Betonung auf die Vergangenheitsform – in diesen Läden ein paar Mal ein. Der Bäckereiinhaber versuchte mit einigen sehr speziellen Maßnahmen, seine Fixkosten zu senken. Der Brötchenmeister musste nämlich Brot, das nicht verkauft wurde, zerkleinern und in den Teig für die neuen Backwaren einkneten. Als wäre das nicht schon genug, schilderte mir Dario ausgesprochen detailreich, wie die alten Backwaren in einem kleinen Vorhof vor deren Neuverwertung zwischengelagert wurden. Und das ist nun wirklich der Hammer! Die alte Ware wurde ungeschützt an der Hausmauer aufgeschichtet. Katzen turnten auf den wild aufgestapelten Brotlaiben und das Ungeziefer fühlte sich wie im Schlaraffenland. Weil ein Bretterverschlag jede Sicht auf diesen groben Unfug nahm, kam nicht einmal der Lebensmittelinspektor dahinter. Trotz erheblicher Existenzängste konnte Dario so nicht mehr arbeiten. Er kündigte seinen Job ohne viel Aufhebens, vergaß aber nicht, die haltlosen Zustände mit dem Fotoapparat zu dokumentieren. Nach dem letzten Arbeitstag verreiste der Brötchenkünstler zuerst einmal in einen mehrwöchigen Urlaub, um von der Misshandlung seines Berufsbildes Abstand zu gewinnen. Gut gelaunt und erholt zurückgekehrt, verschickte er anonym, aber mit einigen klärenden Zeilen versehen, ein paar Bilder an die Presse, den Berufsverband und die Gewerkschaft. Obgleich der Skandal publik wurde, gibt es den Betrieb immer noch. Dario geht seinem Beruf unterdessen in einem anderen Laden nach und isst auch selbst gebackene Ware wieder mit Hochgenuss.

10. Firmenspäßchen der besonderen Art

Gracia ist auf ihren letzten Arbeitgeber gar nicht gut zu sprechen. Die Marketingfachfrau hat sich auf den ersten Blick jedoch eher harmlos gerächt. Mit einem bezaubernden Lächeln erläuterte sie mir, was sie unter „Werbung legalisieren" versteht. Sie hat sämtliche Nummern für Telefax, Handy und Durchwahl sowie die Mail-Adressen der Geschäftsleitung in hunderte von kostenlosen Verzeichnissen, Newsletterlisten und Erinnerungsdiensten eingetragen. Vieles erledigte sie dabei mit nützlichen Programmen und kostenlosen Internetservices. Dass Gracia ihr Metier beherrscht, wird einem klar, wenn sie von den unabwendbaren Konsequenzen und den möglichen Folgen ihrer rund zweitägigen Rachearbeit berichtet. Telefonate von Vertretern, haufenweise unerwünschte Werbung per E-Mail und Fax, Telefonumfragen und andere unerwünschte Kontakte nerven täglich und fressen unnötig Zeit. Gracia grinste immer breiter. Sie dachte an ihre einstigen Vorgesetzten, und wie die bei jeder zusätzlichen Störung wohl noch gereizter reagiert haben. Jedenfalls wusste sie zu berichten, dass vor kurzem alle Mitarbeiter neue Mail-Adressen erhalten haben. Ob sie daran Schuld hat?

Adrian rächte sich bei seinem Computerhändler mit einem Inserat für dessen schlechten Service. Mit einem leicht verkniffenen Lachen auf den Lippen beichtete er, dass auch Rächer gewisse kaufmännische Grundkenntnisse besitzen sollten. Mit einer Anzeige im Lokalblatt warb der ehemalige Kunde im Namen des Computerschraubers für sagenhaft günstige Computerbauteile. Die Werbung kam im Sinne des Urhebers sehr gut an. Nicht nur standen fast 100 neue Kunden vor dem Geschäft Schlange und ärgerten sich über das vermeintliche Lockvogelangebot, der Händler kriegte obendrein noch ziemlichen Ärger wegen unlauterer Werbung. Letzteres konnte Adrian nicht erahnen, dafür fehlten ihm die eingangs angesprochenen Grundkenntnisse. So nebenbei: In Deutschland werden Inserate, welche nicht den gesetzlichen Vorschriften entsprechen, abgemahnt. Zu diesem Zweck gibt es die so genannten Abmahnvereine. Diese wachen über Recht und Ordnung und besitzen – stark vereinfacht erklärt – die Möglichkeit unter Einforderung einer Art Strafgeldes, Verwarnungen auszusprechen. So werden unter dem Deckmäntelchen der Gerechtigkeit vielfach Geschäftsinhaber abgezockt, denen das Prozessrisiko zu hoch erscheint, obschon unzählige Abmahnungen zu Unrecht erfolgen.

Nastasja arbeitete über 15 Jahre für dieselbe Maschinenbau-Firma. Dort war sie als Chefin für eine Abteilung in der Sachbearbeitung verantwortlich. Nach einer Umstrukturierung musste sie als eine der Ersten ihre sieben Sachen packen. Aus Wut darüber versandte sie ein Rundschreiben an unzählige Kunden, in dem sie – natürlich nicht unter dem eigenen Namen – darlegte, wie schlecht es um das Unternehmen steht. Die aufgeschreckten Briefempfänger wollten natürlich gleich wissen, wie der unwissende Absender Garantie- und Reparaturarbeiten in Zukunft gewährleisten würde. Nastasja hörte von Bestellungsstornierungen und anderem Ungemach,

40 Jahre arbeitete John auf dem Bau und das immer bei derselben Firma. Seit der Junior des Firmengründers die Geschicke des bekannten Unterneh-

mens in die Hände genommen hatte, ging es mit dem Betrieb jedoch stetig bergab, und John ärgerte sich praktisch täglich über irgendwelche unbegreiflichen Entscheide in der Teppichetage und über die Abzockermentalität des zukünftigen Firmenbesitzers. Da John sich bereits auf sein Rentnerdasein freute, schlug er sich nicht mehr mit dem Gedanken an einem Jobwechsel herum. Der rüstige Sechzigjährige war damals überhaupt kein Gewerkschaftsfreund. Trotzdem begann er zwei Jahre vor seinem Rentnerdasein anonym sämtliche Schwarzarbeitsverstöße des Arbeitgebers staatlichen Stellen und eben auch den Gewerkschaften zu melden. Wer abzocken kann, soll gefälligst auch vertraglich zugesicherte Löhne und die obligaten Sozialbeiträge entrichten, dachte sich John und freute sich diebisch, die Geschäftsleitung das Fürchten gelehrt zu haben. Meg tat es ihm fast gleich, wenn auch aus anderem Grund. Die Chauffeuse meldete eine Zeit lang etliche Verstöße des Arbeitgebers gegen den Gesamtarbeitsvertrag direkt dem Arbeitnehmerverband. Sie war sauer, weil sie ihren Urlaub nicht zu dem Zeitpunkt nehmen konnte, wann sie wollte.

11. Es kann der frömmste Mitarbeiter nicht, wenn ...

Andy meinte, er habe von Zeit zu Zeit Anspruch, ein paar Tage krank zu feiern. Schließlich hatte er auch immer viel zu tun. Rasen mähen, Hecken schneiden, Gemüsebeete jäten, Blumen düngen – die 200 Quadratmeter Land um das Haus geben mehr zu tun, als manche Leute denken! Stephen war da anderer Meinung. Der Service-Techniker konnte den Drückeberger sowieso nicht besonders leiden. Denn der motzte ganz einfach zu viel rum, das heißt, sofern er überhaupt im Betrieb anwesend war. Stephen reparierte und wartete des öfteren bei Andys Arbeitgeber die verschiedenen Drucker, Kopierer und Faxgeräte. Da ihm der langjährige Kunde sehr vertraut war, wusste er vom Klönen der Mitarbeiter her genügend über die Mätzchen ihres Kollegen Andy. Als ihn die nette Direktionsassistentin wieder einmal anrief, um einem viel benutzten Farbkopierer neues Leben einhauchen zu lassen, fuhr der schnelle Techniker absichtlich am Haus von Andy vorbei. Er sah ihn im Garten arbeiten. Mit leicht boshaften Gedanken stieg Stephen bei seinem Kunden aus dem Auto, packte das Serviceköfferchen, schloss den Wagen und lief wie immer schnurstracks durch den Eingang zum Empfang, um sich anzumelden. Nachdem er wusste, wo der Kopienverweigerer stand und was genau beanstandet wurde, machte er für einen kurzen Schwatz den kleinen Umweg vorbei am Arbeitsplatz der Direktionsassistentin. Ganz beiläufig und unverdächtig fragte er, ob Andy Ferien habe, da er diesen zu Hause im Garten habe schuften gesehen. Er tat völlig erstaunt, als die sonst stets gut gelaunte Sekretärin sich aufgebracht über den Arbeitsdeserteur ausließ. Dem Hobbygärtner wurde von der Firma daraufhin noch viel mehr Zeit für seine Gartenarbeit zur Verfügung gestellt – er erhielt die Kündigung.

Die Web-Publisherin Laura fühlte sich von ihrem Chef mächtig hintergangen. Als Kommunikationschef verfügte er regelmäßig über die Köpfe und das Know-how seiner Mitarbeiter hinweg. Kommunikation innerhalb seiner kleinen Gruppe war ihm fremd. Plötzlich stand er einfach in ihrem kleinen Büro und überraschte sie, dass auf Wunsch der Abteilung X eine externe Programmierbude eine Datenbank entwickeln würde, die sie dann einzubauen habe. Punkt. Laura wusste, was auf sie zukommen würde. Und so lief es dann auch ab. Sie hatte keine Ahnung von dem zu implementierenden Datenbanksystem, musste ihre Arbeit unter allerhöchstem zeitlichen Druck erledigen und durfte den Kopf hinhalten, weil die ganze Geschichte natürlich wie so oft schief ging. Zusammen mit einem Teil der Mannschaft ließ sie eine leuchtend rote Klebebeschriftung herstellen. Irgendwann prangte auf dem großen Fenster vom Chefbüro in großen Lettern ein subtiles „unser Marketingbanause“. Dazu muss man wissen, dass der Angesprochene direkt hinter einem breiten Schreibtisch mit dem Rücken zu eben diesem Fenster saß. Er hätte ebenso in einem riesigen Schaukasten Platz nehmen können.

Kollege Oliver ist mit Leib und Seele Polizist. Er erzählte mir, wie in den unterschiedlichsten Unternehmen liebe Arbeitskollegen und natürlich auch deren weibliche Gegenstücke einander vom lieb gewonnenen und mehr oder weniger wohlorganisierten Leben in die Blutzoll fordernde Hölle stürzen. Es sind gerade die völlig geistlosen Rachefeldzüge, welche die Opfer in die Nähe des psychischen Untergangs zerren. Hinterlistig gestreute Gerüchte, dass ein Mitarbeiter stiehlt, der Boss die Steuerbehörden an der Nase herumführt, die Auszubildende Drogen verkauft und der Abteilungsleiter Kundinnen sexuell belästigt, schaukeln sich immer öfter so stark auf, dass daraus Strafverfahren resultieren. Diese belasten Arbeitsverhältnisse, die bis dahin gutbürgerlichen Familienverhältnisse und infolgedessen vor allem die Psyche der betroffenen Person. Viele Untersuchungen werden von Amts wegen eingestellt, weil sich die Vorwürfe als haltlose Unterstellungen entpuppen. Die Gerüchteköche werden jedoch selten geschnappt, geschweige denn bestraft, das Racheopfer ist ein psychisches Wrack und seine geordnete Lebenssituation dahin. „Rache soll ruhig sein, aber sie sollte zumindest entfernt einen Bezug zum Geschehenen aufweisen", meinte Oliver.

12. Verflixt und zugeklebt!

Frauen bezeichnen Bill generell als kleinen schnuckeligen, liebenswürdigen Knuddelbär. Meine Damen, er kann aber auch ganz anders! Als seine langjährige Hausbank dem cleveren Programmierer keinen Betriebskredit mehr geben wollte, war Schluss mit lustig. Kurzerhand ging er in seinen Bastelraum, nahm ein großes Stück einen Millimeter dickes ABS-Plastik aus einer Kiste und schnitt einige kreditkartengroße Rechtecke daraus. Freitag Nacht besuchte Bill dann die Filialen der Bank in seiner Stadt. Deren Geldautomaten sind praktisch alle in einem nur für die Kundschaft zugänglichen Vorraum installiert. Damit man in diesen geschützten Raum kommt, muss man eine entsprechende Karte in einen Scanschlitz stecken. Der Rachebastler steckte in jeden dieser Schlitze eine mit starkem Klebstoff bestrichene Karte. Nach dieser Aktion ging nichts mehr. Kunden, welche nur eine einfache Kontokarte der Bank besaßen, konnten ein Wochenende lang kein Geld beziehen. Der Rächer hatte aber ein klitzekleines Problem! Bei einer Filiale ging er derart unverfroren vor, dass er alleine durch die kurze Aufnahmesequenz einer Überwachungskamera überführt werden konnte ...

13. Der lüsterne Chef

Micha nahm die Annäherungsversuche ihres Bosses sehr gelassen. Damals als Single war sie es gewohnt, bei gewissen Männern ein bisschen als Freiwild zu gelten. Mit einem überaus gesunden Selbstbewusstsein machte sie mir aber klar, dass sie sich sehr wohl zu wehren wusste. Zu Hause beim Aussortieren der Post fiel ihr Auge dann auf die Werbung eines Erotikversenders. Da dachte sich Micha, sie könnte dem Geschäftsinhaber zum Jux mal ein paar Hilfsmittel zusenden. Besonders die Sado-Maso-Sachen und Dildos in verschiedensten Größen und Farben gefielen ihr. Als Bestelladresse gab sie natürlich die Geschäftsadresse an. Schließlich wollte sie den Spaß ja genießen können. In der Regel öffnet eine der Auszubildenden die Post, und die sitzen ebenfalls im Großraumbüro. Der Chef fand die Aktion nicht so lustig, und der Auszubildenden stieg eine sehr gesunde Farbe ins Gesicht, als sie ihm das geöffnete Paket vorsichtig über seinen Schreibtisch unter seine Nase hielt. Einige der Mitarbeiter hatten ihr leises Prusten nicht mehr unter Kontrolle und wieherten einfach drauflos. Zum Leidwesen des Geschäftsleiters wollten viele dann auch noch die lustigen Spielzeuge anschauen und in die Hände nehmen. Ihm, dem Oberbaggerer, war es offensichtlich nicht sehr angenehm. Micha aber hatte noch nicht genug. Sie wurde von ihrem Ideenreichtum, den armen Boss zu plagen, richtiggehend vereinnahmt. Für die Realisation des nächsten Racheschrittes gab sie sogar richtig Geld aus. Sie schaltete eine Erotikanzeige mit der Durchwahlnummer ihres Vorgesetzten. Das Telefon klingelte während weniger Tage wie verrückt. Die Anrufer wollten aber keinen Inkassoauftrag erteilen, sondern mit der „wild stöhnenden" Marie verbal sexeln. Kichernd meinte Micha, dass sie Glück gehabt habe, die Anzeige nur für ein einmaliges Erscheinen bezahlt zu haben. Denn der Nummerninhaber fand heraus, in welchem einschlägigen Magazin das Sexinserat erschienen war, rief dort an und wetterte massiv los. Die Bekanntmachung der Nummer wäre garantiert kein zweites Mal mehr erschienen. Nach diesem Schock fiel der dritte Streich richtiggehend harmlos aus. Micha kaufte sich Wochen nach ihrer zweiten Aktion ein Pornoheft und klebte darauf ein Etikett mit der Aufschrift „Für den alten Lüstling". Das Ganze steckte sie in einen an die Firmenanschrift adressierten Briefumschlag. Selbstverständlich war der Geschäftsinhaber als eigentlicher Adressat genannt. Die Botschaft kam an. Der Boss flirtete nicht mehr um jeden Preis. Und wenn doch, dann hatte nicht nur Micha einen treffenden Spruch auf der Zunge ...

14. Der sparsame Schreiberling

Julian betreibt ein aufwändiges Hobby – er schreibt Kurzberichte für News-Plattformen im Internet. Er gestand mir, seine Leidenschaft hin und wieder nicht besonders uneigennützig und nicht nur für sein Seelenheil einzusetzen. Da sich Julian auch politisch sehr engagiert, werden unweigerlich viele Geschichten richtiggehend an ihn herangetragen. Und da konnte er sich insgeheim auch schon die Hände reiben und den Gegner gnadenlos in die Pfanne hauen. Über eine Online-Plattform outete er einen Regionalpolitiker als homosexuell, was dessen christlichem Image ein paar Kratzer bescherte. Über einen professionellen Presseverteiler ließ der üble Intrigant einigen lokalen Medien im Namen eines Vereinskassierers eine Mitteilung zukommen, in der dieser verneinte, Geld des erwähnten Vereines veruntreut zu haben. Selbstverständlich gingen die hartnäckigen und unterbeschäftigten Journalisten der Geschichte nach und deckten innerhalb weniger Tage einen kleinen Skandal auf. Damit war ein weiterer politischer Gegner kaltgestellt. Und über so genannte Meinungsportale macht Julian immer wieder Firmen zur Schnecke, denen ein für ihn nicht akzeptabler Fehler unterlaufen ist. Damit sich die Verantwortlichen auch wirklich ärgern können und den anonymen Meinungsverkünder ernst nehmen, schickt er ihnen jeweils einen vollständigen Bildschirmausdruck seines Berichtes zu. Um sich finanziell nicht zu übernehmen, spart sich Julian das Porto und lässt die Briefumschläge stets unfrankiert zustellen. So dürfen die Betriebe zu alldem auch noch den Versand und das Strafporto bezahlen.

15. Tierisch gute Rache

Tiere ertragen die ihnen von Menschenhand zugefügten Schmerzen. Wir sperren die Viecher ein, und sie können sich unserer Unterdrückung nicht entziehen. Die Menschheit ist gar so blutgierig und perfid, dass sie ganze Arenen zu füllen vermag, um als Helden hochstilisierte spätpubertäre Idioten, genannt Toreros, gegen Stiere kämpfen zu lassen. Tiere können sich nicht rächen, aber ich glaube, ich hoffe, dass den geplagten Geschöpfen dieses Kapitel wenigstens ein klein bisschen gefallen würde.

1. Dummdreiste Tierquäler

Normand kämpft mit seiner Organisation seit Jahren gegen die Fleischmafia und deren Misshandlung der Nutztiere. Unverbesserliche Bauern, faule Hühnerfarmer, nur vom Shareholder Value angetriebene Fleischökonomen und religiöse Fanatiker, die den Geschöpfen der Natur bei lebendigem Leib den Hals durchschneiden, machen dem Idealisten das Leben schwer. Viele sind gar so dämlich, dass sie ihm ganz dreist die übelsten Dinge auf seinen Anrufbeantworter sprechen. Aber Normand schlägt zurück. Er begann die aufgesprochenen Beleidigungen in ein internettaugliches Format zu konvertieren. Seither sind all die Verwünschungen, Drohungen und Verächtlichkeiten auf seiner Internetseite hörbar. Rechtlich gibt es diesbezüglich keine Probleme, schließlich wird niemand gezwungen, unanständiges Zeugs auf fremde Anrufbeantworter zu sprechen.

2. Mist gebaut

Wie leider so viele Landwirte ließ auch Georges seine Mastrinder kaum einmal auf die Weide. Die armen Tiere mussten bei jeder Temperatur und zu jeder Jahreszeit in ihrem kleinen, dreckigen und steinharten Stallabteil ausharren. Von einer sauberen Stroheinstreu konnte das Vieh nur träumen. Und eine grüne, saftige Wiese konnten sich die Kühe wahrscheinlich nicht einmal vorstellen. Trotz vieler Meldungen blieb der behördliche Tierschutzbeauftragte schlicht untätig. Der Tierquäler selber war sich natürlich zu keinem Zeitpunkt einer Schuld bewusst, schließlich musste er sich um seinen Verdienst kümmern, und da reichte die knappe Zeit nicht auch noch für das Wohl irgendwelcher Wiederkäuer. Kein Wunder, dass da einige Tierschützer die Nase gestrichen voll hatten. Björn besorgte sich einen Traktor von einem tierliebenden Bauern und belud mit seinen Mitstreitern einen Anhänger mit viel Mist. Nächtens fuhren sie zum Haus des herzlosen Landwirtes, bestachen den braven Hofhund mit einer Extraportion Hundefutter und bedeckten das Fahrzeug des Übeltäters mit dem mitgeführten Mist. In den Haufen mit integrierten Autoscheinwerfern steckte das Grüppchen ein Stofftransparent mit der Aufschrift „Uns stinkt Ihre Tierhaltung". Björn vergaß natürlich nicht, die Protestaktion mit einer Sofortbildkamera fotografisch festzuhalten. Zwei lokale Redaktionen erhielten noch in der gleichen Nacht einen vorbereiteten Pressetext plus Bild in den Briefkasten gesteckt. Trotz großem Druck auf die Behörden, einer engagierten Diskussion im Dorf und einigen klärenden Flugblattaktionen müssen die armen Tiere bis zum heutigen Tag unter den beschriebenen Umständen dahinvegetieren. Leider ist der Bauer Georges kein Einzelfall.

3. Pelz ist Pelz – Schamhaare für den Star

Obwohl der Modedesigner Aert mit seinem Alter direkt auf das Rentnerdasein zusteuert, will er einfach nicht weise werden. Der Brillenträger arbeitet zu gerne mit Pelz. Dabei ist wenig tröstlich, dass der über die Grenzen seines Landes bekannte Designer wenigstens pelzlose Betriebskleidung entwirft. Ich befürchte nämlich, dass dies nur aus Kostengründen so ist. Wie auch immer, Fakt ist, dass Aert entgegen allen Trends in seinen Kollektionen mit immer mehr Pelz arbeitet. Das missfiel natürlich nicht nur dem ebenfalls sehr bekannten Tierschützer Bastiaan. Er entwarf kurzerhand die Schamkarte, welche er in einer Auflage von 30000 Stück drucken ließ. Diese spezielle Postkarte zeigte den unteren Teil eines Frauenkörpers. Zwischen den Beinen war der Platz ausgespart, um eigenes Haar aufzukleben. Die Karte war mit der Geschäftsadresse von Aert voradressiert. Der Erfolg war überwältigend. Tausende schickten Aert büschelweise eigene Achselhaare, Barthaare und natürlich Schamhaare zu. Ganz nach dem Motto „Pelz ist Pelz"! Wenn der Modeschöpfer Pelz benötigt, dann soll er ihn gefälligst auch kriegen. Die über Wochen eintreffende Weihnachtspost ekelte ihn zwar, gescheiter wurde der Dickschädel aber nicht. Bastiaans erfolgreiche Aktion fand ihre Erwähnung sogar in der internationalen Presse!

4. Pfui Pelz!

Es gibt tatsächlich pelztragende Menschen, die uns Glauben machen wollen, dass es die Quälerei der Pelztiere heute nicht mehr gibt. Vorgegeben werden die hirnlosen Phrasen von den Herstellern, die um ihren Umsatz fürchten. Brutale Tatsache ist leider, dass die Pelzindustrie ihre Zuchttiere mehrheitlich in kleinsten Käfigen dahinsiechen lässt. Igor erzählte mir voller Schadenfreude, wie sie Pelzmäntel beschädigten. Da kamen unter anderem Langhaarschneider und Autolack-Spraydosen zum Einsatz. Nun gut, die ominösen Mäntel waren für den Moment in wirklich jeder Hinsicht untragbar, aber ob es wirklich das schlaueste Mittel gegen die vornehmlich von der High Society unterstützte Tierquälerei ist? Ich mag das wirklich bezweifeln! Ich glaube nämlich nicht daran, dass die unbelehrbaren Damen von Welt nach einem Attentat auf ihr blutiges Kleidungsstück nie mehr Pelz tragen. Vielmehr befürchte ich, dass der Pelz einem Kürschner zur Reparatur übergeben wird, und dann muss schon wieder ein unschuldiger Fellträger dran glauben, damit nach der Arbeit des Pelzverarbeiters nichts mehr an den Anschlag erinnert. Und womöglich bezahlt auch noch eine Versicherung den teuren Schaden und damit das Abschlachten eines pelztragenden Vierbeiners. Das kann es wohl wirklich nicht sein. Normand kämpft da viel subtiler gegen das Pelz-Establishment. Er organisiert immer wieder kleine Demonstrationen im geografischen Umfeld der Schönen und Reichen. Mit Fotoreportagen auf der Vereinshomepage dokumentiert er die betroffenen Pelzträgerinnen und deren in der Regel lediglich nur finanziell nicht minderbemittelte Begleitung. Mit deftigen Bildern, wie die armen Tiere gehalten, gefangen und getötet werden, regt er die Pelz-Kundschaft zum Denken an. Und mit Tafeln wie „Pfui Pelz“ und „Tierquäler Pelz“ provoziert er meist unfeine oder dann verlegene Reaktionen der pelztragenden Gesellschaften.

5. Frei wie ein Vogel

So möchten sich viele eingesperrte Tiere bewegen können. Manchmal gibt es zum Glück auch Menschen wie Alice, die Erbarmen zeigen. Die tierschützerische Ader besaß sie schon immer und den Verstand für durchdachte Aktionen besitzt sie auch. Fast drei Jahre lief sie praktisch jeden Tag an zwei mit hunderten von Singvögeln gefüllten Volieren vorbei. Mit traurigem Blick stand sie dann und wann – im Sommer wie im Winter – vor den Vogelkäfigen und schenkte den gefiederten Freunden ein bisschen Aufmerksamkeit. Der Hass gegenüber dem Besitzer der großen Käfige wurde mit der Zeit jedoch unerträglich. Sie beschloss, den Flugkünstlern die Freiheit zurückzugeben. Da die Vögel in ihrem Gefängnis sämtlichen Temperaturen trotzten, ging Alice davon aus, dass die Tiere in Freiheit gut überleben können. Mit einer schweren Kneifzange bewaffnet, schlich sie sich eines Nachts zu den Volieren, knackte die Vorhängeschlösser und öffnete die leicht quietschenden Türen. Am liebsten hätte sie laut geschrien: „Fliegt – fliegt! Fliegt in eure Freiheit!“, und dem Schauspiel im Licht des Vollmondes noch ein bisschen zugeschaut. Stattdessen machte sie sich schnell und leise aus dem Staub. Die Presse berichtete später, dass eine unbekannte Täterschaft über 350 Vögel befreit hatte. Weiter konnte man lesen, dass nur 100 Gesangskünstler wieder eingefangen wurden. Wenn du also irgendwann im Frühling ein paar besonders schöne Vögel lieblich zwitschern hörst, könnten das durchaus Alices Freunde sein. Tierbefreiungen gehören für einige Tierschützer übrigens zum Pflichtprogramm. Bei der Recherche staunte ich über die zum Teil sehr gut organisierten Tierbefreier. Ein Verein stach mir dabei besonders durch seinen Slogan ins Auge: „Sie kommen im Dunkeln, damit es für andere hell wird.“

6. Tiere setzt man nicht aus!

Fiona bemerkte Eigenartiges bei einem ihrer Bekannten. Schon vor etlichen Jahren waren der ehemalige Schulkollege und seine Lebenspartnerin ohne ihren Hund aus den Ferien zurückgekommen. „Der Dalmatiner ist plötzlich gestorben. Wahrscheinlich hat er die Hitze nicht vertragen“, war damals seine lapidare Antwort. Keine Trauer, kein nachdenkliches Gesicht und auch sonst nicht das geringste Zeichen, dass Mickey – so hieß der Vierbeiner – den beiden fehlte. Das störte Fiona; sie ging der Sache aber nicht weiter nach. Das war vielleicht ein Fehler. Denn fast ein Jahrzehnt später kamen der Bekannte und seine mittlerweile Angetraute wieder ohne ihren langjährigen Gefährten nach Hause. Fiona störte das gewaltig, und sie erinnerte sich natürlich an die Geschichte mit dem Dalmatiner. Wie sie mir erzählte, hatte sie das Schlüsselerlebnis aber erst zu Hause als sie mit ihrem Mann bequem vor der Glotze saß. In einer Filmszene musste der Richter über eine Tötung in Notwehr befinden und zitierte aus seiner Zeit beim Geheimdienst: „Einmal kann sein, ein zweites Mal ist Zufall, ein drittes Mal gibt es nicht.“ Fiona wollte nicht mehr länger an einen Zufall glauben. Zusammen mit ihrem Mann heckte sie den cleveren Plan aus. Noch in der gleichen Nacht rekonstruierten die beiden mit zwei Länderkarten den Reiseweg des zum zweiten Mal hundelosen Pärchens. Drei Tage benötigten sie, um mit Hilfe von kostenlos zugänglichen Telefonbüchern im Internet, Adressen von Polizeistationen und Tierheimen auf der ganzen Reisestrecke ausfindig zu machen. Von gemeinsamen Grillabenden besaß das Detektivpärchen genügend Fotos vom scheinbar verstorbenen Hund. Diese schickten sie zusammen mit einem sehr kurzen Standardschreiben per Mail und per Post an die ermittelten Adressen. Und tatsächlich! Nach nicht einmal zehn Tagen erhielt Fiona einen Anruf von einem Tierheim, dass sie diesen Hund hätten. Die Polizei habe ihnen den zutraulichen Retriever gebracht. Der Hund sei bei einer Raststätte an einen Pfosten gebunden gefunden worden. Ein Prozent Instinkt und 99 Prozent Schweiß brachte das tierliebende Paar auf die richtige Fährte. Sie holten den treuen Vierbeiner, gaben ihm ein neues Zuhause und brachen mit den langjährigen Bekannten. Denn die mussten sich nun mit einer gegen sie gerichteten Strafanzeige beschäftigen.

7. Ausgesetzten Hund zu verschenken

Hajo machte eine ähnliche Erfahrung. Der Katzenfreund mochte aber keine aufwändigen Recherchen anstellen. Er vertraute vollkommen seinem Instinkt. Wenn man seine Geschichte näher betrachtet und mit der Story von Fiona vergleicht, sieht man auch warum. Im Gegensatz zu Fiona stand bei Hajo keine langjährige Bekanntschaft auf dem Spiel. Im Gegenteil, er hatte noch eine Rechnung offen. Der Nachbar war auch allzu dämlich, als er nach seinem Urlaub Hajo gegenüber die augenfällige Abwesenheit des Schäferhundes achselzuckend mit einem einfachen „davongelaufen" begründete. Der zuhörende Kaufmann glaubte ihm kein Wort, dafür hatte er eine Idee, wie er seinen Nachbarn ein bisschen zum Denken anregen könnte. Auf seinem Computer gestaltete Hajo ein kleines Flugblatt. Der kurze und harte Text hatte genug Potenzial für lange, bestürzte Diskussionen. „Wer will meinen Schäfer Daro übernehmen? Wenn ich für ihn keinen guten Platz finde, muss ich ihn einschläfern lassen." Der Firmenkopierer im Büro von Hajo kopierte das ominöse Schriftstück rund 300 Mal, damit er es überall an schwarze Bretter und in die Briefkastenanlagen des Stadtteils verteilen konnte. Der mutmaßliche Tieraussetzer wurde oft angesprochen, entrüstet angeschaut und ein paar Mal auch ziemlich beschimpft. Aber jedes Mal wurde der ehemalige Besitzer von Daro nach seinem Hund gefragt, der Hund, der angeblich weggelaufen war. Ob ihn das beschäftigt hat?

8. Moderne Pranger

Den Pranger benutzte man früher als Vorrichtung für die öffentliche Bestrafung. Die zu bestrafenden Personen wurden mit diesem Instrument brutal der öffentlichen Schande ausgesetzt. Ähnlich operiert heute Andre. Nur benutzt er keine Holzbalken mit Aussparungen für Kopf und Hände, ebenso wenig dicke Ketten und starke Schlösser. Vielmehr arbeitet er mit den Möglichkeiten, die ihm das Internet und die Printmedien bieten. Missstände, die er selber entdeckt oder die ihm auf irgendeine Weise gemeldet werden, dokumentiert der zeitlich stark engagierte Tierschützer mit ausführlich bebilderten Reportagen. Die Texte und Fotografien veröffentlicht er auf seiner viel beachteten Homepage. Damit Andre die hohen Besucherzahlen halten beziehungsweise sogar steigern kann, bringt er die besonders krassen Berichte auch zu Papier. Die so gefüllten Aufklärungsblätter lässt er von einem Zusteller an alle Haushalte in der Region des Tierquälers verteilen. Andre nutzt damit ein ganz interessantes Zusammenspiel verschiedener Faktoren. Einerseits bringt er eine Diskussion rund um die aufgedeckten Quälereien in Gang. Andererseits weiß die fehlbare Person, dass ihr auf die Finger geschaut wird; Andres Website wird bekannter, Spendengelder fließen, um neue Projekte in Angriff zu nehmen oder notleidende Tierheime zu unterstützen und nicht zuletzt kriegt er neue Informationen. Dabei steht aber nicht immer die Liebe zum Tier und zur Natur im Allgemeinen im Vordergrund. Oft ist es ganz simple Rache. Die Denunzianten haben mit den angeschwärzten Personen noch eine Rechnung offen, die es zu begleichen gilt. Dabei kommt ihnen unzweifelhaft gelegen, dass die angeschuldigten Subjekte sich mit ihren Taten gegen Natur und Tier wenn nicht gerade strafbar machen so zumindest moralisch gesehen verwerflich benehmen. Leider ist längst nicht jede hinterhältige, tierfeindliche Aktion auch ein Delikt im Sinne des Gesetzes. Andre und viele andere aktive Tierschützer arbeiten jedoch gegen das große, feige Schweigen. – Zum Glück!

9. Rache auf Samtpfoten

„Hör auf, uns zu quälen! Sonst schlagen wir zurück!" stand auf der selbst gemachten Postkarte an den widerlichen Hundehalter. Die Vorderseite zeigte seine zwei in einem viel zu kleinen Zwinger eingepferchten Vierbeiner. Mariah meinte nur, dass ihn dieser Fingerzeig kaum beeindruckt haben dürfte. Das hingegen kümmerte die engagierte Mahnerin eher wenig. Sie wollte, dass der faule Tierhalter seine Tiere weggibt oder endlich Verantwortung zeigt und den Tieren ein erträgliches Leben ermöglicht. Zusammen mit ihrer Kollegin heckte sie einen regelrechten Rachekatalog aus. Das Spezielle an den Racheplänen der zwei Frauen war, dass sie ihre schnurrenden Mäusejäger indirekt zu Komplizen machten. Oder anders ausgedrückt, Mariah wusste endlich, wie sie die von ihrem Mikesch erlegten und zahlreich um das Haus platzierten Spitzmäuse verwenden konnte. Die wurden nämlich über einige Tage hinweg eingesammelt und dann kurzerhand in einer Nacht- und Nebelaktion in den Briefkasten des zu Bekehrenden gesteckt. Dem Mikesch kam dabei nichts abhanden, denn Spitzmäuse werden zwar von den Samtpfoten gejagt, aber nicht gefressen. Per Postkarte gaben die zwei Kämpferinnen dem verhassten Tierhalter einen Tipp, weshalb die toten Säugetiere den Weg in seinen Briefkasten gefunden hatten. Trotz einiger recht erfolgreicher Racheakte schien der Hundequäler gegen die sich schier aufdrängende Vernunft immun zu sein. Schlussendlich organisierten die zwei Damen das Finale. Sie bastelten über 100 Postkarten der ersten Sorte und versandten diese an Tierschützer, Polizei, Presse und andere möglicherweise handelnden Organe. Und tatsächlich nahm sich die Presse des Falles an. Der unwürdige Hundebesitzer war plötzlich nicht nur seine treuen Gesellen los; als Tierquäler wurde er natürlich überall schräg angeschaut. Ihm blieb nur noch die Ortsflucht als Alternative. Mit nachdenklicher Stimme gab Mariah zu bedenken, dass ihr damaliges Racheopfer heute vielleicht wieder Tiere hält. Hoffen wir, dass das Gegenteil der Fall ist.

16. Gutnachbarschaftliche Rache

Nicht alle nachbarschaftlichen Streitereien werden gleich in den medialen Himmel gehoben. In Europa schafften es der rostfreie Maschendrahtzaun der einen Partei und der junge, freche Knallerbsenstrauch der anderen Fraktion nicht nur in die Printmedien! Auch die vielen privaten Fernsehstationen berichteten mehrere Wochen live vor Ort von einem banalen Nachbarschaftsstreit, der jeden Tag in unzähligen Siedlungen stattfindet. Die peinliche, Nationen bewegende Debatte wurde letztendlich sogar besungen und fand auf diesem Weg auch Einlass in die Hitparaden der Radiosender. Zu unserem großen Glück werden aber nicht alle Streitereien derart stark beachtet, sonst hätten wir nur noch sinnlose Talkshows organisierende TV-Sender, und Gartenzaun-Dispute würden mehr besungen als Liebe und Herzschmerz. Die Realität ist auch ohne einen teutonischen Comedy-Moderator wie Stefan Raab schon hart genug – zumindest würden das wohl die Opfer der nachfolgenden Geschichten bekräftigen können.

1. Kleine Gemeinheiten erhalten die Feindschaft

Als Dreikäsehoch machte sich Joseph einen großen Spaß daraus, einen blöden Nachbarn zu veräppeln. Er schmierte viele nicht wirklich nette Dinge auf die jeweils frühmorgens zugestellte Zeitung. In großen, fetten und knallroten Filzstiftlettern konnte sein Lieblingsonkel im Stadtviertel im Verlauf der Zeit so ziemlich jede mögliche und unmögliche gegen ihn gerichtete Bezeichnung lesen. In all den Jahren hatte der Flausenmacher viel Glück. Er wurde nie erwischt. Aber wahrscheinlich auch nur, weil er – instinktiv richtig – immer wieder Pausen zwischen seinen kleinen Freveltaten einlegte. Zudem gab es damals noch keine kostengünstige Überwachungsmöglichkeiten. Eine Kamera mit Bewegungssensor und Aufzeichnungsgeräte waren noch Zukunftsmusik.

Die hübsche Claudine steckte mitten in ihrem Medizinstudium, als sie sich massiv über einen schleimigen Kerl in der Nachbarschaft zu ärgern begann. Seine Stielaugen schienen sie überallhin zu verfolgen. Die Studentin erklärte mir, dass sie sich dann zum ersten Mal in ihrem Leben auf Rache sann. Sie brauchte das Lustgefühl der Rache, um den eigenen Gefühlshaushalt wieder ins Lot zu bringen. Sie begann im Namen des fleißigen Kirchgängers Abonnements irgendwelcher Schmuddelmagazine und Kataloge von Erotikversendern zu bestellen. Einige Male orderte sie in seinem Namen auch Artikel wie Dildos, Gummipuppen und Nettigkeiten aus dem Bereich der Sado-Maso-Welt. Nur zu gerne hätte sie gewusst, ob der gläubige Spanner die lustigen Spielzeuge bezahlt oder zurückgeschickt hat. Gegen Ende des Studiums offenbarte sich Claudine ihren Eltern. Zu ihrem Erstaunen hörte sie keine Vorwürfe! Im Gegenteil! Nach dem Abklingen seines Lachkrampfes setzte sich ihr Vater hinter den Computer und rief Claudine und deren Mutter zu sich. Er bestellte online drei nicht übersehbare, nackte Gartenzwerge! Als diese nach einigen Wochen durch den Auslieferdienst endlich zugestellt wurden, stellte er die leicht obszönen Kerlchen gut sichtbar in seinen Garten, gleich gegenüber dem Grundstück des Scheinheiligen. Der und dessen Frau ließen dann auch nicht lange auf sich warten, um gehörig über das Aufstellen der primitiven Kobolde zu lästern. Obwohl sie mit Anwalt und allem Bösen drohten, stehen die drei kleinen Lustmolche noch heute friedlich im Garten von Claudines Eltern. Der Voyeur und seine Gattin hingegen sind längst umgezogen.

Auch Stevie wusste mir so einiges aus seiner Jugendzeit zu erzählen. Im Plattenbau, wo er damals wohnte, gab es eine fürchterliche Tratschtante, der überhaupt nichts verborgen blieb. Sowas stört pubertierende Jugendliche natürlich besonders. So auch Stevie und seinen Kumpel. Mit einigen kleinen Schandtaten brachten sie die alte Schrulle an den Rand der Verzweiflung. Mit einer Gummispinne in einem ihrer Schuhe vor der Wohnungstüre begannen sie ihre unheilvolle Serie. Damit landeten sie gleich einen Volltreffer. Der gellende Schrei durch das Treppenhaus brachte ein bisschen Leben in den öden Wohnblock. Die alte Klatschbase fürchtete sich total vor den achtbeinigen Gliederfüßer, auch vor den unechten. Als Stevie wie so oft wieder einmal sein Zimmer aufräumte – da fällt mir doch gleich meine Jugendzeit ein – hatte er plötzlich eine alte Wasserpistole in der Hand und wohl auch ein hinterhältiges Grinsen im Gesicht, als ihn ein Geistesblitz zur Vorbereitung der nachfolgenden Tat verleitete. Über mehrere Tage stibitzten die beiden Jungen bei ihren Schulkameraden mit fadenscheinigen Ausreden unzählige Tintenpatronen zusammen, um sie dann zu Hause zu öffnen. In einem leeren Gefäß sammelten sie die Tinte. Als sie die kleine Flasche gefüllt hatten, warteten sie ungeduldig auf den Tag X – den Wäschetag der Spinnenphobikerin. Der kam natürlich wie das Amen in der Kirche. Als die Wäsche zum Trocknen an den Leinen auf ihrem Balkon hing, machten die beiden Schüler Schießübungen mit der tintengefüllten Wasserpistole.

Innerhalb weniger Wochen war dies der zweite Schock für die Klatschtante. Und trotz allem hatte die Dame noch Glück im Unglück. Ich hätte nämlich Tusche genommen, die wäre nicht mehr mit normalem Waschmittel auswaschbar gewesen! Den zwei Lausbuben muss ich aber auch ein bisschen Rächerrespekt zollen. Auf die Idee mit dem Graphit wäre ich wohl nie gekommen. Im Chemiezimmer in der Schule besorgte sich Oberlümmel Stevie ein bisschen Graphitpulver. Das grauschwarze, staubähnliche Material streute er auf den Schuhabstreifer der Gerüchteverbreiterin. Stevie meinte, nach dieser Aktion sei die Alte ein bisschen mit dem Putzen ihres Teppichs beschäftigt gewesen und habe keine Zeit mehr fürs Tratschen gehabt. Für große Aufregung im ganzen Haus sorgte dann aber das mit einem Kaugummi verklebte Eingangsschloss ihrer Wohnung. Die Lästerdame war über mehrere Stunden hinweg aus den eigenen vier Wänden ausgesperrt. Als dann auch noch die Polizei auftauchte, nahmen sich die beiden Frechdachse erst einmal eine lange Racheauszeit.

2. Nachbars Garten

Wenn Gartenzäune berichten könnten, um was und wie sich die Grundstücksanrainer streiten –, wir möchten wohl gar nicht alles zu hören bekommen. Und doch ist es manchmal ganz interessant, was manche Zeitgenossen ihrem Nachbarn und seinem Garten antun. Ich kann mir beim besten Willen nicht vorstellen, wem Lucie auf die Füße getreten ist, und trotzdem wurde sie Opfer einer an und für sich ganz genialen Racheidee, über die mittlerweile selbst sie schmunzeln kann. Als große Blumenfreundin pflegt Lucie seit Jahren den weit und breit farbenprächtigsten Blumengarten. Viele Spaziergänger zieht es an schönen Tagen an Lucies Domizil vorbei, was wahrscheinlich ab und zu auch Neider auf den Plan ruft. Vor Jahren, als die Hobbygärtnerin für einige Tage im Ausland weilte, benutzte jemand die seltene Gelegenheit, ihr ein Schild mitten in das zum Gehsteig zugewandte Blumenbeet zu pflanzen. „Hier Blumen pflücken erlaubt!" Man glaubt gar nicht, wie viele Leute das Schild zwar ungläubig betrachteten, aber dann voller Freude zugriffen! Wie Lucie später herausfand, griffen sogar ihre Nachbarn hemmungslos zu. Lange Zeit erinnerte sie sich nur mit Hühnerhaut an das besagte Datum ihrer Rückkehr. Das Bord war praktisch bis auf die letzte Tulpe leer gepflückt. Die ganze mühsame Arbeit war vergebens. Ihr kamen die Tränen. Seit dieser schmerzlichen Erfahrung lässt sie das Haus von einem Haussitter betreuen, wenn sie und ihr Mann für einige Tage verreisen.

Gäbe es diesen Service nicht, würde sie wohl keine einzige Reise mehr antreten.

Jason fühlte sich zu Unrecht vor die Türe gestellt. Der Bauarbeiter wurde wegen einer Bagatelle von einer Minute auf die andere „freigestellt" und wollte das seinem ehemaligen Boss heimzahlen. Als waschechter Neureicher residierte dieser in einer Villensiedlung in einem international gesehen nicht unbekannten Ort. Der naturverbundene Jason aber wusste genau, wo er seinen Ex-Chef psychisch am meisten treffen konnte und machte sich an die Planung. Er musste sich allerdings einige Zeit gedulden, um seine Ideen umzusetzen. Dann kam endlich der Tag, als Jason erfuhr, dass sein ehemaliger Brötchengeber in den Sommerurlaub gefahren war. Freudestrahlend machte sich Jason an die letzten Vorbereitungen. Mitten in der Nacht betrat er das Grundstück des Opfers und lief schnurstracks zum großen mit einer Plane abgedeckten Swimmingpool. Zuerst entleerte er eine riesige Einkaufstasche voller frisch geschnittener Brennnesseln in den Luxuspool. Als wäre dies nicht schon genug, schüttete er noch fast vier Liter einer Mixtur aus klebrigem Beerensirup und viel schwarzer Lebensmittelfarbe hinein. Zum Abschied stopfte er genüsslich den Briefkasten mit seinen eigens mitgebrachten Grünabfällen voll. Der junge Mann fuhr zufrieden nach Hause und hoffte für die kommenden Tage auf viel Sonne. Bedingt durch den Farbstoff würde das Wasser im Pool unter Garantie nicht mehr zum Baden einladend aussehen. Damit sich aber auch die geschmackliche Note vollumfänglich entfalten konnte, mussten Sonnenstrahlen das Poolgebräu unter der Plane stark genug aufheizen, um die Villa mit etwas Ähnlichem wie einer riesigen Jauchegrube zu bereichern. Der mit Fruchtschalen voll gestopfte Briefkasten dagegen war bis zu dessen Räumung mit Sicherheit der Lieblingstummelplatz für viele hundert Fruchtfliegen ...

Der Gartenprofi Cliff musste sich über Jahre hinweg das völlig sinnlose Geschwätz seines direkten Reihenhaus-Nachbarn anhören. Dabei war nicht nur der Nachbar ein Stressfaktor – auch dessen Frau war eine selten blöde Nervensäge. Begreiflich, dass es Cliff mit der Zeit einfach zu viel wurde. Er muss in seinem Job genug befehlen, rüffeln und sich ganz einfach herumärgern, da hat er einfach keine Lust, sich in seinem privaten Umfeld in eine berufsähnliche Ecke drängen zu lassen. Er versuchte ganz instinktiv, der lieben Nachbarschaft aus dem Weg zu gehen. Selbst die Bepflanzung seines kleinen Grundstückes richtete er auf Sichtschutz und Abschirmung aus. Es nützte alles nichts. Mit der Zeit ärgerte sich Cliff bereits, wenn er nur schon die Stimmen der zwei mit einem besonders hohen Intelligenzquotienten ausgestatteten Personen vernahm. Er wusste, dass er etwas unternehmen musste, um sich nicht selber verrückt zu machen. Er dachte schon an Umzug, als er sich seinen Frust mit gezielten Racheanschlägen von der Seele zu spülen begann. Mit vielen Anekdoten angereichert erzählte mir Cliff, wie er seine Racheakte mit viel Akribie und Lust plante und umsetzte, um sich anschließend über das Ergebnis köstlich zu amüsieren. Das Thema Umzug war wie weggeblasen. In seinem Beruf hat der grüne Profi natürlich vollen Zugriff auf alle möglichen natürlichen und chemischen Hilfsmittel, die man in der Gartenpflege normalerweise gezielt und dosiert einsetzt. Ein Rasendünger war es dann auch, der Cliff auf dumme Gedanken brachte. Mit viel Hingabe bastelte er sich eine riesige, faltbare Buchstabenschablone. Diese legte er längere Zeit immer wieder mitten in der Nacht jeweils an gleicher Stelle beim nervigen Nachbarn auf den Rasen aus und düngte die Aussparungen ordentlich mit einem stark wirksamen Wachstumsförderer. Bereits nach etwas mehr als einer Woche konnte Cliff voller Freude Ansätze des Wortes „Idiot“ erkennen. Weitere Tage später waren die gesondert gedüngten Grashalme so kräftig und groß, dass das Wort selbst von der Straße her nicht zu übersehen war. Leider bereitete Nachbars Rasenmäher dem Spaß ein Ende. Über etliche Wochen hinweg konnte sich Cliff immer wieder seiner Tat erfreuen, jeweils bis der, den es eigentlich betraf, seinen Rasenmäher in Gang setzte. Und das tat er in immer kürzeren Abständen. Eines Tages, als unser nächtlicher Rasenpfleger todmüde von seiner Arbeit heimkam, bemerkte er beim Nachbar eine riesig große Lücke im Rasen. Wo sonst Cliffs Düngemittel seine Arbeit verrichtete, war nur Erde zu sehen. Der Rasenbesitzer hatte offensichtlich die Nase voll gehabt und das Stück umgegraben. Wahrscheinlich dachte er, mit einer neuen Aussaat das Unheil entgültig abwenden zu können. Cliff wollte aber unbedingt noch etwas Neues ausprobieren. In einem Spielwarengeschäft hatte er sich längst eine mit zwei Händen zu bedienende Wasserpistole beschafft. Ebenfalls hatte er zu Hause einen Samenvorrat für eine schöne und widerstandsfähige Blumenwiese! Ohne das Grundstück des Idioten zu betreten, spritzte Cliff in der Folge über zwei Kilo Sämlinge mit wohl weit über 100 Liter Wasser auf die angrenzende Parzelle hinüber. Mit seiner starken Wasserwaffe konnte er sein Saatgut selbst in entfernt stehende Planzentöpfe zielgenau einbringen. Was da in den Wochen darauf alles wuchs, war weit entfernt von dem Vorbild gepflegter englischer Gärten ...

Ron konnte von Kindesbeinen an ein mittlerweile älteres Ladenbesitzerehepaar nicht ausstehen. Er konnte mir keinen wirklich triftigen Grund dafür nennen. Es sei halt wie eingebrannt und eigentlich auch scheißegal. Vielleicht liege die Ursache in ihrem religiösen Getue, dem Verkauf von weit über dem aufgedruckten Datum abgelaufener Ware oder ganz einfach dem elendigen Getratsche. Jedenfalls hätten sie wenigstens einen wunderschönen Blumengarten, wo er sich ganz frech bediene. Das sei seine Art der Rache. Blumen klauen und sich darüber freuen. Als ich das Tuomas erzählte, meinte dieser mit einem bedeutungsvollen Schmunzeln, dass er wenigstens Ware bringe. Ich fragte ihn, was er damit sagen wolle. Und da erzählte er mir seine kleine Geschichte über Stéphane. Der arbeitsscheue Hochbauzeichner verdiente sich sein Geld hauptsächlich mit dem Weiterverkauf von Cannabis und nicht mit legaler Arbeit. Tuomas hatte schon einmal den Betreiber einer großen und Gewinn bringenden Indoor-Anlage zur Anzeige gebracht. Mit dieser Erfahrung im Hinterkopf dachte der konservative Lokalpolitiker, dass vielleicht auch Stéphane irgendwo, wenn nicht gerade eine eigene Zuchtanlage, so doch ein größeres Zwischenlager betreiben könnte. Über einen eingeweihten Gärtner beschaffte sich der mit allen Wassern gewaschene, junge Lokalmatador Hanfpflanzen-Sämlinge, die er auf Stéphanes Grundstück hinter einigen Nusssträuchern einpflanzte und pflegte. Als die Dinger kaum einen Fuß hoch waren, gab er einem gefürchteten Staatsanwalt einen kleinen Tipp. Die Mühlen der Justiz begannen zu mahlen. Der anonyme Wink hatte beim vermeintlichen Hanfpflanzer eine gründliche Hausdurchsuchung und viele unangenehme Fragen zur Folge. Tatsächlich stieß die Polizei im Verlauf ihrer Ermittlungen auf einen kleinen Schuppen mit einer ausgereiften Indoor-Anlage. Als ortsansässiger Politamateur hatte er seine direkte Informationsquelle zu diesem Fall innerhalb der örtlichen Polizeistation ...

3. Camping von der übleren Seite

Caravaning und Camping kann so schön und erholsam sein. Man sollte sich aber unbedingt mit seinen temporären und natürlich auch langjährigen Nachbarn arrangieren. Maya feiert gerne und ist gleichzeitig auch eine wahre Entsorgungskünstlerin. Alte Elektrogeräte entsorgt sie, wann immer möglich, im Garten oder auf dem Balkon eines ihrer Racheopfer. So zauberte sie beispielsweise eine kleine reparaturbedürftige Drei-Kilo-Waschmaschine in den Garten eines ehemaligen Mitarbeiters. Der hatte an diesem Geschenk sicher seine helle Freude. Natürlich muss ich bemerken, dass ich eine derartige Entsorgungspolitik viel mehr begrüße als eine wilde Deponie im Wald. Die Frage ist nur: Was stellt der neue Besitzer mit dem Sondermüll an? Was ist, wenn dieser mit dem für ihn neuen und ungeliebten Besitz in den Wald fährt? Ich würde wohl bereits bei der Deponierung ein digitales Beweisfoto knipsen, damit man sieht, dass die ausgediente Maschine mal beim Opfer gestanden hat. Wird das Ding dann tatsächlich in den Wald gekarrt, macht sich das Opfer automatisch selber zum Täter, wenn auch auf eine andere Weise. Es bräuchte dann nur noch einen anonymen Fingerzeig an die Polizei, wo der Elektroabfall steht, und wem er einmal gehört hat. Die Bilder könnte man gleich als Beweismittel mitliefern. Du kannst dir selber denken, dass die Ausrede: „Aber das Ding wurde einfach in meinen Garten gestellt" bei Behördenmitgliedern keinen Pfifferling wert wäre. Nun aber wieder zurück zum Campingplatz. Maya campierte mit ihrer Clique zwei kurze Wochen lang direkt am See auf einem offiziellen Campingplatz. Für ihre älteren Nachbarn im Wohnwagen waren das wohl die längsten 14 Tage ihres Lebens. Die jungen Zeltmenschen gingen kaum einmal vor vier Uhr morgens schlafen. Reklamationen gab es einige. Das störte das Jungvolk aber nicht sonderlich. Da war der Umstand, dass der Ghettoblaster keine CDs mehr abspielen wollte um einiges mühsamer. In der letzten Nacht wollte einer der männlichen Zeltgenossen den zum einfachen Radio degradierten mobilen Highpower-CD-Receiver in die ewigen technischen Jagdgründe schicken. Maya stellte sich wie vom Geistesblitz getroffen quer. Denn sie hatte eine viel bessere Idee! Für die opferte die junge Truppe sogar ihren letzten Satz neuer Batterien. Dann wurde ein Sender mit Techno gesucht und der Wecker auf etwas weniger als 24 Stunden später eingestellt. Zu guter Letzt wurde der Lautstärkepegel aufs Maximum gedreht. Mit militärisch eleganter Robbtechnik platzierte einer der Jungs das unerwünschte Weckradio mitten unter den Wohnwagen eines Rentnerpaares, das ihnen durch die Motzerei besonders negativ aufgefallen war. Damit die Lärmquelle nicht einfach entfernt werden konnte, zurrte der kriechende Racheengel das Wunderwerk der Unterhaltungselektronik noch mit einer Schnur an einer der zwei Achsen fest. Auf ihrer Rückfahrt mutmaßte die Gruppe, wie lange es auf dem Campingplatz wohl dauern wird, bis wieder Ruhe einkehrt. Die Frage wurde nie beantwortet. Ein viel härteres Mittel wandte Ingo an. Der Ganzjahrescamper mit schwachen Nerven regte sich über ein junges Pärchen und dessen Sauordnung rund um seinen Platz auf. Abgesehen davon war auch das Mobilheim der beiden absolut keine Sehenswürdigkeit. Als Hardcorecamper Ingo auf seinem Vorplatz die ersten zarten Frühlingssonnenstrahlen genoss, betrachtete er die heruntergekommene Mobilunterkunft des Liebespärchens und ängstigte sich einen kurzen Moment, dass die zwei wohl demnächst mal auftauchen würden. Mit der angenehmen Ruhe wäre es dann vorbei. Die Gedanken schweiften wieder zu den eigenen rollenden Wänden ab und was man daraus noch machen könnte. Er überlegte, was er alles dichten müsse, als sein Blick wieder über den erwähnten Rollcontainer glitt. Es machte klick, und seine Gedanken wurden in Sekundenbruchteilen böse, das Lachen schelmisch und die Hände wollten es gleich tun. Alle Fenster und die Türe samt Schloss zusilikonieren würde ihm großen Spaß bereiten. Dann wäre sogar die Ankunft des Chaospärchens ein Genuss. Was ihn ärgerte war der Umstand, dass er sonntags keine Dichtungsmasse mehr kaufen konnte, er musste sich bis Montag gedulden. Geduld ist nicht gerade seine Stärke, und so stand er am Montag als einer der Ersten vor dem großen Eingangstor zum Baumarkt, um möglichst schnell die größte Dose Silikon-Paste zu ergattern. Als er sich alleine und unbeobachtet wähnte, begann er seine Rachegedanken umzusetzen. Wie ein stolzer kleiner Junge betrachtete er danach von seinem Wagen aus sein Meisterstück. Irgendwann fiel ihm dann noch die große, mit einem Hängeschloss versehene Holzkiste auf. Er erinnerte sich, dass darin üblicherweise Sonnenschirme, Tischdecke, Stuhlkissen und anderes Gerümpel verstaut sind. Im Baumarkt beschaffte er sich ein speziell starkes Vorhängeschloss, das er zusätzlich zum anderen einhängte. Kleine Investition, große Wirkung – so präsentierte sich ihm Wochen später das Ergebnis. Das Duo reiste an einem wunderschönen Freitagabend froh gelaunt an und verschaffte sich trotz Inanspruchnahme aller möglichen Fluchwörter keinen Zutritt in die paar stinkigen Quadratmeter. „Die Aufgabenteilung war perfekt! Sie weinte, er brüllte, und ich lachte mich kaputt.“ Ingo fand die reale Camping-Soap köstlich. Romeo und Julia reisten schließlich unverrichteter Dinge wieder ab. Eine Woche später befreiten sie die Eingangstüre und die fünf Fenster von der Dichtungsmasse, derweil ihnen Ingo schadenfreudig zuguckte. Er konnte es nicht unterlassen, mit aufgesetztem Heiligenschein nachzufragen, was sie da genau machten. Das neue Schloss an der Truhe hatten sie dabei noch gar nicht entdeckt! Salma erinnerte sich, wie sehr sie als junge Frau die Toiletten auf dem Zeltplatz gehasst hatte. Der Pächter und seine Helferinnen konnten noch so viel putzen und kontrollieren, irgendwer traf die Schüssel garantiert nicht. Besonders sternhagelvolle Männer hatten mit der Reinlichkeit ihre liebe Mühe. Einmal fiel ihr auf, dass über Tage hinweg vor allem eine Toilette immer schmutzig war, trotz der sehr auf Hygiene bedachten Putztruppe. Sie beobachtete, dass eine einzige Person dieses stille Örtchen benutzte. Alle anderen öffneten nur kurz die Türe und entschieden sich gleich, ihr Geschäft auf einem anderen Klo zu verrichten. Salma besorgte sich Frischhaltefolie und bespannte damit das grässliche Klosett. Wie sie mich grölend aufklärte, tappte der besoffene Stehpinkler kurz darauf in die Falle. Er musste aber nicht nur prostatagesteuert pinkeln. So kam es, dass sie aus dem Häuschen wüste Wörter vernahm und er trotz seines alkoholisierten Zustandes das Bedürfnis hatte, ausgiebig zu duschen. Vorher musste er aber noch entsetzlich stinkend zu seinem Wohnzelt torkeln. Nach ihrer Ausbildung zog Salma es vor, die Ferien nicht mehr mit ihren Eltern auf dem Zeltplatz zu verbringen.

Bei den Pfadfindern lernte Yannik nicht nur große Zelte aufzubauen. Er heckte auch viele Streiche aus, damit es die anderen in ihrem Stoffquartier nicht allzu bequem hatten. Heringe ausziehen, Zeltstangen klauen und Reißverschlüsse festzurren, damit man erst nach langem Gemurkse ins Zelt kommt, gehörten dabei zum Standard. Wer sich besonders viele Freunde anlachen wollte, zog die Heringe bei Regen heraus. So konnte das nasse Vorzelt das trockene Innenzelt berühren. Die Dichtigkeit war damit hin, und die Schlafsäcke und Kleider wurden schön nass. Yannik war ein bisschen innovativer. Er besorgte sich aus dem Materialzelt eine Zweidraht-Kabelrolle. Diese benutzte er, um die zwei Reißverschlüsse eines Zeltes mit dem unter Strom stehenden Weidezaun zu verbinden. Der Viehhüter wurde damit zum Pfadfinderhüter. Wer nie bei der 1908 vom britischen General Robert Baden-Powell gegründeten Pfadfinderbewegung dabei war, kann sich unter dem Begriff Donnerbalken wohl nicht viel vorstellen. Darum hole ich ein bisschen aus. Wenn die Scouts irgendwo ihr Zeltdorf installieren, dürfen natürlich Einrichtungen wie Küche, Krankenstation und sanitäre Anlagen nicht fehlen. Dass diese Installationen sehr einfach, wenn nicht sogar spartanischer Natur sind, leuchtet wohl den meisten ein. Die Toilette beispielsweise bauten wir meist ein bisschen abseits von den Zelten auf. Dazu buddelten wir zuerst ein tiefes Loch in die Erde, rammten beidseits zwei dicke Pfähle in den Boden und banden auf Sitzhöhe mit Seilen einen entrindeten Querbalken fest. Danach wurde das ruhige Örtchen mit quadratischen Planen vor neugierigen Blicken geschützt. Zur Grundausstattung gehörten natürlich noch ein „besetzt"-Schild, genügend WC-Papier und eine Schaufel, um dann und wann die stinkenden Fäkalien mit ein bisschen Erde zu überdecken. Den erwähnten Querbalken, der als Sitz benutzt wird, nennt man eben auch Donnerbalken. Yannik gestand mir, dass er einmal auf die Idee kam, in der Dunkelheit diesen Balken anzusägen. Prompt plumpste mitten in der Nacht ein verschlafener Kamerad in das Loch hinein ...

4. Geile Nachbarschaft

Die sexuelle Integrität ist immer wieder ein ganz netter Angriffspunkt. Experten befürchten, dass ein nicht zu unterschätzender Teil der Anzeigen wegen sexueller Belästigung reine Racheakte sind. Vor allem naive Männer fallen ihrer eigenen Lüsternheit und der Boshaftigkeit gewisser weiblicher Wesen zum Opfer. Selbstredend ist das nicht als entschuldigendes Votum für gewissenlose, rohe und gewaltbereite Kreaturen maskuliner Herkunft gedacht! Als Sean erfuhr, dass seine Ex von seinem Nachfolger, Nachbarn und Nebenbuhler nach wenigen Wochen wieder verlassen wurde, dachte er sich eine ganz nette Sache aus. In einer überregionalen Zeitung ließ er folgende Anzeige erscheinen: „Ich, weiblich, suche Mann – Nichtraucher, Antialkoholiker und unsportlich für eine Beziehung ohne Sex. Ich freue mich auf deine Antwort (wenn möglich mit Foto)." Bei der Wahl der Kommunikationsform war der zuvorkommende Partnervermittler nicht besonders wählerisch. Die Mailadresse mit Vor- und Zuname war gerade gut genug. So musste sich Mann nach ein bisschen Recherchieren nicht bei einer Unbekannten bewerben. Die hübsche Mitdreißigerin Kelli ließ ihrem Ex-Geliebten aus der Nachbarschaft das Buch „Potent werden – das Handbuch für Männer" ins Büro schicken. Den kleinen Betrag bezahlte sie aber nicht aus der eigenen Tasche. Die Kosten wurden direkt von seiner Kreditkarte abgebucht. Solange Kelli die Daten seiner Karte noch besaß, wusste sie dies auch zu nutzen! Brian kannte seinen Nachbarn nicht einmal. Er war ihm einfach unangenehm. Er konnte ihn nicht ausstehen. Da Brian als Servicetechniker für die Gastronomie viel und zu jeder Zeit unterwegs ist, machte er eines Tages eine ganz interessante Entdeckung. Sein erbärmlicher Nachbar besuchte in seiner arbeitsfreien Zeit Freudenmädchen. Fortan führte Brian seine lichtempfindliche Videokamera auch im Geschäftsauto immer mit. Mehrmals fuhr er extra einen Umweg, um kurz den Parkplatz des Bordells zu beobachten. Er hoffte, das geparkte Fahrzeug seines Nachbarn zu erblicken. Der rachelüsterne Brian achtete ebenfalls darauf, in etwa am gleichen Wochentag zu selben Zeit am mit roten Lämpchen geschmückten Haus vorbeizufahren. Es hätte ja sein können, dass der Nachbar ein Stammgast ist. Und es war so! Etwa beim zwanzigsten Versuch wurde seine Ausdauer belohnt. Die ihm bekannte Karosse stand unauffällig auf dem Parkplatz des Supermarktes neben dem Liebesbunker. Brian stellte sein Fahrzeug ab, montierte die Kamera, schaltete sie in den Aufnahmemodus, tarnte das gute Elektronikstück und ging in ein nahe gelegenes Restaurant einen Kaffee trinken. Als Servicemonteur konnte er die Zeit gut nutzen, um den Wirt auf eine neue Kaffeemaschine anzusprechen. Als unser Rachefilmer zu seinem Auto zurücklief, prüfte er gleich die Anwesenheit des verräterischen Fahrzeugs. Es war weg. Kaum saß er in seinem Auto, packte er auch schon nervös seine Videokamera und spulte sie im Schnellgang mit Bild zurück. Fies lachend, stellte er fest, dass der geile Nachbar auf dem Band verewigt worden war, als dieser gerade die Lusthöhle verließ. Die alles aussagenden Fotodrucke des Films sandte er anonym an die Nachbarsfrau. Sie wohnt übrigens mit ihren Kindern noch heute im Haus nebenan. Der Videostar dagegen kommt höchstens noch die gemeinsamen Kinder besuchen ...

Patty wohnte zwei Jahre lang in einer kleinen Mehrfamilienhaus-Siedlung, die einem äußerst geizigen Vermieter gehört. Dieser extreme Sparfuchs wollte zu jener Zeit alles selber machen, nur um des Geizes Willen. Jede Reparatur, sämtliche Gartenarbeiten, alle Anstriche – es gab nichts, was der Mammonsdiener nicht in Eigenregie erledigen wollte. Dabei ging derart viel zu Bruch, dass er letztendlich trotzdem einen Fachmann anfordern musste. Ausbaden musste das selbstverständlich die Mieterschaft. Sie hatten nicht nur die Belästigungen zu tragen, der Vermieter erhöhte auch willkürlich und in kurzen Abständen die Miete. So wurde eine anfangs günstige Wohnung schnell unbezahlbar. Gut nachzuvollziehen, dass Patty garstig wurde. So fürchterlich, dass sie eine Domina auf den älteren Herrn ansetzte! Damit alles wie am Schnürchen lief, musste Pattys Vater am Telefon den Besteller mimen. Für den war das kein Problem. Im Gegenteil, der hatte seine helle Freude an diesem kleinen Klamauk. Der Herr Papa bestellte die Domina auf einen Abend mitten in der Woche, und er wünschte sich ein Rollenspiel vorab. Er würde so tun, als habe er sie nicht bestellt. Sie solle sich dann einfach Zutritt zur Wohnung verschaffen. Er vereinbarte mit ihr auch ein Codewort, damit er sie stoppen könne, wenn es ihm zu viel würde. Patty war sprachlos. Der frühere Ernährer wusste sich in dieser speziellen Szene gut zu bewegen! So genau will sie das aber selbst heute nicht wissen, jedenfalls lenkte sie gleich wieder auf die Geschichte zurück, als ich leicht amüsiert eine entsprechende Zwischenfrage stellen wollte. Bevor ich jetzt zum Schluss dieses Racheaktes komme, muss ich noch anmerken, dass das Opfer in einer Dachwohnung eines mehrstöckigen Wohnhauses in seinem Viertel wohnt. Patty konnte damals den Haupteingang dieses Hauses problemlos von ihrem Schlafzimmer aus beobachten. Die Geschichte ging dann so aus, dass die Herrin züchtig angezogen zum vereinbarten Zeitpunkt beim Vermieter läutete. Kurze Zeit später flogen die verbalen Fetzen, und die in einen langen Mantel gehüllte Madame verließ heftigst die Türe hinter sich zuschlagend die Szenerie. Es wurde ruhig, und alle von der lauten Wortschlacht angelockten Nachbarn konnten ihre Fenster wieder schließen. Der Vermieter und seine Domina waren danach das Thema Nummer eins!

Jana gefiel sich gar nicht in der Rolle der vom fetten Mondgesicht aus der Nachbarschaft Angebeteten. Der junge Computerfreak konnte oder wollte es nicht begreifen, dass sie ihn zwar akzeptierte so wie er war, in der hübschen Krankenschwester aber überhaupt keine Liebesgefühle für ihn schlummerten. Einen großen Fehler machte Jana, als sie ein Handy erstand und ihre Nummer auch dem Kollege Dumpfbacke verriet. Kurzmitteilung um Kurzmitteilung erreichte sie zu jeder erdenklichen Uhrzeit. Wollte sie einmal Ruhe, musste sie das Mobiltelefon schon ausschalten. Der Tastaturvergewaltiger war ein Verehrer der ganz hartnäckigen Sorte. Da half weder gutes Zureden noch ein in die kleinen Telefontasten gehauenes „ich will Ruhe“. Der Typ blieb beharrlich. Trotz der großen Belastung brachte sie es nicht übers Herz, mit dem Dussel zu brechen. Es musste aber etwas geschehen. Sie begann für ihn heimlich in den Singlebörsen im Internet Anzeigen aufzugeben. Jana hatte etwas zum Lachen, aber auf das Liebesleben des angeblichen Inserenten hatte es natürlich keinen Einfluss. Jedenfalls erzählte das wandelnde Computerhirn nie etwas von einer ominösen Herzschmerzannonce. Zu seinem Geburtstag schenkte sie ihm dann ein Kontaktinserat mit Foto in der vielbeachteten Regionalzeitung. Er hatte keine Freude daran, sie erreichte aber endlich ihr Ziel. Der lästige Verehrter gab endlich Ruhe!

Als Mutter einer dreiköpfigen Rasselbande sah es Carla gar nicht gerne, wenn die alternde Frau von nebenan mit nur einem Hauch von nichts bekleidet ihr Sonnenbad nahm. Dazu kam, dass die Sonnenanbeterin auf ihrem Balkon nur mit einem String-Tanga bekleidet herumlief, wehe wenn aber ein Mann einen Blick zu viel riskierte, dann konnte die alte Emanze wie ein Rohrspatz schimpfen. Eine Kollegin von Carla äußerte sich einmal dahingehend, dass sie ein paar Fotos der leicht bekleideten Oma schießen solle, um diese dann im Viertel zu verteilen. Die Betroffene würde ihr Verhalten dann wahrscheinlich sehr viel schneller ändern als manche sich vorstellen könnten. Und genau so war es! Über zwei Jahre nach dieser Aussage besorgte sich Carla einen Fotoapparat mit einem starken Teleobjektiv, stieg auf das Flachdach ihrer Behausung und füllte den Kleinbildfilm mit Bildern der halbnackten Bewohnerin, die sich für das unangemeldete Fotoshooting perfekt in der Nachmittagssonne räkelte. Fünf besonders gelungene Aufnahmen hängte sie an die schwarzen Bretter im Stadtviertel. Die anderen Farbfotos steckte sie in die Briefkästen von mehrheitlich allein stehenden Stammtischbrüdern. Die technisch sehr brillanten Aufnahmen sorgten dann auch für viele Sprüche, Gerüchte und kleine Beleidigungen. Carla sah die leicht ergrauende Schachtel nur noch selten, vermutlich zog sie es vor, sich irgendwo in der freien Natur bräunen zu lassen.

Wer meint, dass Halbgötter in weiß brav und überhaupt nicht rachsüchtig sind, irrt! Die Assistenzärztin Inga verübelte ihrem Nachbarn, der auch ihr Ex und früherer Tennislehrer war, so manches. Auf die Spitze trieb sie es aber mit dem gefälschten HIV-Test. Ein Glück für sie, dass das nie herausgekommen ist. Sie schaffte es, dass der Frauenheld bei seinen Schülerinnen keine Chance mehr hatte und das Geschäft aufgeben musste. Sie brachte ganz einfach einen scheinbar positiven HIV-Test in Umlauf. Höchstwahrscheinlich, so mutmaßte sie, tuschelten die jungen Frauen über diese brutale Erkenntnis, sprachen den Frauenschwarm aber nicht direkt darauf an. Sie machten sich einfach rar. Die wenigen anderen Eroberungen ließen sich zwar noch flachlegen, wollten aber auch ein bisschen unterhalten werden. Ohne Moos ist aber leider oft nix los! Inga meinte zum Abschluss noch, dass ein fingierter Hepatitis-Test theoretisch eigentlich gleich wirksam sein müsste. In der Praxis wüssten aber viele Menschen zu wenig über die Gefährlichkeit einer Hepatitis-Ansteckung. Dabei wurden bereits fünf verschiedene Formen dieser Erkrankung entdeckt.

Pavlica ist, wenn man seiner Selbsteinschätzung Glauben schenkt, nicht besonders eifersüchtig. Trotzdem hatte er zunehmend das Gefühl, dass ihm durch den gut aussehenden Nachbarn Konkurrenz erwächst. Seine Freundin war, so schien es zumindest, nicht ganz unempfänglich für die netten Komplimente und die bewundernden Blicke des neuen Etagennachbarn. Der Applikations-Informatiker Pavlica ließ sich nichts anmerken. Während eines kurzen Treppenhausgespräches merkte Pavlica schnell, dass der zugezogene Barkeeper Vitali kein Kind von Traurigkeit war. Der leicht verunsicherte Programmierer scheute aber kein Risiko, als er seine Lebenspartnerin sogar in Vitalis Bar schleppte. Der Schachzug war clever. Sie erkannte selber, dass sie eine unter vielen war. Der Sunnyboy hinter der Theke war zu allen hübschen Evastöchtern nett. Aber es kam noch besser. Vitali gab auch einiges über sein Leben preis. Der geschiedene Vater einer Tochter chattete für sein Leben gerne. Geschickt fragte ihn Pavlica aus. Denn er hatte bereits einen Plan, wie er bei Vitali eventuell problemlos Oberwasser kriegen könnte. Am nächsten Tag im Büro meldete er sich als weibliches Pseudo im Hauschat seines potenziellen Widersachers an und legte sich auf die Lauer. Findig suchte er – als stadtbekanntes Luder eingeloggt – nach dem cocktailmixenden Herzensbrecher. Seine Bemühungen wurden aber erst nach vier Tagen belohnt. Nach etlichen Anläufen hatte er endlich den Richtigen an der Angel. Hinterhältig verwickelte ihn Pavlica in einen ausufernden Sexchat. Selbstverständlich protokollierte ein spezielles Progamm die Peinlichkeiten ganz genau mit. Von Zeit zu Zeit fertigte sich der Programmierer zusätzlich noch einen Screenshot an. Mit dem Austausch der Telefonnummern – die Handynummer des erwähnten Luders besorgte er sich aus der Datenbank eines Kunden – beendete er den heftigen Internet-Flirt und loggte sich wieder aus. Werbung muss sein! Und so brannte er sich Tage später eine CD-ROM mit den Bildschirmfotos und der Textaufzeichnung. Diese versandte er namenlos an die lokale Klatschpresse. Der auszugsweise Abdruck ließ nicht lange auf sich warten, ebensowenig das Dementi des Vollblutweibs, und doch waren sie Wochen später für wenige Monate sogar ein Paar! Pavlica schwieg lange Zeit eisern; Hauptsache, er hatte sein Ziel erreicht. Seine heutige Ehefrau dagegen fand keinen Gefallen mehr an Vitali. Sie konnte mit zu sehr in der Öffentlichkeit stehenden Personen nicht viel anfangen.

Julio arbeitet als Nachtwächter und marschiert jede Nacht in einer Nachbarstadt von Firma zu Firma. Dabei sieht er vieles, das er oft nicht begreifen kann. Vor allem die Fahrzeuge mit dem berühmten „Baby an Bord"-Aufkleber vor den einschlägigen Lokalen machen ihn immer wieder stinksauer. Er meinte nur, dass es für seine Karriere beim Sicherheitsdienstleister sicher nicht schädlich sei, wenn er nicht wisse, wem die Autos gehören. Einmal erkannte er das Vehikel eines Nachbarn. Dieser verschaffte sich Erleichterung auf dem Drogenstrich. Das war für Julio zu viel. Er klaubte seine Kleinbildkamera aus der Tasche und schoss ein Bild, wie der Prahlhans aus der Nachbarschaft mit der heruntergekommenen Prostituierten gestikulierte. Da sie unter einer Laterne verhandelten, konnte er aus Entfernung und ohne Blitz knipsen. Fast einen Monat nach diesem Vorfall brachte der Postbote die entwickelten Fotos nach Hause. Julio haderte lange mit sich selbst, bis er sich entschloss, von der Aufnahme eine Farbfotokopie zu erstellen und mit einer Schreibschablone eine einfache Frage unter das Bild zu schreiben: „Du hast eine liebe Familie! Hast du den Drogenstrich wirklich nötig?" Das Blatt legte er in den Briefkasten der Familie. Zu gerne hätte er auf seine Frage eine Antwort erhalten. Das war natürlich unmöglich, schon deshalb weil der Absender fehlte. Monate später zog die Familie aus. Die beiden Ehepartner gingen getrennte Wege; ob seine denunzierende Kopie ein wenig mitgeholfen hat, wissen die Götter.

5. Die liebe Post

Zum Glück gibt es die Post! Wie bei den Computern kann man viele persönliche Unzulänglichkeiten mit dem angeblichen Fehlverhalten dieses Dienstleisters kaschieren. „Rechnung? Sorry, nie erhalten!" „Doch, ich habe das Formular abgeschickt! Dann hat es wohl die Post nicht richtig zugestellt." Dass einem Großbetrieb wie der Post Fehler unterlaufen ist nachvollziehbar. Bei dem Volumen, das da jeden Tag zum Verarbeiten anfällt, wäre eine Null-Toleranz-Politik auch wohl kaum realitätsnah. Die Fehlerquoten wären aber noch um einiges höher, würden sämtliche Behauptungen seitens der Kundschaft der Wahrheit entsprechen. Es gibt übrigens sehr viele Dinge, wofür die Post definitiv nichts kann! Beispielsweise wenn Milaim vor lauter Gram gegenüber der Gemeindeoberen deren Briefkasten Freitagnacht mit Marmelade füllt. Ich glaube nicht, dass Briefe eingetunkt in Erdbeerkonfitüre besonders lecker schmecken. Erst recht nicht nach über zwei Tagen Lagerung in einem Kasten, der von der Sonne über Stunden hinweg angelächelt wird. Und wer mit Urin abgefüllte Flaschen in Briefkästen leert, ist definitiv einfach nur pervers ...

Adressen ändern, die Zeitung umleiten und irgendwelchen Schwachsinn im Namen des Feindes bestellen, ist eine Spezialität von Gunvor. Die Lokalbeauty kennt keine Gnade, wenn es um die Überwindung der eigenen Frustrationen geht. Als allein erziehende Mutter geht sie kaum aus, und so finden sich die meisten Opfer ihrer Taten in der unmittelbaren Nachbarschaft. Einen Bekannten, der sich über ihren damals ausländischen Freund ausließ, bestrafte sie, indem sie auf seinen Namen bei einem Versender verbotene Musik-CDs von Bands mit rechtsradikaler Ausrichtung im Zehnerpack bestellte. Die entsprechenden Kosten ließ sie direkt seinem Konto abbuchen. Zudem gab sie der Polizei einen Tipp. Da der als Schläger bekannte Typ des Öfteren mit rechten Parolen auffiel, glaubte sie, dass die Polizeibehörden bei einer Hausdurchsuchung mehr als nur die Compact Discs finden könnte. Die Hakenkreuzfahne, die man bei geöffnetem Fenster an der Decke seines Studios erkennen konnte, bekräftigte sie in ihrer Annahme. Wie Gunvor später in Erfahrung bringen konnte, wurde der Idiot wegen diverser Delikte angezeigt, unter anderem wegen unerlaubten Waffenbesitzes! Von einem Handelsreisenden aus der Nachbarschaft, der ihrem Kind eine Ohrfeige verpasste, ließ sie unter anderem die gesamte Post postlagernd in einen ausländischen Kurort umleiten.

Man muss leider immer wieder feststellen, dass der Briefträger nichts dafür kann, dass die meisten Briefumschläge Rechnungen, Strafzettel oder sonstigen Behördenkram beinhalten. Im Auftrag von Erwin musste der Postbote so manches hässliche Kuvert zustellen. Der Absender ließ sich die Rache an einer dummen Schnepfe etwas kosten. Die Postgebühren für seine Racheschlacht waren verhältnismäßig klein gegenüber dem Betrag, den das Arbeitsgericht seiner ehemaligen Arbeitnehmerin zusprach. Die Simulantin sollte dafür büßen. In nicht vordefinierten Abständen verschickte er der Lügnerin Einschreibebriefe mit leicht einprägsamen Schimpfwörtern. Als Absender benutzte er Adressen von säumigen Zahlern. Deren besaß der Inkassospezialist mehr als genug. Vor dieser Aktion schwärzte Erwin sie zwei Mal bei neuen Arbeitgebern an. Dadurch verlor sie beide Male die neue Stelle noch während der Probezeit. Auch dieses Spiel hätte er gerne weiter getrieben, der vor Gericht Unterlegene hatte aber keine Lust, groß Detektiv zu spielen. Das genau wäre nach ihrem Wegzug aus der unmittelbaren Nachbarschaft nötig gewesen. Natürlich hätte er ihre neue Anschrift schnell ausfindig machen können. Das Herausfinden des neuen Arbeitsortes wäre aber nur mit stundenlangem Belauern des Hauseingangs möglich gewesen. Dem gegenüber war das bloße Aus-dem-Fenster-Schauen halt verdammt praktisch.

Witzig ist die Geschichte von Karim. Der Buchhalter konnte sich köstlich über einen Dusselkopf aus dem Nachbarhaus aufregen. Die faulen Witze des Mechanikers fanden keinen großen Anklang, und trotzdem lachte alles, aber wohl eher weil der Erzähler so mitreißend grinste. Die Bewohner im Viertel betitelten ihn schon bald einmal nicht besonders ehrenwert als Pausenclown. Der so Titulierte nahm das gelassen, zu gelassen, wie Karim bemerkte. Weit weg von zu Hause kamen der Zahlenmensch und seine Frau beim Ferienshoppen auf eine gerissene Idee. Sie ließen sich einen Stempel mit der Adresse des Nachbarn herstellen. Unter dessen Namen stand die Berufsbezeichnung „Pausenclown". Kaum wieder in den eigenen vier Wänden, machte sich das Pärchen ein Riesengaudi daraus, möglichst viele Wettbewerbsabschnitte auszufüllen und einen Haufen unverbindlicher Angebote einzuholen. Den Stempel setzten sie dabei natürlich mit größter Begeisterung ein. Ihr Ziel war, dass der Narr in möglichst vielen Datenbanken mit seiner neuen Berufsbezeichnung erfasst wurde. Und wie der Briefträger zwischenzeitlich ungefragt und indiskret verlauten ließ, gab es durchaus Unternehmen, die den neuen Berufstitel unbesehen übernahmen.

Racheengel Katja befand, wenn ihre Vermieterin schon so geizig war, dass im Winter nicht einmal die Warmwasser-Aufbereitung richtig funktionierte, dann solle sie gleich richtig sparen. Nebst dem Telefonanschluss kündigte Katja im Namen der Wohnungsvermieterin auch gleich noch deren Zeitungsabonnement. Als ein anderer Mieter seine Wohnung unplanmäßig schnell verließ, inserierte Katja das Appartement in ihrem Namen außerordentlich günstig in der Lokalzeitung. Die Hausherrin hatte danach einen massiven Ansturm von Mietwilligen zu bewältigen und die reklamierende Katja zu beruhigen. Letztere hatte nämlich tatsächlich die Frechheit, ihr Opfer im Flur zu stellen und zornig auszuquetschen, warum sie für ihre vier Wände so viel mehr bezahlen müsse als im Inserat für die andere Wohnung stand. Der Geizhals hatte seine liebe Mühe, der aufgebrachten Mieterin zu erklären, dass sie die Anzeige gar nicht aufgegeben habe. Katja erfuhr auf diesem Weg auch, dass der wegen ausstehender Mieten hinausgeworfene Mieter für das getürkte Wohnungsinserat verdächtigt wurde.

6. Pforte der Rache

Nick erzählte mir, wie er als Gernegroß mit kleinen Gemeinheiten böse Menschen ein bisschen zu ärgern versuchte. So traf es unter vielen anderen auch einen Polizisten aus der Nachbarschaft, der etwas am Mofa des heranwachsenden Rächers zu meckern hatte. Der aus der Sicht des Jungen blöde Bulle hatte oberhalb seiner Türklingel eine kleine schmiedeeiserne Ablage montiert. Mit einer dicken, starken Schnur verseilte Nick die Türfalle mit dem Schmiedestück. Danach ging er nach draußen zum großen Klingelbrett und läutete Sturm bis er drinnen den Ordnungshüter durch die Türe fluchen hörte. Nick rannte zufrieden nach Hause. Einer ängstlichen Dame, die aber bei jeder Gelegenheit über die Jungen herzog, lackierte er mit Acryllack den Türspion zu. Nach dieser Untat klopfte er jedes Mal beim Vorbeilaufen an die Türe. Mit einem Schmunzeln meinte er nur, dass er sie aber nicht ins Grab gebracht habe. Gestorben sei sie erst Jahre später, und da war das Spähglas schon längst wieder ersetzt. Während seiner Ausbildung bezog der Rächerkamerad eine kleine Einzimmerwohnung. Eine Etage unter ihm wohnte ein unsympathischer Typ, der ihn ein paar Mal verbal anrempelte. Mit dem wollte der schmächtige Nick keinen Krach. Aber einfach so einstecken wollte er auch nicht. Da kam ihm der Umstand entgegen, dass er hörte, der Rüpel wolle für zwei Wochen in den Urlaub fahren. Er kaufte sich im Laden eine kleine Schachtel Kaugummis und begann genussvoll auf zwei Stück mit Zitronengeschmack herumzukauen. Auf dem Weg zu seinem Domizil presste er das weiche Kaustück im Vorbeigehen in das Eingangstür-Schlüsselloch der Wohnung unter ihm. Die Masse hatte nun genug Zeit, formgerecht zu erhärten.

Eher verwegen hört sich die Geschichte von Samuel an. Als treuer Kneipengast ging ihm die alte Schachtel gegenüber seiner Stammschenke gehörig auf den Geist. Immer wenn es ein bisschen lustig wurde, hatte die dumme Zicke irgendetwas zu motzen. Einmal auf dem Nachhauseweg – selbst im Torkelgang benötigt Samuel keine zwei Minuten ... – quälte ihn die Blase derart, dass er sich schamlos am Eingangstormäuerchen des Hauses der alten Hexe erleichterte. Das gefiel ihm derart, dass er praktisch jeden Abend nach seinem Feierabendbier ritualmäßig immer an der gleichen Stelle urinierte. An einem warmen Tag bemerkte der kleine Pisser, dass sein inoffizielles Pissoir fürchterlich roch. Er habe das so witzig gefunden, dass er voller Schadenfreude gleich wieder in die Gaststätte zurückgegangen sei. Von diesem Abend an habe nicht mehr er alleine seinen Frust der Motzerin gegenüber rausuriniert. Über Jahre hinweg sei das eine Art Ritual gewesen. Bis die Frau in eine Altersresidenz umgezogen ist.

Francesca hatte eine Riesenwut im Bauch, als sie ihren Racheplan nach langem und geduldigem Zureden und Bitten endlich in die Tat umsetzte. Ihr Nachbar war ein selten dummer Zeitgenosse. Er schaffte es tatsächlich immer wieder exakt dann seinen Müll bereitzustellen, wenn die Müllabfuhr ihre ordentliche Tour durch hatte. Das war aber nur die eine Seite des uneinsichtigen Nachbars. Denn der Idiot füllte seine Säcke wirklich mit allem! Die Katzenfutterdosen kamen ungewaschen hinein, Fruchtschalen landeten nicht auf dem Kompost, sondern im normalen Hausmüll, und selbstverständlich fanden auch Einwegglasflaschen den Weg in den Müllsack. Zudem platzierte er seine gut gefüllten Abfallsäcke hübsch neben die gedeckte Bushaltestation. Im Winter ging das ja noch gerade. Es war einfach unangenehm, wenn wieder einmal ein herumstreunendes Tier den Müll nach Nahrung durchsuchen wollte. Der halbe Inhalt mindestens eines Sackes entleerte sich dann halt über den Fußgängerweg. Im Sommer dagegen war das Verhalten des Müllterroristen auf gar keine Weise mehr tolerierbar. Kaum stiegen die Temperaturen, lebten die Säcke! Fliegen, Maden, Schnecken und mehr bevölkerten den Abfall. Zudem stank das Zeugs bestialisch zum Himmel. Was der Mutter seit einer kleinen Schnittwunde bei ihrem Filius zu jeder Jahreszeit Sorgenfalten ins Gesicht schrieb, waren die vielen Glasscherben und die scharfen Kanten der geöffneten Dosen. Sie hatte ganz einfach Angst, dass sich ein Kind unnötig verletzen könnte. Der Schuldige zeigte trotz aller Argumente verschiedener Personen keine Einsicht. Es mussten härtere Maßnahmen her. In einem leeren Schuppen sammelten Francesca und ihre Mitstreiter über mehrere Wochen den Kehrricht des Übeltäters. In Overalls gekleidet und mit Gummistiefeln und Handschuhen ausgerüstet, leerten sie die Säcke vor der Türe des Abfallverursachers. Als dieser am Morgen die fürchterlich stinkende und mit Leben gefüllte Abfallmasse erblickte, rief er zuerst einmal die Polizei. Die erklärte sich für nicht zuständig und rückte sich das Lachen verbeißend wieder ab. Die Aktion zeigte positive Folgen, und das war die Hauptsache.

7. Nachbarn im Fadenkreuz

Natürlich ist dieser Titel lediglich sinnbildlich zu verstehen. Bei all den Racheengeln, die ich im Verlauf der Zeit kennen lernen durfte, war kein Mensch darunter, an dessen Hände Blut geklebt hätte. Geschossen haben die wenigsten. Svenja war so eine Ausnahme, aber auch sie warf nur mit Popkorn um sich. Der Bewohner der einen Wohnung im Erdgeschoss, zu der ein recht großes Stück Rasen gehörte, regte sie seit seinem Einzug mit seinem mehr als pedantischen Ordnungsfimmel auf. Als der Aufräumer vom Dienst auch noch die Anmaßung besaß, den Fahrradkeller komplett umzustellen, hatte sie die Schnauze endgültig gestrichen voll. Ihr Mann meinte lakonisch: „Der hat nur zu wenig zu tun." „Dann gebe ich ihm halt eine Aufgabe", meinte die aufgebrachte Svenja. Und nach langem Grübeln wurden ihre Laune endlich wieder besser. Die nette Vollbeschäftigung für den Saubermann schien gefunden zu sein. Sie besorgte sich genügend Popkornmais, bereitete dieses über mehrere Tage hinweg in einer kleinen Popkornmaschine zu und füllte mit dem Resultat schlussendlich zwei je über 100 Liter fassende Säcke ab! Mit diesen zwei Säcken und einem Rechen bewaffnet betrat Svenja in einer Vollmondnacht das Rasenstück des Erdgeschossmieters. Schnell und lautlos leerte sie das geschmacksneutrale Popkorn auf die Grünfläche und verteilte es mit dem feinen Rechen gleichmäßig auf die paar Quadratmeter. Nach getaner Rachearbeit legte sich Svenja zufrieden schlafen. Zum Aufstehen brauchte sie keinen Wecker. Der mit dem Popkorn beglückte Nachbar reagierte hörbar unzufrieden über die neue Rasendecke. Wenigstens war er für ein paar Tage beschäftigt, und Svenja schaute ihm von ihrem Balkon aus gerne bei seinen Aufräumbemühungen zu. Nachdem die Racheschwester mit dem Erzählen fertig war, wandte ich wie bei vielen vor ihr einen kleinen Trick an. Gelangweilt guckte ich sie an, hob die Schultern und fragte, ob das denn schon alles gewesen sei. Meine Neugier reizend gab sie mir zur Antwort, dass sie durchaus noch andere Möglichkeiten gehabt hätte, sich zu rächen. Natürlich wollte ich wissen, was sie mir da noch vorenthielt. „Ja, weißt du – eigentlich hätte ich noch zwei weitere Ideen gerne umgesetzt, aber nach der Popkorngeschichte hatte ich richtiggehend Mitleid mit meinem Nachbarn", begann sie zögernd zu erzählen. Ich musste noch ein paar verbale Seitenhiebe platzieren, bis es endlich richtig aus ihr heraussprudelte. Beim Ausbringen ihres Popkorns erblickte sie auf dem Sitzplatz einen schönen Rasenteppich. Svenja stellte sich vor, wie lange sie wohl gebraucht hätte, um genügend Kaugummis zu bearbeiten, die sie dann mit dem Fuß in den Teppich hätte massieren können. Später belustigte sie sich noch an dem Gedanken, dass sie auch den Gartentisch, die Gartenstühle und den Gasgrill mit einer Schicht Maschinenfett hätte überziehen können. Ihr Opfer wäre wohl noch lange nach der Grillsaison mit dem Reinigen beschäftigt gewesen. Zudem hätte er wohl auch einen Umzug ins Auge gefasst. Gut, vielleicht ist er ja gerade wegen anderen Rachegeschichten in das gleiche Haus wie Svenja gezogen. Der gute Mann hat sich an seinen vorhergehenden Adressen sicher auch schon einen Namen gemacht. Aber leider entzieht sich das unserer Kenntnis.

Jormas Tochter wohnte lange Zeit etagengleich im selben Wohnhaus, aber in ihrer eigenen Wohnung. Es war ihr erstes eigenes Heim. Obwohl sie nicht schlecht verdiente, hatte sie große Mühe, alle Rechnungen fristgerecht zu begleichen. Vor allem wegen der immens hohen Telefonrechnung lag sie ihren Eltern ständig in den Ohren. Jorma hatte das versteckte Betteln längst satt, aber seine Frau zeigte unvernünftigerweise immer wieder Herz und bezahlte die hohen Telefonkosten der Tochter. Im Gespräch mit einem Bekannten, der bei einer nationalen Telefongesellschaft angestellt war, kam Jorma auf eine Idee. Er beschaffte sich einen speziellen Kantschlüssel, um sich Zugang zu den Telefondrähten zu verschaffen. Handwerklich nicht ungeschickt, besaß Jorma einige technische Kenntnisse. Nachdem er das Drähtepaar vom Telefonanschluss seiner Tochter gefunden hatte, bewegte er den einen Draht so lange, bis dieser gebrochen war. Damit war die automatische Gebührensparfunktion eingebaut. Selbstverständlich klingelte am Abend dafür die Hausglocke. „Das Telefon funktioniert nicht mehr, darf ich bei euch telefonieren?“ Damit hatte Jorma gerechnet. Kühl fragte er zurück, wie wichtig das Telefonat sei, denn einfaches Geschwatze würde er nicht tolerieren. Desillusioniert verzichtete sie aufs Telefonieren. Die Reparatur ließ nicht lange auf sich warten. Jorma baute aber über Monate immer wieder Fehler in die Leitung ein. Und meistens traf es ein Wochenende. Zusätzlich lieferte er ihr seine Kommentare und Sparideen hinsichtlich der Gebührenrechnung frei Haus. Irgendwann begann seine Ausdauer Früchte zu tragen, und mittlerweile hat er seiner Tochter, nun selber Mutter, seine längst verjährten Rachetaten gestanden.

Was von den einen als Musik genossen wird, ist für die anderen einfach nur Lärm. Muss die Polizei zwischen Nachbarn ein Problem lösen, ist auffallend häufig eine Lärmbelästigung die Ursache. Hat man mit einem lauten Menschen aus der Nachbarschaft eh noch eine Rechnung offen, ist eine

Anzeige wegen Lärmbelästigung eine der einfachsten und effizientesten Rachemöglichkeiten. Das Problem hierbei ist einfach, dass der Angezeigte weiß, wer die Polizei gerufen hat. Auf eine Retourkutsche muss man also immer gefasst sein. Der Elektrounternehmer Luis schmeißt selber viele Feste. Gegenüber einem Nachbarn hatte er aber lange Zeit keine Chance. Was ihn nicht weiter bekümmerte. Sauer war er aber immer dann, wenn er weniger als sechs Stunden schlafen konnte. Und das war im Sommer etliche Male der Fall. Eine Diskussion mit dem Snob aus der Galeristenszene anzufangen, hatte jedoch keinen Sinn. Luis holte sich seinen Spaß auf seine Art. Im großen Garten des Galeristen stand im Sommer immer ein überdimensionierter Pool. In dieses Schwimmbecken arbeitete Luis ein großes Stück Kupferdraht ein. Den Rest erledigte die Zeit. Chlor und Kupfer reagieren miteinander nämlich auf eine Art, dass jede Folie irgendwann leckt. Und da sich Luis sowieso verbotenerweise auf dem fremden Grundstück aufhielt, verstopfte er auch gleich noch die Dachrinnen. In beide Abläufe spritzte er von unten Bauschaum. So staute sich das Wasser mit jedem Regen ein bisschen mehr. Den Nachbarn brachte Luis mit seinen Racheaktionen natürlich nicht zum Umdenken. Dafür fehlte ganz einfach der entscheidende Wink mit dem Zaunpfahl, wie Luis selber anmerkte. Er legte sich einen Hahn zu! Der Tierliebhaber erfüllte sich damit einen lang gehegten Wunsch. Das Freilandgehege für den Hahn und seine weibliche Gefolgschaft stellte er möglichst nah an das Schlafzimmer des Festbruders von nebenan. Da der Schlafraum seinem Haus zugewandt ist, war dies kein besonders großes Problem. Fortan hatte Luis einen Wecker, der nicht nur ihn, sondern auch den Nachbarn pünktlich aus den Federn beorderte. Die Häufigkeit der Feierlichkeiten wurde daraufhin relativ schnell unterbrochen. Luis sah den Grund aber weniger in seinem Federvieh als in der darbenden Konjunktur.

17. Rache aus Bits und Bytes

Wir führten harte und lange Diskussionen, wie viel Platz den Rachegeschichten aus der Welt der Computer eingeräumt werden soll. Problemlos könnte man alleine mit den Recherchen rund um dieses Kapitel ein ganzes Buch schreiben. Schlussendlich waren aber nur zwei Gründe ausschlaggebend, diesen Teil des Buches so einfach wie möglich zu halten. Einerseits funktioniert die Schnittstelle Mensch-Computer auch ohne mein Dazutun in vielen Fällen nur mangelhaft und andererseits gibt es zu viele Geschichten, die zu stark verändert werden müssten, um als Autor nicht in die Mühlen der Justiz zu geraten. So ist in gewissen Ländern bereits die rudimentäre Anleitung zum Bau eines Virus strafbar. So gesehen wären viele Geschehnisse für den Laien unverständlich und für den Profi langweilig. Aber trotzdem wollten wir nicht alles ausklammern. Aber bestimme selber!

1. Der Idiot am Computer

Jens wäre mit Hammer, Meißel und Schiefertafel wohl schneller gewesen als mit dem modernen Windowsrechner, der auf seinem Bürotisch stand. Abgesehen davon, dass er das Ding dauernd zum Absturz brachte, war sein Interesse an diesem Computer so gering, dass er damit gar nicht richtig produktiv arbeiten konnte. Aber er musste! Denn von seiner heißgeliebten, elektrischen Schreibmaschine hatte er sich nach Monaten des langsamen Sichtrennens endlich und endgültig Abschied genommen. Die Jungen in der Firma zeigten sich als richtige Tastaturvirtuosen. Die hatten keine Berührungsängste, auch vor seinem Computer nicht. Und so wusste Jens nie richtig, ob sein Rechner spinnt, er etwas Falsches eingegeben oder einer der Computerfreaks ihm wieder einmal einen Streich gespielt hat. Wie er mir noch Jahre danach wehklagte, passierte Letzteres des Öfteren. Anfangs habe er das gar nicht mitgekriegt. Die Materie habe ihn schon von Grund auf überfordert, warum also hätte er noch wissen können, dass ihm ein paar Auszubildende auch noch den letzten Nerv zu rauben versuchten. Von den vielen Schelmereien, die ihm gespielt wurden, gefiel mir die folgende Geschichte am besten. Jens hatte noch einige Korrespondenz zu erledigen. Er schrieb alles am Stück und war froh, dass anscheinend alles reibungslos funktionierte. Als er die vielen Briefe auf dem Etagendrucker ausdruckte und nachkontrollierte, traf ihn jedoch fast der Schlag. Auf jedem Brief stand fett gedruckt zu lesen: „Dieser Brief wurde von einem Idioten geschrieben.“ Stinksauer marschierte er zu seinem Computer zurück. Es war ihm so peinlich, dass er den Hausinformatiker vorerst nicht anforderte. Zuerst wollte er die Sache auf eigene Faust zu lösen versuchen. Was ihm aus verständlichen Gründen nicht gelang. Er musste den Fachmann rufen. Für ihn gar nicht selbstverständlich ließ er sich den Vorgang lang und breit erklären. Es war der Zeitpunkt, als Jens die grauen Kisten zu interessieren begannen. Mir wusste er zu berichten, dass ihm jemand ein so genanntes Makro ins Programm geschmuggelt hatte. Ein Makro ist – für die Unkundigen – ein Satz von Handlungen und Anweisungen, welche in der Regel das Arbeiten erleichtern sollen. Makros sind sehr einfach zu erstellen. Programmierkenntnisse sind dafür nicht erforderlich. Aufgerufen werden die Prozeduren durch klar formulierte Befehle. Das können Tastenkombinationen oder zum Beispiel eben auch ein Druckbefehl sein. Jens hat sich übrigens zu einem sehr fortschrittlichen Computerbenutzer gewandelt. Mittlerweile schneidet er selbst seine Urlaubsvideos am heimischen Computer.

2. Game over

Walter kann durchaus als gutmütiger Chef bezeichnet werden. Er will Resultate sehen, und wer gut arbeitet, der hat fast immer Narrenfreiheit. Dass er einen netten Chef hat, erkannte Oliver schon zu Beginn seiner Ausbildungszeit. Und er nahm sich die Freiheiten. Bald schon chattete der Lehrling lieber stundenlang, statt seine Arbeiten zu erledigen. Zuerst gab es Gespräche und dann folgten die Konsequenzen. Dass Walter seine Verantwortung als Lehrherr wahrnahm und die Flinte nicht einfach ins Korn warf, sprich den Lehrling zum Teufel schickte, kam Oliver letztendlich zugute. Sein Glück. Der Auszubildende empfand das anfänglich natürlich nicht so. Der Chef bemühte sich, eine spezielle Software zu finden. Ein Programm, das wie eine Kindersicherung die Ausführung nur einiger weniger Computerprogramme erlaubt, nämlich die, welche Oliver zum Arbeiten brauchte. Als Walter sich zu diesem Schritt entschloss, gab es nur wenige geeignete Software auf dem Markt, mittlerweile findet man im Internet sogar kostenlose Versionen. Ebenfalls liegen endlich günstige und brauchbare Pakete in den Regalen der Computermärkte. So erlöst man heute also arbeitsscheue Mitarbeiter von den Dingen, die sie nur ablenken ...

3. Programmierte Verzweiflung

Wie David konnten auch die anderen sechs Mitarbeiter den Dummkopf vom Dienst nicht ausstehen. Aber es waren, wie er selber betont, seine Racheakte, die den Sonderling letztendlich dazu bewogen, eine neue Stelle zu suchen. Der Außenseiter schaffte es tatsächlich, stundenlang zu trödeln, um dann unter dem selbst verschuldeten Stress eine derartige Unruhe ins Büro zu bringen, dass die Arbeit zur regelrechten Tortur verkam. Da musste etwas geschehen. David war sich in dieser Sache sehr sicher. Der Mobbingbruder begann gemächlich, aber konsequent die technische Arbeitsumgebung des Eigenbrötlers zu sabotieren. Es war auch allzu einfach. Der einfältige Mitarbeiter verstand von Technik überhaupt nichts. Als das schwarze Büroschaf wieder einmal unter enormem Zeitdruck litt, benutzte David einen günstigen Moment, um den Tastaturstecker sachte zu lockern. Der Computer nahm keine Eingaben mehr an. Da nützten weder Schimpfwörter noch Fußtritte gegen das kleine am Boden stehende Computergehäuse. Zu seinem Glück war der Techniker von der Computerabteilung schnell zur Stelle. Dieser war leicht empört, dass er seine Arbeit wegen eines derartigen Schwachsinns unterbrechen musste. Wenigstens musste der vermeintliche Schadensverursacher noch eine unbezahlte Überstunde anhängen, um seine Arbeit zu beenden. Der Arbeitsplatz des Mobbingopfers hätte nie die leiseste Chance gehabt, einen Reinlichkeitspreis zu gewinnen. Nebst vielen anderen kleinen Attacken schüttete David seinem Opfer zwei Mal Kaffee mit ein wenig Salz drin über die Tastatur. Das Tastenwerk trocknete er gleich wieder ab, damit äußerlich keine Spuren zu erkennen waren. Im Tastaturgehäuse drinnen verrichtete das Gebräu seine Arbeit von allein. Flavio, so hieß der unbrauchbare Mitarbeiter, durfte zum ungezählten Mal den Hardwarespezialisten rufen. Die vielen Einsätze des Hausinformatikers waren für die Abteilung nicht ohne Folgen. Flavio wurde um Stellungnahme gebeten, warum er den Techniker auffallend viel beanspruchte. Auch der Computerspezialist musste seinen Kommentar abgeben. Die Kündigung wurde Flavio nicht nahe gelegt, er ging von sich aus.

4. Herzliche Grüße von George Orwell

In seinem 1949 veröffentlichten Welterfolg „1984" zeichnet Orwell eine düstere Vision des umfassend überwachten Staatsbürgers ohne geschützte Privatsphäre. Ein halbes Jahrhundert später scheint zumindest seine Prognose des auf Schritt und Tritt überwachten Bürgers aktueller denn je. Um Überwachung ging es auch Ron. Der im Bereich Informatik sehr versierte Kaufmann wollte eigentlich nur wissen, was die von ihm angehimmelte neue Büronachbarin so schreibt. Sie flirtete mit Ron, ging mit ihm aus, aber mehr war nicht. Die Situation verunsicherte ihn und er war einer, der gerne Klarheit hat. Irgendwie hatte er ein mulmiges Gefühl, wie wenn da jemand mit ihm spielen würde. Trotz schlechten Gewissens besorgte sich Ron die Software „eBlaster". Wie „Orvell", „Winston" und wie sie alle heißen mögen, zeichnet das Computerprogramm sämtliche Aktivitäten am Computer auf. Jeder Tastenanschlag, benutzte Anwendungen, aufgerufene Internetseiten und jeder PC-Start wird fein säuberlich protokolliert. Die aufgezeichneten Daten werden auf Wunsch per Mail an die Adresse des Überwachers geschickt. Die so überwachte Person merkt von den heimlichen Aktivitäten nichts. Auch die von Ron angebetete Lokalschönheit merkte nichts. Dafür erfuhr der Schnüffler, dass sie ihn nur benutzte, um schneller neue, für sie beruflich sehr interessante Leute kennen zu lernen. Er ließ sie wie eine heiße Kartoffel fallen. „So wie die mit ihren Mitmenschen umspringt, tappt sie sicher noch in die eine oder andere Falle", dachte er für sich und observierte das Subjekt weiter. Besonders mit ihren vielen privaten Mails arbeitete sie Ron direkt in die Hand. Den Chef titulierte sie nicht zitierbar und auch andere hoch qualifizierte Mitarbeiter kriegten ihr Fett ab. Ron druckte die interessantesten Mails aus und legte sie sorgfältig ab. Es dauerte Tage, bis er wieder an ihren Computer kam, um sein aufgespieltes Programm zu löschen. Danach ging alles Schlag auf Schlag. Er verteilte Kopien seiner Ausdrucke an die betroffenen Leute. Am nächsten Tag hatte die vorher von ihm heiß verehrte junge Dame beim Personalchef anzutanzen. Eine Stunde später räumte sie schweigend ihren Schreibtisch. Die Arme erhielt noch während ihrer Probezeit die fristlose Kündigung. Und Ron hatte wieder seine Ruhe.

5. Verbotene Homepage

Den nachfolgenden Rächer kenne ich nicht persönlich. Nennen wir ihn deshalb einfach François. Aus den Akten geht hervor, dass der Computerfreak gerne Homepages erstellt. Als Beklagter stand er aber nur wegen eines ganz bestimmten Internet-Auftritts vor den Schranken des Gerichts. Die Richter verboten François Ende der neunziger Jahre Nacktfotos seiner ehemaligen Freundin mit dem Text „Begleitservice und mehr ..." ins Internet zu stellen oder als E-Mail an ihre Arbeitskollegen zu versenden. Die kassierte Geldstrafe ließ ihn vermutlich kalt. Denn seine Genugtuung konnte er in jedem Fall in vollen Zügen auskosten. Ein Trend der besonderen Art stellen Websites dar, welche nur zum Zwecke der Diffamierung gewisser Politiker ins Netz gestellt werden. Individuen in einem politischen Amt müssen auch massivere Kritik an der eigenen Person ertragen können. Und da zumindest die mir bekannten Homepages in der Regel nur schon einmal veröffentlichtes Material publizieren und kommentieren, ist die Gefahr eines für den Verantwortlichen negativen Richterspruches relativ gering, sofern man natürlich auch der urheberrechtlichen Seite genügend Beachtung schenkt. Aber das wiederum ist eine ganz andere Geschichte.

6. Sie haben Post!

Wenn Howard jemand hasst, dann ist es seine Ex-Frau. Die hat ihn nicht nur mit seinem damals besten Freund betrogen, mit den geforderten Unterhaltszahlungen hat sie danach auch noch versucht, ihn wie eine Weihnachtsgans auszunehmen. Der Autohändler war aber gewitzt genug, um auf einer ganz anderen Ebene zurückzuschlagen. Seiner früheren Gattin war es immer sehr wichtig, was andere Menschen über sie denken. Howard besorgte sich online verschiedene, für ihn kostenlose Mail-Konten. Mehrmals pro Monat schickte er ihr dann anonym eine E-Mail, in der er sie mit ein bis zwei Worten kurz beschimpfte oder eine negative Suggestivfrage stellte. Ihm reichte die Vorstellung, dass sie sich mit Selbstzweifeln herumquälend Gedanken machte, wer ihr da böse gesinnt sei. Dass seine Vorstellung mit der Realität vielleicht nicht ganz so viel gemein hatte, daran dachte Howard an einem Wintermorgen, als er mit dem Auto wegfahren wollte. Noch bevor er den Metallzaun mit seinem PS-starken Wagen wegreißen konnte, bemerkte er, dass sein Fahrzeug an diesen Zaun angekettet war. Die Kette führte durch die Abschleppvorrichtung vom Wagen direkt um den in einem Betonfundament verankerten Zaunpfosten. Gesichert durch ein kräftiges Vorhängeschloss, blieb Howard nur eine Möglichkeit – er musste sich eine Trennscheibe besorgen. Nach diesem Vorfall reduzierte er seine Racheaktivitäten ein bisschen. Er wusste ja nicht, aus welcher Ecke ihn der Racheanschlag traf ...

7. Sorry, falsche Nummer ...

Arglistig rächte sich Barbara an einer Mitarbeiterin, welche eigentlich zu Hause ihre zwei Ferienwochen genießen wollte. Die liebe Kollegin ließ an ihrem letzten Arbeitstag einfach alles liegen. Keine Mitteilungen und viele nicht abgeschlossene Arbeiten – so präsentierte sich das hinterlassene Chaos. Barbara dachte, die Urlauberin würde sich fahrlässigerweise darauf verlassen, dass es die Kollegen schon richten würden. Und das wollte sie auf gar keinen Fall so durchgehen lassen. Die Spontanrächerin marschierte ans Ende des Flurs und setzte sich an den Kommunikations-Computer. Der wird in der Firma dafür eingesetzt, dass sämtliche Kunden, vornehmlich größere Computerläden, per E-Mail oder per Telefax die tagesaktuelle Preisliste des Hardware-Distributors erhalten. Barbara erfasste kurzerhand den Heimanschluss der nachlässigen Mitarbeiterin als vermeintlichen Faxanschluss. Der Computer versuchte vom darauf folgenden Tag an jeweils ab fünf Uhr morgens mehrmals die neue Preisliste auf die Nummer des Opfers zu faxen. Und es bestand nicht die geringste Chance, nachzuvollziehen, wie die Nummer in das Verzeichnis Aufnahme gefunden hatte. Grinsend argumentierte Barbara mir gegenüber, dass halt auch mal ein profaner Tippfehler geschehen kann ...

18. Liebe, Partnerschaft und Tod

Zuerst verliebt man sich. Dann lebt man glücklich in einer Partnerschaft. Manche länger und andere weniger lang. Bis manchmal der Tod einen trennt. Öfter aber, bis man sich in den Tod hasst. – Du darfst mich ruhig als Zyniker bezeichnen. Aber wenn du mir jetzt noch nicht Recht geben willst, änderst du vielleicht spätestens nach diesem Kapitel deine Meinung. Prominente schreiben Bücher über ihr Leben und rächen sich in und zwischen den Zeilen an ihren zum Teil langjährigen Partnern. Das normale Volk hingegen rächt sich kreativ, still und kostengünstig, aber nicht unbedingt weniger effizient. Manchmal eher sogar mit einer haarsträubenden Wirkkraft.

1. Die Nymphomanin

Es passierte vor über drei Jahren. Eine Panne, welche das ganze Firmennetzwerk zusammenbrechen ließ, zwang Aymo viel früher als üblich Feierabend zu machen. Kein Problem, dachte sich der Sachbearbeiter. Unterwegs kaufte er noch eine Flasche Wein, Fleisch, Gemüse, Teigwaren und feine Tortenstückchen ein, um seine Lebenspartnerin mit einem köstlichen Abendessen zu überraschen. Es kam jedoch alles ganz anders. Seine langjährige Freundin überraschte ihn. Mit einem ihm unbekannten Mann im Schlafzimmer! Sprachlos verließ er die Wohnung wieder und besäuselte sich an diesem Abend. Die Beziehung ging in die Brüche, und Aymo verkroch sich hinter einem riesigen Stapel Arbeit. Er brauchte Monate, um über das Erlebte hinwegzukommen. Das Blatt begann sich für ihn nur langsam zu drehen. Mit der Ex hatte er keinen Kontakt mehr. Mit der wieder erwachenden Lebenslust wurde auch der Wunsch nach Rache immer wie größer. Nur wusste er noch nicht wie. Der eher scheue Aymo begann in dieser Zeit auch im Internet zu chatten und lernte dabei viele nette Menschen kennen. Auch Frauen. Gemeinsam entrüsteten sie sich im Chat über all die dämlichen Typen, deren Ziel sich auf schnellen Sex beschränkte. Das ließ Aymo plötzlich aufhorchen. Er hatte seine Rachemöglichkeit gefunden. Über mehrere Wochen hinweg loggte er sich unter verschiedenen Namen als sexhungrige Frau ein. Über interessierte Männer konnte er sich keinesfalls beklagen. Er gab sich ein bisschen naiv und rückte bei besonders beharrlichen Chatgenossen mit der Telefonnummer raus. Selbstverständlich war es nicht seine Nummer, sondern die seiner ehemaligen Lebenspartnerin. Andere Männer dirigierte er zu ihrem Auto, wo sie zu einer bestimmten Uhrzeit mit Blumen in der Hand auf die vermeintliche Nyphomanin warten sollten. Wie er mir gestand, steigerte er sich wie im Rausch immer mehr in eine Sache, die leicht hätte außer Kontrolle geraten können. Ein Bericht in der Tageszeitung über eine brutale Vergewaltigung ließ ihn die Aktion noch am gleichen Tag einstellen. Mittäter bei einem Verbrechen gegen Leib und Leben wollte er nicht werden. Von einem ihrer damaligen Arbeitskollegen erfuhr Aymo, dass die Aktion auch so mehr als nur erfolgreich war. Offenbar dachte selbst die Belegschaft mit der Zeit, dass unter ihnen ein leichtes Mädchen arbeitet. Sie suchte sich jedenfalls eine neue Stelle.

2. Der Traummann

Melissa war jahrelang mit einem notorischen Seitenspringer verbandelt. Das erfuhr sie aber erst, nachdem sie sich endlich überwinden konnte, den Typen fallen zu lassen. Begreiflicherweise wurde ihre Wut auf den Ex-Lebensgefährten immer größer. Sie begriff sich selber nicht, warum sie es so lange mit ihm ausgehalten hatte. Er lebte die ganze Zeit nur auf Pump, konnte mit ihr kaum etwas unternehmen, außer sie zückte die eigene Geldbörse und bezahlte wie so oft auch seinen Anteil. Das Zusammenleben mit ihm war eigentlich in keiner Hinsicht leicht. Weil er nie Geld hatte, gab es auch oft genug Ärger mit den Behörden. Er durfte sich nicht überall blicken lassen und hatte selbst mit guten Kollegen dauernd Zoff. „Es drehte sich halt alles immer um das liebe Geld", erzählte mir Melissa. Selbst ihr Racheplan drehte sich um den schnöden Mammon. Zugegeben, die Idee ist ziemlich schräg, aber sie gefiel mir. Um sich zu rächen und ihm Spaß und eine neue Einnahmequelle zu verschaffen, inserierte sie für ihn. In einem Schwulenblatt bot sie in seinem Namen sexuelle Dienstleistungen an! Die Freier konnten mit ihm per E-Mail oder über das Handy kommunizieren. Die Racheaktion war nicht ganz billig, da sie die Anzeige im Voraus berappen musste. Dafür wartete sie gespannt auf die Ausgabe mit dem erwähnten Inserat. Als das Magazin erschien, scannte sie die Titelseite und die Seite mit seinem Angebot gleich ein. Die Beweise mussten für die Ewigkeit gesichert werden. Mit einem Programm erstellte Melissa auf dem Computer noch eine vierseitige Präsentation. Die erste Seite zeigte ihren Ex. Dann folgte der Titel des Szeneheftes, seine Anzeige und auf der vierten Seite war ein herablassender Kommentar zu lesen. Gut gesichert mit einer Kopie auf Diskette ließ sie die Datei vorerst einmal in ihrem Datendschungel verschwinden. Sie war gespannt, ob sie in irgendeiner Form eine Reaktion vernehmen würde. Nichts dergleichen geschah. Wochen später kramte sie die Datei wieder hervor und entschloss sich, eine neue Fotoserie des Verlierers zu machen. Dabei kam ihr aber der Zufall zur Hilfe. Er ließ sich für eine Straßenumfrage fotografieren! Das in der Wochenzeitung publizierte Foto schnitt Melissa voller Freude aus, um es gleich in ihre Präsentation einzubauen. Jetzt konnte sie Teil zwei ihres Plans umsetzen. Per E-Mail verteilte sie die auf jedem Windows-Rechner abspielbare Show. Als sie mir von den Reaktionen auf diese Mail zu erzählen versuchte, bekam ich es schon fast mit der blanken Angst zu tun. Während ihres Lachanfalls musste sie regelrecht nach Luft schnappen. Erst als sie sich wieder einigermaßen beruhigt hatte, konnte ich sie fragen, ob der Verarschte denn nicht geahnt hat, woher die Rache kam. Natürlich habe der sie im Verdacht gehabt. Sie konnte ihn aber überzeugen, dass sie ganz andere Mittel auffahren würde, um sich bei ihm zu rächen, wenn sie denn überhaupt Lust dazu hätte. Sowieso habe er so viele Feinde, dass er froh sein könne, wenn nicht mehr geschehen würde. Die Frau lernte sich offensichtlich durchzusetzen. Und sie erfuhr auch, dass ihr Ex-Freund anscheinend viele Anrufe williger Männer verzeichnen konnte. Ein richtiger Traummann also ...

3. Begleitung gesucht

Richtig hinterhältig rächte sich auch Dan. Eigentlich hätte er froh sein können, dass sich seine übertrieben eifersüchtige Ex-Freundin wegen eines anderen von ihm trennte. Und trotzdem konnte er die Situation nicht fassen. Der Liebe wegen fügte er sich immer wieder. Er war stets darauf bedacht, ihr keinen Grund zur Eifersucht zu geben. Und sie verabschiedete sich auf diese Art. Damit hatte Dan seine liebe Mühe. Nach einigen Wochen beschloss er, sich zu rächen. Der Verlassene wusste, dass seine Ex Naike immer dienstags gegen 19 Uhr das Aerobic-Training besuchte, und er wusste ebenfalls, wo der Neue wohnte und wie er hieß. Mit diesem Wissen im Hinterkopf bestellte er sehr kurzfristig eine vollbusige, hübsche Blondine eines in der Boulevardzeitung inserierenden Begleitservices. Sein Auftrag lautete, den Nachfolger mit dem Taxi zu Hause abzuholen und in eine nahe gelegene Waldhütte zu begleiten. Er sei ein Kumpel und sie würden eine Überraschungsparty feiern. Bezahlt werde mit Bargeld direkt bei der Waldhütte. Der Dienstleister schien noch nicht allzu lange im Geschäft zu sein. Der Auftrag wurde genau so angenommen und ausgeführt. Dan konnte das Schauspiel aus einiger Entfernung vom Wagen aus amüsiert beobachten und fotografieren. Die später entwickelten Bilder zeigten, wie die lebende

Barbiepuppe die Klingel drückte und wie sie den Burschen händchenhaltend zum Taxi schleppte. Nebst dem Ärger rund um die Bezahlung des Services musste der arme Kerl der explosiv eifersüchtigen Freundin auch noch ohne Aussicht auf Erfolg zu erklären versuchen, dass da nichts gewesen sei. Aber das folgte erst einige Tage später, als seine Eroberung ihm die Bilder unter die Nase hielt. Für Dan war die Aktion abgeschlossen. Er versuchte sich lediglich grinsend auszumalen, wie viel Unruhe er wohl gestiftet hat. Der Bumerang kam, als er nach sanftem Klingeln aus seinem Sofaschlaf erwachte, durch den Flur schlurfte und die Türe öffnete. Seine Ex stand draußen! Und die suchte eine neue Bleibe. Trotz ihres inständigen Bittens gab es kein Happy-End ...

4. Liebe Grüße

Auch Victoria und Lee galten über Jahre als Vorzeigepaar. Kein Sturm und keine Untiefen konnten sie stören. Viele ihrer Verwandten und Bekannten dachten, dass die zwei irgendwann einmal den Hafen der Ehe ansteuern würden. Sie taten es nicht. Dafür flogen im verflixten siebten Jahr die Fetzen. Der Hobbymusiker Lee konnte nach einem Auftritt seiner Band einem Groupie nicht mehr widerstehen. Er durfte gleich am anderen Abend aus der gemeinsamen Wohnung ausziehen. Das war aber noch lange nicht alles. Victoria hatte einen derart großen Hass auf den Kerl – sie hätte am liebsten einfach nur gewütet. Aber die Zeit heilt bekanntlich die meisten Wunden. So vergaß Victoria ihren Ex langsam, verliebte sich neu und so weiter und so fort. Bis sie Jahre später wieder gleich weit war. Solo, weil der Typ seine Libido nicht unter Kontrolle hatte. In ihrem Schmerz dachte sie auch wieder an Lee. Aber nicht etwa wehmütig! Denn die guten Zeiten klammerte sie einfach aus. Männern gegenüber verspürte sie nur noch Verachtung. So baute Victoria allmählich eine unsichtbare, männerundurchlässige Schutzwand um sich herum auf. Was Victoria wirklich brauchte, war ein Racheopfer. Im elektronischen Telefonbuch schaute sie nach, ob Lee noch am gleichen Ort wohnte oder mittlerweile umgezogen war. Er war – zusammen mit einer ihr nicht bekannten Frau. Sie freute sich diebisch; irgendwas Gemeines würde ihr schon einfallen. Die Liebe erzählte mir, wie sie dann viel, viel später auf einer Reise als sie in einem Souvenirladen die angebotenen Postkarten betrachtete, auf die Idee kam, Lee zu danken. Jawohl, zu danken! „Ganz liebe Grüße und danke für alles! Ich hab dich lieb! Susan", schrieb sie auf die Postkarte, welche sie vor dem Versenden noch mit einem Hauch Parfüm versah. Dieses fiese Spiel gefiel ihr. Eine Woche später schrieb sie ihm wieder eine Karte. Susan war sehr traurig, dass sie ihn schon über zwei Wochen nicht hatte sehen oder wenigstens hören können. Aber ihre Ferien seien ja bald zu Ende. Über mehrere Monate verteilt schickte sie ihm Karten in dem Tenor „nicht verständlich, dass du dich von mir getrennt hast", „was ist, wenn ich schwanger bin" und „trenn dich endlich von der Frau, die du gar nicht liebst" und so weiter. Victoria versuchte, einen roten Faden 'reinzubringen, damit die Neue so richtig schön Grund hatte, misstrauisch zu sein. Vielleicht war aber all die Liebesmüh vergebens und Lees Partnerin längst ausgezogen. Victoria wusste es nicht. Abgesehen davon war es ihr auch völlig egal. Denn wäre es so gewesen, dann hätten die Karten auf die Seele ihres früheren Lebenspartners zumindest wie böse Nadelstiche gewirkt. Lee war nämlich sehr sensibel.

5. Der Treuetest

Selina wusste von Anfang an, dass sie sich mit Kilian keinen Meister der Treue angelächelt hatte. Viele ihrer Kolleginnen warnten sie vor dem Casanova. Sie hörte nur auf ihr Herz und schnappte sich den Herzensbrecher. Trotz aller Unkenrufe verbrachten die zwei ein paar schöne Jahre miteinander. Nach drei Jahren folgte dafür eine Krise nach der anderen. Selinas Traummann hatte immer öfter Termine bis spät in die Nacht hinein und ebenso häufig verdächtige Ausreden, weshalb er danach nicht mehr zu ihr fahren würde. Das Pärchen lebte nicht zusammen. Beide besaßen aber die Hausschlüssel des anderen. Das änderte sich schnell, als Selina sich auf die Suche der wahren Ursache der vielen Ausreden machte. Das Motiv hatte zwei Beine und brünettes Haar. Den Schlüssel ihrer Wohnung durfte Kilian gleich abgeben. Warte nur, der bist du sowieso auch nicht lange treu, dachte sich die rachedurstige Selina. Nachdem sie mit ihrer neuen Lebenssituation einigermaßen klar kam, engagierte sie eine Agentur, die sich auf Treuetests spezialisiert hatte. Das kostete sie zwar eine Stange Geld, aber sie war sich ihres Erfolges sicher. Selina sollte Recht behalten. Amors Testfirma lieferte ihr einen sauberen Rapport und das heimlich aufgenommene Video ab. Und da Weihnachten bevorstand, schickte sie der neuen Gespielin Kopien des Rapports und des Videos hübsch verpackt als Geschenk zu. Kilian verbrachte die heiligen Tage daraufhin nicht mit seiner neuen Brünetten, sondern in einer schummrigen Bar mit einigen ebenfalls ihr Solodasein fristenden Singles. Selina hatte ihm einen dicken Strich durch die Rechnung gemacht.

6. Morgenstund hat Gold im Mund

Wenn ich meine Ordner durchwühle und all die Gesprächsprotokolle, Briefe, E-Mails und einfachen Notizen näher betrachte, glaube ich zu erkennen, dass sich Frauen viel kreativer rächen als Männer. Diese These wird selbstverständlich durch keinerlei objektive Umfrageergebnisse gestützt. Ich habe mir bislang nicht einmal die Mühe gemacht, sämtliche Rachegeschichten im Vorfeld dieses Buches nach ganz bestimmten Kreativitätskriterien zu sortieren. Ebenso habe ich keinen blassen Schimmer, wie sich die Erzählungen auf männliche und weibliche Racheengel verteilen. Ich vertraue da ganz auf mein Bauchgefühl. So brachten mich auch die Racheaktionen von Sandy zum Schmunzeln. Nach fast zwanzig Ehejahren zog es ihren Ex-Mann zu einer Jüngeren. Der erfolgreiche Wirtschaftsanwalt und Sandy trennten sich gütlich – zumindest gab Sandy ihm dieses Gefühl. Denn in ihr drinnen brodelte es gewaltig, sie wartete nur auf den richtigen Moment, ihm gebührend eins auszuwischen. Bis die Scheidung durchgezogen war, wollte sie aber nicht dazwischenfunken. Den entscheidenden Tipp für die dann überaus erfolgreiche Strafaktion gab ihr übrigens der damalige Noch-Ehemann höchst persönlich. Der suchte nämlich noch den Zweitschlüssel für seinen Porsche! Der würde schon zum Vorschein kommen, und vielleicht habe er ihn ja in der Kanzlei deponiert, versuchte Sandy ihren Advokaten zu beruhigen. Insgeheim hoffte sie aber, dass der Schlüssel noch irgendwo im Haus wäre. Sie hatte Glück! Sie fand den Schlüssel per Zufall beim Schränke putzen. Behutsam nahm sie ihre Rache-Trophäe in Gewahrsam. Was sie mit dem Schlüssel anstellen würde, hat sie sich in ihren schönsten Racheträumen bereits ausgemalt. Die Scheidung hatte aber Vorrang. Als endlich alles unter Dach und Fach war, wollte sie sich ein paar Wochen auf einer Kreuzfahrt erholen. Mitten in der Nacht ließ sie sich mit dem Taxi an die neue Adresse ihres ehemaligen Gemahls chauffieren. Dort stand der silberne Porsche also geschützt unter dem Autounterstand und wartete auf seinen nächsten Einsatz. Sandy verlud ihren Koffer in das edle Gefährt, klebte eine Mitteilung an die Haustüre und fuhr gut gelaunt zum zwei Autostunden entfernten Flughafen. Mit der Mitteilung an der Türe wollte sie sich nur versichern, dass der Ex sein Auto nicht als gestohlen melden würde. Sie schrieb ihm, dass sie den Schlüssel zu seinem Boliden gefunden hätte. Da sie in den Urlaub fahren würde, habe sie sich das Fahrzeug kurz ausgeliehen. Sie schicke ihm den Schlüssel dann noch am gleichen Tag per Post zu. Wie selbstverständlich unterschrieb sie den Papierfetzen mit „liebe Grüße, Sandy". Beim Flughafen angekommen, parkte sie den Wagen im größten Parkhaus, das sie fand. Den Parkschein legte sie gut sichtbar auf den Fahrersitz des Autos, das sie vorher nie hatte fahren dürfen. Im Flughafengebäude suchte die Urlauberin die Post auf und schickte den Autoschlüssel per Einschreibepaket an den Porschebesitzer. Mit großem Vergnügen schrieb sie ihm, dass der Wagen in einem Parkhaus in der Nähe des Regional-Airports stünde. Sie verriet ihm weder das Parkhaus noch die Nummer des Parkplatzes. Dafür vergaß sie nicht, ihm mitzuteilen, dass sie für einige Wochen abwesend sei. Zwei Wochen später schickte sie ihm einen Postkartengruß aus der Karibik. So nebenbei erwähnte sie, dass sie vergessen habe, Parkhaus und Parkplatznummer aufzuschreiben. Als wäre nichts gewesen, lieferte sie ihm die fehlenden Daten nach, ohne auf den Nachsatz „Du hast den Wagen wohl trotzdem schon gefunden" zu verzichten. Grinsend stellte sie sich vor, wie der Verarschte beim Lesen der Karte vor Wut schäumen würde. Als sie ihre Ferien beendet hatte, das Gepäck weggeräumt war, atmete sie tief durch und rief den Wirtschaftsjuristen an. Der polterte natürlich gleich los. „Jaja, das tun auch die honorigen Herren, die ein erfolgreiches Anwaltsbüro führen", versuchte mich Sandy zu einer Reaktion hinzureißen. Ich lachte und bedeutete ihr, dass ich gespannt weiter zuhörte. Die Rächerin erzählte nur noch, wie sie ihrem Opfer kurz und bündig klar machte, dass das ihre Rache für den seelischen Schmerz gewesen sei, den schließlich er zu verantworten gehabt habe. Damit hatte er wieder den Schwarzen Peter. Ich dachte schon, dass sei alles gewesen, als sie Minuten später verschmitzt berichtete, wie sie ihren früheren Schatz weiter gemobbt hat. „Einem unserer Regionalradios kannst du eine Meldung schicken, wen du warum geweckt haben möchtest", fing Sandy an. „Die rufen dann wochentags bei der gewünschten Person kurz nach sechs Uhr an!" Und dann erzählte sie mir, wie der Moderator live auf Sendung den alten Morgenmuffel anrief und ihn fragte, wer denn seiner Meinung nach den Weckruf in Auftrag gegeben hat. Ihm fiel niemand ein. Der sprachgewandte Redakteur überraschte ihn mit einer Entschuldigung von Sandy! Und rollte damit die ganze Geschichte um den geliehenen Porsche in Kurzform nochmals auf. Auf Sendung machte der Rechtsanwalt gute Miene zum bösen Spiel. Er gewann sogar das kleine Fragespiel und erhielt einen mobilen Radiowecker geschenkt. Trotzdem rief er nur Minuten später ziemlich sauer Sandy an. Sie solle gefälligst mit diesen Geschichten aufhören, sie habe ihn nun vor aller Welt gedemütigt. Sandy begehrte auf. Sie habe sich ja nur entschuldigen wollen. Wahrscheinlich um des lieben Friedens willen akzeptierte er die doch reichlich naive Antwort. Voller Schadenfreude hörte sie dann endgültig mit ihrer Racheplage auf. Schließlich schaffte sie es mit der krönenden Rundfunk-Aktion, dass in ihrem Umfeld noch heute über ihren Ex und seinen vierrädrigen Stuttgarter Freund gespottet wird. Sie selber wäscht ihre Hände schelmisch in Unschuld. Weckrufdienste – auch anonyme – gibt es übrigens viele. Via Internet und Telefon kann man die Weckanrufe bequem und oft auch kostenlos bestellen. Ich kenne auch einen besonders fiesen Handwerker, der bei seinem dümmsten Kunden den Weckdienst über dessen Heimanschluss gleich für mehrere Tage abonnierte. Oder der Techniker, welcher sich Zugang zum gemeinsamen Verteilerkasten im Mehrfamilienhaus verschaffte und für Rechnung des Nachbarn irgendwelche Sexnummern angewählt hat. Das war teuer.

7. Alles Gute ...

Geraldine wusste erst einige Stunden von der heimlichen Geliebten ihres Mannes. Ihre Wut war frisch und noch ungezähmt, und trotzdem konnte sie einigermaßen klar denken. Zwei Dinge wollte sie unbedingt noch am gleichen Tag erledigen. Der Herr Gemahl sollte sich in Grund und Boden schämen müssen und hatte nichts mehr im ehelichen Bett zu suchen. Letzteres war einfach zu organisieren, und für Ersteres schwebte ihr eine vage Idee vor. Das Lokalradio sendete kurz nach Mittag Hörerwünsche. Geraldine wusste, dass die Mitarbeiter im Büro ihres untreuen Gatten immer diesen Sender eingestellt hatten. So wartete sie geduldig und voller Rachelust auf diesen Zeitpunkt. Die Zeit vertrieb sie sich noch mit dem Schreiben einer deftigen Faxnachricht. Die Sendung begann, Geraldine wählte die Nummer des Senders und kam nach mehrmaligem Probieren durch. Sie wünschte „dem Liebespaar" und dann nannte sie die beiden Vor- und Nachnamen „alles Gute" und wählte das damals dämlichste Hitparadenstück, das ihr einfiel. Sie war sich sicher, dass die beiden Turteltäubchen mitgehört hatten, denn die neue Braut arbeitete im selben Unternehmen. Trotzdem wollte sie kein Risiko eingehen. Sie nahm das vorher beschriebene Blatt Papier und schob es in das erst kürzlich installierte Faxgerät und wählte die zwei Faxnummern vom Betrieb ihres Ehemannes. Die Nachricht war kurz und prägnant. Das Schreiben war natürlich an das Racheopfer gerichtet und sie schrieb: „Ich weiß von deinem Verhältnis mit der verheirateten ...! Pack deine Sachen am besten noch heute!" Jetzt war sie sich sicher, dass die ganze

Firma etwas zu lachen hatte. Und die Nebenbuhlerin durfte zittern, wann ihr Mann von ihrem Verhältnis etwas mitkriegen würde. Nach dieser Aktion versuchte der Abtrünnige wie ein reuiger Hund die Angelegenheit wieder in Ordnung zu bringen. Geraldine blieb aber knallhart. Es war aus.

8. Der Steuerfahnder – dein Freund und Rächer

Verschiedene Statistiken belegen, dass die Steuerbehörden egal in welcher Ecke der Welt vor allem von gehörnten Frauen, abgehalfterten Geschäftspartnern und rausgeekelten Mitarbeitern profitieren. Niemand ist so gesprächig wie ein rachedurstiger Mensch! Im Durchschnitt die Hälfte aller Ermittlungserfolge erzielen die Steuerfahnder dank der diskreten Winks rachsüchtiger Informanten. Auch Elena spielte ihre Rolle als Informationszuträgerin perfekt. Zur Vorgeschichte gehörte bei ihr ein untreuer Ehemann, der keinen Unterhalt zahlen wollte. Der arme Automechaniker mit eigener Werkstatt verdiente ja schließlich kaum etwas, also konnte er auch nicht blechen. Sein Pech war, dass Elena sehr genau wusste, wo und wie viel Schwarzgeld der charakterlose Engel monatlich einnahm. Statt ihn geldmäßig auszupressen, marschierte sie direkt zu den Steuerbehörden. Elena war es egal, was aus dem Lump wurde. Da sie einen Haufen Geld erben konnte, war sie finanziell vollkommen unabhängig. Er dagegen war nach Abschluss des Verfahrens pleite und sah das mit „gesiebte Luft“ beschriftete Damoklesschwert über seinem Kopf schweben. Na ja, Schwarzgeld und Rache haben wenigstens etwas gemeinsam. Mitwisser sind meistens nicht von Vorteil ...

9. Ordnungshüter, Glotzensucher und Sektenbrüder

Leider ist es in der Regel nicht so einfach, dass man der zu bestrafenden Zielperson nur die Steuerfahnder ins Haus bestellen muss. Aber wenn man die Augen ein kleines bisschen öffnet, sieht man schnell, dass es noch viele andere interessante Möglichkeiten gibt. Unzählige Behördenmitglieder und Vertreter irgendwelcher Firmen und Organisationen wollen an unser vermeintlich Bestes – an unser Geld! Ein Hundehalter kann durchaus einmal „vergessen“, seinen vierbeinigen Freund anzumelden. Das Ordnungsamt ist für derartige Hinweise dankbar und treibt die Hundesteuer meistens sehr schnell und effizient ein. In vielen Ländern werden die Schwarzhörer und -seher von auf Provisionsbasis entlohnten Anmeldern gejagt. Ist ein keine Gebühren zahlender Glotzenbesitzer oder ein ebensolches Rundfunk-Exemplar einmal aufgespürt, bleiben die Abgabeneintreiber hartnäckig wie eine Klette dran. Chelsea hat diese netten Leute auf ihren Ex, einen Boutiquenbesitzer angesetzt. Der durfte ein sehr stolzes Sümmchen nachzahlen. Aber auch Sektenbrüder und Präsidenten von Mitglieder suchenden Parteien sind sehr beharrlich. Und da heute fast jede Organisation, ob göttlich oder nicht, eine eigene Homepage betreibt, kann man angebliche Interessenten überall und zu jeder Zeit anmelden. Es lohnt sich übrigens, die Anmeldungen breit zu streuen, da nicht alle Gruppierungen genügend Personal zur Verfügung haben, um Interessenten bis zur letzten Konsequenz zu verfolgen. Hast du schon einmal etwas von Network Marketing gehört? Ich will keinesfalls diese junge Geschäftsform verteufeln, aber es ist nun einmal einfach so, dass sich gerade in diesem Umfeld viele Möchtegern-Unternehmer tummeln, die vor allem eines perfekt können: Menschen mit viel Unsinn vollschwafeln! Die so Gequälten unterschreiben oft nur, damit sie den unbequemen Mitmenschen endlich loswerden. Diese meistens hochverschuldeten Erfolgstypen findet man in den entsprechenden Inseraterubriken in den Tageszeitungen und in den einschlägigen Annoncenblättchen.

10. Läuft wie geschmiert

Viviane und ihr Mann wohnten noch nicht lange in der gemeinsamen Wohnung, als ihr beim Auspacken der letzten Umzugskartons etwas auffiel, das ihr ganz und gar nicht in den Kram passte. Der Typ besaß eine riesige Videosammlung. Alles Pornofilme! Als sie ihn darauf ansprach, nahm er die Sache auf die leichte Schulter und meinte vielsagend, dass er die Filme nicht wegwerfen werde, vielleicht brauche er sie irgendwann wieder. Das war nicht das, was Viviane hören wollte, sie schluckte schwer und half vom Inhalt angewidert die Kisten in die hinterste Ecke auf dem Dachboden zu verstauen. Monate später bemerkte sie, dass ihr Liebster wohl heimlich die von ihr gehassten Videos anschaute. Jedenfalls waren die Kartons geöffnet worden. Sie ließ sich nichts anmerken und vertraute sich einer guten Freundin an. Die technisch versierte Busenfreundin lieferte dann auch den entscheidenden Tipp. Zusammen verbrachten sie einen ganz Tag auf dem Dachboden behandelten die unzähligen Videobänder mit Vaseline. Die Mittäterin besorgte sich von einem Kollegen zwei ausgemusterte Videoabspielgeräte und ließ sich kurz instruieren, auf welche Weise die Vaseline am einfachsten aufzutragen wäre. Im Dunkel des Dachbodens gingen die zwei Frauen ans Werk. Die Deckel der Geräte waren bereits gelöst. Sie steckten Video für

Video in die Rekorder und drückten auf die Vorwärtsspulfunktion. Während der Film gespult wurde, drückte die entsprechende Gerätebedienerin ihren in die Vaselinedose gedunkten Pinsel schön an das vorbeiziehende Band. Trotz allergrößter Motivation sahen sich die beiden Rächerinnen einem massiven Zeitdruck ausgesetzt. So verkürzten sie sich die Arbeit, indem sie bei einigen Bändern einfach das Band an zwei, drei Stellen einschnitten. Die so manipulierten Kassetten spulten sie nur noch ganz wenig und sehr vorsichtig per Hand zurück. Die Schmuddelbänder sollten erst bei Gebrauch reißen. Nach harten sieben Stunden Arbeit konnten sie ihre Hilfsmittel wegräumen. Die meisten Pornofilme waren nicht mehr brauchbar. Und die mit Vaseline präparierten Filme würden selbst kriegstaugliche Videogeräte zerstören. Vivianes Lebenspartner durfte von nun an seiner Leidenschaft frönen. Es erfüllte sie mit außerordentlicher Genugtuung, als er eines Tages alle Kartons in die Wohnung trug, mit Klebeband gut verschloss und auf jeden eine Müllmarke klebte. Das Kapitel schien endgültig abgeschlossen. Sie überraschte ihn noch am selben Tag, als die Müllmänner die vielen Kassetten in den Schlund ihres nimmersatten Müllwagens verschwinden ließen mit einem himmlischen Essen bei Kerzenschein. Jahre später, das Paar hatte mittlerweile geheiratet, erzählte sie ihm die Story. Schmunzelnd gab er ihr zur Antwort, dass die Filme jetzt sowieso veraltet seien und er ja immer noch ein erfülltes Sexleben habe ...

11. Die Gedankenstütze

Dane trennte sich von ihrem Kenneth wie so viele Paare wegen der üblichen lustvollen Spielchen außerhalb der Beziehung. Ihm war zwar schon irgendwie bewusst, dass er eigentlich bei sich ganz alleine die Schuld am Zerwürfnis suchen musste, und doch besass er noch den naiven Funken Hoffnung, die Liebe retten zu können. Da hatte er sich aber gewaltig geirrt. Dane blieb hart. Als er einsah, dass die sanfte Tour nichts brachte, begann er seine dunkle Seite auszuspielen. Gerüchte verbreiten, ihr die Schuld zuschieben, sie überall schlecht machen und was ihm sonst noch so einfiel. Auf jeden Fall versuchte er sich als ziemlich einfallsloser Rächer. Die liebe Dane dagegen besaß einen Joker. Als begeisterte Hobbyfotografin lichtete sie ihren Beziehungskiller in vielen nicht unbedingt imagefördernden Stellungen ab. So fand sie in ihren vielen Schuhschachteln Bilder, auf denen er nur mit einem Frauenstring bekleidet auf Stöckelschuhen zu balancieren versuchte oder nach einem Waldhüttenfest stockbesoffen, mit der Weinflasche in der Hand auf einer Bank schlafend. Bevor Dane damals auf den Auslöser gedrückt hatte, hatten ihn seine Kumpels noch mit Schokoladencreme aus der Dose und in den Fingern zermahlenen Keksen verziert. Einer war dann noch auf die Idee gekommen, ein Glas Wasser in den Schritt zu leeren. Es wurde eines der peinlichsten Bilder, das bis heute wahrscheinlich schon tausendfach per Mail um die Erde geschickt worden ist. Letzteres ist Danes Verdienst. Sie gab Kenneth mit drei herumgemailten Bildern zu verstehen, dass er sie einfach in Ruhe lassen soll, ansonsten würde sie ihr Archiv für die Allgemeinheit öffnen. Die Drohung wirkte. Kenneth versuchte kein einziges Mal mehr, seinen Frust an Dane auszulassen.

12. Still und leise ...

Anna gab ihrem Ex ein ganz deutliches Zeichen, wie weit er es bei ihr gebracht hat. Der Typ nahm die erfolgreiche Geschäftsfrau aus wie eine Weihnachtsgans und verließ sie danach, als wäre sie ein altes Möbelstück, das seine Pflicht erfüllt hat und nun nicht mehr gebraucht wird. Das viele Geld, welches sie diesem kaltblütigen Einschmeichler gutmütig wie sie ist, geliehen hatte, musste sie abschreiben. Die Boutiquenbesitzerin wusste nur zu gut, dass bei ihm nichts zu holen war. Rechtliche Schritte fasste sie darum gar nicht erst ins Auge. Ihrer Meinung nach wäre das nur zum Fenster hinausgeworfenes Geld gewesen. Ihr war eher nach einem kräftigen, für ihn unvergesslichen Denkzettel. Sie schaltete im regionalen Wochenblatt seine Todesanzeige! Nun gut, von makabren Streichen ähnlicher Art hört und liest man hin und wieder. Anna ist aber nicht nur in ihrem Job eine selbst-bewusste Frau, die auch auf schier unscheinbare Details achtet. In unzähligen Abendstunden verfasste sie den perfekt fiesen Nachruf. Selbst eher unsensible Menschen konnten herauslesen, dass der angeblich Verstorbene sich wegen seiner hohen Schuldenlast das Leben genommen hatte. Auf diese Weise machte sie seine finanziellen Probleme publik, und da Anna das männliche Miststück selbstverständlich physisch unversehrt am Leben ließ, holte sie die Gemeinde der Spötter auf das Racheparkett. Den Menschen aus seinem sozialen Umfeld war natürlich gleich nach dem Erscheinen der Anzeige klar, dass sich da jemand an dem trotz des anderslautenden Inserats unter den Lebendigen Verweilenden gerächt hatte. Als Anna die Todesnachricht in der Zeitung begutachten konnte, wählte sie gleich die Nummer ihres Ex-Partners. Da der das Zeitliche noch nicht gesegnet hatte, meldete er sich auf der anderen Seite der Telefonleitung. Ein paar Sekunden blieb Anna still, um dann gleich ein paar gewaltige Wortsalven abzufeuern. Sie mimte die Entrüstete und regte sich lauthals über den grundschlechten Scherz auf. Sie gab sich so, als dächte sie, er selber habe diesen Unsinn initiiert. Ihre letzten Worte ihm gegenüber waren angeblich „... jetzt bist du für mich endgültig gestorben“.

13. Beileid

Frauen gelten im Volksmund nicht von ungefähr als das schwache Geschlecht. Während ich beobachte, dass sich die weiblichen Wesen viel kreativer rächen als meine Geschlechtsgenossen, stelle ich auch fest, dass die Damenwelt auf Racheakte meistens wesentlich sensibler reagiert. Diesen Standpunkt vertritt auch Olaf. Mehr noch, er nutzte diesen Umstand für seine Rachezwecke aus. Dabei kommt der gebürtige Schwede mit seinen verflossenen Liebschaften eigentlich gut klar. Es gibt nur eine, die er geistig schon mehrmals gemeuchelt hat. Seine große Liebe! Nach einem Betriebsfest an ihrem neuen Arbeitsort gab sie ihm, für ihn bis heute nicht nachvollziehbar, den Laufpass. Dabei schien alles bestens. Er rief sie noch an, ob er sie abholen sollte. Sie verneinte lachend. Olaf solle ruhig schlafen gehen, sie käme schon irgendwie nach Hause. Anderntags gab sie ihm schlecht gelaunt zu verstehen, dass alles aus sei. Er verstand die Welt nicht mehr. Besser gesagt, er wollte sie nur nicht verstehen. Denn es gab da einen Faktor, der nicht nur Außenstehende zu bösen Gedanken verleiten könnte. Olaf verriet mir nämlich, dass seine Ex angeblich in der Firma übernachtet hatte. Zusammen mit einem ihrer Arbeitskollegen! „Sie behauptet zwar, das nichts gewesen ist“, sagte mir der viel beschäftigte Versicherungsfachmann mit einer Stimme, die sich gar nicht überzeugt anhörte. – Der wochenlange Liebesschmerz trieb ihn auf die Geleise und dabei, von seinen schwermütigen Gedanken getrieben, fast unter einen vorbeirasenden Schnellzug. Man kann Olaf keinesfalls als Mauerblümchen bezeichnen. Er kann sich auch nicht beklagen, dass die Frauen nicht auf ihn stehen würden. Und trotzdem konnte lange Zeit keine bis zu seinem Herzen vordringen, wie er mir seine damalige Phase des Vergessens zu erklären versuchte. Eigentlich wollte er sich auch gar nicht an ihr rächen. Schubweise befielen ihn aber Hassgefühle, gegen die er sich nicht wehren konnte. Er dachte, dass sich das irgendwann legen würde. Das Gegenteil war der Fall. Die Schübe kamen immer häufiger und heftiger. Bei jedem Anfall stellte er sich schadenfreudig vor, wie sie unter seinen Racheaktionen leiden würde. Nach vielen Monaten, die er zeitweise in seiner Scheinrachewelt verbrachte, ging er daran, seinen bis ins letzte Detail ausgefeilten Plan umzusetzen. Wenige Tage vor ihrem Geburtstag schickte er an ihre Adresse zwei Dutzend Kondolenzkärtchen. Die angeblichen Absender waren alles Personen, mit denen sie im Verlauf ihres Lebens gebrochen hatte, einschließlich seiner Wenigkeit. Auf diesem Weg versuchte Olaf, nicht nur seinen Schmerz zu verarbeiten. Er wollte auch, dass sie sich mit ihrer eigenen Vergangenheit auseinander setzen musste. Denn die Ex-Freundin war, was die eigenen Belange betraf, hypersensibel. In fremden Seelen pflügte sie dagegen gnadenlos mit den gröbsten Werkzeugen. Olaf war überzeugt, dass sie sich selbstbemitleidend und völlig hilflos fragen würde, was die Aktion bedeuten soll. Vor allem würden sie die vielen bekannten und doch eigentlich verächtlich aus dem Gedächnis gestrichenen Namen beschäftigen. Eine Reaktion in irgendeiner Form erhielt Olaf nie. Auch das passte zu ihr. Denn wenn sie bei einer Boshaftigkeit ertappt wurde oder ein größeres Problem zu lösen war, gab es für sie nur zwei mögliche Reaktionen. Entweder rief sie wie ein Wald voller Spatzen aus oder schwieg eisern. Überrascht war er höchstens, dass sie wieder sachte zu kommunizieren begann. An seinem Geburtstag fand er von ihr sogar eine Glückwunschkarte in seinem Briefkasten.

14. In tiefer Trauer?

Bianca rächte sich auf ähnliche Weise bei ihrem Ex-Freund. Der fiese Typ hatte nie richtig Zeit für sie. Als für sie der Himmel voller Geigen hing und Schmetterlinge ihren Bauch bevölkerten, glaubte sie ihm naiverweise seine Ausreden, dass er in seiner Führungsposition derart arbeiten müsse. Dabei war das Schwein verheiratet und Vater einer Tochter! Sie mochte sich nicht mit ihm und seiner Frau anlegen. Aber Rache musste sein. Über einen Boten ließ sie ihm einen Trauerkranz nach Hause schicken – zu Weihnachten! Auf der Schleife stand „Ich denke an dich – Bianca“ ...

19. Hurra, hurra, die Schule brennt!

Ein Rachebuch ohne ein spezielles Kapitel über Schülerstreiche ist kein Rachebuch! Du bist bei der Lektüre dieses Buches zwar schon über einige unerbittliche Schelmereien gestolpert, welche durch Schülerhand ausgeführt wurden, die können aber niemals ein komplettes Kapitel wie dieses ersetzen. An die Adresse der lieben Lehrerschaft gerichtet, bitte ich, dieses Kapitel einfach ungelesen zu überspringen. Bei Nichtbefolgen dieser Anweisung gilt: Zu Risiken und Nebenwirkungen lesen Sie den Klappentext und erschlagen Sie Ihren Buchhändler oder Klassensprecher ...

1. Fundsachen im Lehrerzimmer

Erinnerst du dich noch an Robert? Ja, genau! Er ist Direktor eines Schulinternats, der mir sehr viel über seine Zöglinge zu erzählen wusste. Von ihm stammen auch die meisten Geschichten in diesem Kapitel. Wenn es nach einigen seiner Kollegen ginge, wäre das Lehrerzimmer in seinem Institut schon längst mit einer ausgeklügelten Videoüberwachung ausgestattet. Denn, es gab da einige Vorkommnisse, an die sich zumindest die direkt betroffenen Lehrkräfte nicht gerne erinnern, Théophile war noch ein Lehrer wie man sie aus den alten Schwarzweißfilmen kennt. Bis zu seiner Pensionierung anfang der neunziger Jahre bestrafte er besonders auffällige Schüler mit Ohrfeigen, dem Stock auf die Oberschenkel oder Linealschläge auf die Finger. Die Strafen waren zwar schon lange verpönt, aber der Lehrer mit französischen Wurzeln war eben noch ein Schulmeister der uralten Schule. Seine letzte Schulklasse war mit den Methoden des Zuchtmeisters jedoch nicht einverstanden und zahlte ihm mit gleicher Münze heim, was sie selber mehrere Jahre erdulden musste. Wohl über längere Zeit schrieben die Schüler sich genau auf, welche Schubladen der Erzieher im Unterricht immer wieder geöffnet und blindlings hineinlangt hat, um irgendwelches Material hervorzukramen. Sie wollten die besorgten Mausefallen schließlich möglichst effizient oder anders ausgedrückt, möglichst schmerzvoll einsetzen. Zwei Fallen wurden auch im Lehrerzimmer eingesetzt. Die eine fand den Weg in seine Ablage und die andere in den rechten Schuh seines edlen Bally-Paares, das fein säuberlich in seinem nicht zugesperrten Garderobenschrank als Zweitpaar abgelegt war. Einige Fallen fand Théophile, bevor sie zuschnappen konnten. In die anderen, inklusive der im Schuh, tappte er mit Anlauf. Nach dieser Aktion war er über unzählige Tage hinweg mürrisch und bei kleinsten Fehlern massiv zu erzürnen. Die Urheber konnte er in seiner aktiven Zeit als Lehrkraft jedoch nicht ermitteln. Erst Jahre danach bei einer Klassenzusammenkunft bekam er die Auflösung serviert. Er gab sich aber nicht mehr nachtragend. Der gefürchtete Jan – jawohl, den kennst du auch schon – setzte sich während seiner Internatszeit für ein längeres Leben armer Futtermäuse ein. Er besorgte sich im Zoofachhandel über zwei Dutzend der Nager mit normalerweise sehr kurzer Lebenserwartung und schmuggelte diese in den Mini Cooper der Geschichtsdozentin. Die konnte sich daran überhaupt nicht erfreuen. Robert wusste zu erzählen, dass die zierliche Professorin starr vor Schreck eine Maus auf dem Beifahrersitz anstarrte. Nach einer Schreckensminute konnte sie endlich die Fahrertüre schließen. Am ganzen Leib wie Espenlaub zitternd und kreideweiß im Gesicht trippelte sie zum Zimmer des Kollegiums zurück, um Hilfe anzufordern. Sechs Lehrkräfte und ein Hausmeister versuchten sich danach voller Freude als Kammerjäger.

Über Mädchenstreiche wusste Robert nicht sehr viel zu erzählen. „Meistens gaben sie sich brav", gab er zu Protokoll. Die Schülerinnen seien größtenteils nur als Mitläuferinnen aufgefallen. Erfahrungsgemäß seien die Girls während der Schulzeit vernünftiger als die Jungs. Zu erinnern vermochte er sich nur an Boel. Die vorwitzige Göre füllte die drei Instrumentenkoffer ihrer Musiklehrerin mit Konfetti. Die zwei Blasinstrumente, davon ein Saxophon, benetzte sie zudem mit einem Wassersprüher, bevor sie die Papierschnitzel regelrecht in die Instrumente und die Koffer stopfte. Die vielseitige Musiklehrkraft verbrachte etliche Stunden mit der aufwändigen Säuberung ihrer Musikinstrumente.

2. Parteikonvertierung

Eigentlich seien sie alle autoritär. Früher noch mehr als heute, begann Robert den nächsten Fall zu schildern. Und fuhr damit fort, dass dies jedoch überhaupt nichts mit politischen Denkweisen zu tun habe. Im Gegenteil, Parteipolitik werde an seiner Schule nicht toleriert. Untereinander wisse man natürlich schon, wer politisch in etwa wo steht, gegenüber der Schülerschaft werde das aber nicht kommuniziert. Eine Rächergruppe habe aber einmal einem Lehrer unverblümt gezeigt, wo sie ihn politisch sieht. Die noch junge Lehrkraft versuchte sich in ihrer Klasse mit besonderer Strenge durchzusetzen. Das missfiel einigen offensichtlich. Sie meldeten den Junglehrer bei einer sehr weit rechts stehenden, politischen Vereinigung an. Aber nicht nur das! Sie besorgten sich – wahrscheinlich auf einer Propagandaveranstaltung – Aufkleber, Flugblätter und mehr. Mit einem selbst gemachten Stempel trugen sie den Hochschulabgänger als Kontaktperson in die Drucksachen ein. Mit den Aufklebern verzierten sie den fahrbaren Untersatz des Paukers. Zuerst flippte er fast aus, als er die Verschandelung seines Autos mit den Aufklebern sah. Aber er gab sich clever! Er präsentierte das Material plus Foto des verschandelten Wagens seiner Klasse und führte nach Absprache mit Robert gleich eine Projektwoche in Sachen Politik und Geschichte durch. Er vermutete die Täterschaft in seiner Schulklasse und wollte mit der speziellen Schulwoche erreichen, dass die Urheber erkennen, wie unsinnig ihr Racheakt war. Der Junglehrer erhoffte sich außerdem, dass die lustigen Parteienförderer von ihren Mitschülern nach der mehrtägigen Horizonterweiterung nicht als Helden betrachtet würden. Nach seiner Retourkutsche wurde er nie mehr Opfer grober Schülerstreiche.

3. Sport ist Mord

Philippe war fast drei Jahrzehnte der aktivste Sportlehrer am Institut. Außerhalb seiner Lehrtätigkeit war er zudem ein überaus erfolgreicher Langstreckenläufer. Das alles machte den sportlichen Allrounder sehr beliebt bei seinen jungen Sportskanonen. Der eher trägere Nachwuchs hatte dafür seine liebe Mühe mit dem ständig fordernden Lehrer. Nicht nur wegen dieser Konstellation drängt sich richtiggehend auf, dass die Urheber der nachfolgenden zwei Geschichten bei den sportfauleren Internatsabsolventen zu suchen sind. Robert erzählte, dass Philippe die einzige Internatslehrkraft war, die jährlich mit einem Racheakt beglückt wurde. Alles fing mit einem relativ harmlosen Streich einer Abschlussklasse an. Danach wurde der Sportler jedes Jahr mit einer Schelmentat bedacht. Der humorvolle Philippe nahm das Ganze sehr locker bis zu dem Tag als ein erster Höhepunkt ihn viel Arbeit und ganze Nervenstränge kostete. Wie jeden Tag wollte er mit seinem heißgeliebten Rennrad in die paar Kilometer entfernte Schule fahren. Seine eigens für ihn angefertigte Rennmaschine stand aber nicht mehr am üblichen Platz. Dort erwartete ihn jetzt eine riesige Kartonschachtel. Ihm schwante Böses. Als er einen Blick in den Karton wagte, traf ihn fast der Schlag! Der verchromte Rahmen seines Rennfahrrads stand da – völlig nackt! Die Rächertruppe hatte sein Lieblingsspielzeug in sämtliche Einzelteile zerlegt. Philippe war sauer. Richtig sauer! Das erste Mal in seiner Karriere hielt er vor allen Abschlussklassen, die er unterrichtete, eine gehörige Standpauke. Jahre später kam es aber noch um einiges heftiger. Philippe wohnte mittlerweile in einem traumhaften Anwesen in der Nähe seines Arbeitsortes. Auffallend war der riesige Swimmingpool auf der Südseite seines Grundstückes. In diesem pflegte der Sportlehrer im Sommer seine täglichen Runden zu schwimmen. Das wusste auch eine fiese Rächerbande. – Das Schuljahr ging zu Ende und Philippe dachte, dass er sämtliche Streiche seiner Schüler wie die Jahre zuvor überlebt hätte. Nichts da! Pünktlich zu seinem Geburtstag Ende Oktober traf im Schulinstitut ein an ihn gerichteter Briefumschlag ein. Darin befand sich aber keine Glückwunschkarte, sondern ein halbes Dutzend Fotos, die über mehrere Wochen hinweg jeweils mitten in der Nacht geschossen worden waren. Die Bilder zeigten eine Gruppe junger Männer, welche in seinen Swimmingpool pinkelten! Damit sie unerkannt blieben, schnitten sie die Fotografien so zurecht, dass von ihnen nur Beine, Urinstrahl und der untere Teil der Torsos zu sehen waren. Philippe sei damals an seinem Wiegenfest sehr gereizt gewesen, hieß es. Aber von der Lehrerschaft wusste ja niemand von diesem perfiden Rachefeldzug. Erst Tage später, als plötzlich im ganzen Komplex schlecht kopierte Plakate der ominösen Fotos hingen, rückte der Sportlehrer mit dem Grund seiner Wut heraus. Was ihn besonders wütend machte, war der Umstand, dass seine Frau, die Kinder und auch viele Freunde der Familie von der Attacke betroffen waren. Nach diesem Vorkommnis wurden die möglichen Sanktionen in der Schulordnung massiv verschärft.

4. Physik macht Spaß

Mit seiner weißen Schürze und der wilden Frisur mit Backenbart fast bis zum Unterkiefer sah der Physiklehrer Ivano wie ein Bruder von Albert Einstein aus. Seine Lieblingsbeschäftigung waren Physik-Experimente aller Art. Besonders riskante Versuche führte er in den eigenen vier Wänden unter Ausschluss jeglicher Zuschauer durch. Einziger Zeuge seiner Tests war eine Videokamera. Das zu Hause aufgezeichnete Videomaterial benutzte er dann, um in den Klassen möglichst praxisnah zu unterrichten. Dass nicht alle Schüler seine aufwändigen Vorbereitungsarbeiten für die Kurse zu würdigen wussten, bemerkte die engagierte, wenn nicht sogar ein bisschen verrückte Lehrkraft nicht erst, als jemand einige seiner Videos stellenweise mit Sequenzen von Pornos überspielte. Ivano schenkte der Sache keine große Beachtung, denn die perversen Hardcore-Szenen belustigten nicht einmal die Heerschar pubertierender Jungs in seinen Gruppen. Das wäre bei softem

Material wohl anders gewesen. Einer der nicht nur nach Roberts Meinung witzigsten und aufwändigsten Streiche ist ebenfalls der Welt der Physik zuzuordnen:

Das Periodensystem der Elemente ist wohl nur für die wenigsten Schüler etwas wirklich Interessantes. Den meisten fällt dazu nur eines ein: pauken, pauken und nochmals pauken, damit man wenigstens einigermaßen weiß, wie der Plan der chemischen Elemente zu entschlüsseln ist. Nur so übersteht man eventuelle Klausuren einigermaßen pannenfrei. Pech ist, wenn in der Klasse irgendwelche Freaks sitzen, die das Periodensystem nicht nur verstehen, sondern auch noch für eigene Zwecke zu missbrauchen wissen. Unser Jan, den wir bereits kennen, ist genau so einer. Der war bei einem der aufwändigsten Streiche an Roberts Schule federführend. Ich vermute nicht, dass Robert von Jans Streichen nur deshalb so viel zu erzählen wusste, weil der einfach wegen jedem Scheiß auffiel. Viel mehr schwang da aus meiner Sicht immer auch eine gewisse Bewunderung mit. Sei es, weil Jans Faxen immer irgendwie auch lustig waren, weil hinter jedem noch so großen Unsinn doch auch immer ein Spürchen Wissen, Arbeit und Cleverness steckte oder ganz einfach, weil Robert gerne selber einmal in die unbeschwerte Rolle eines Schülers schlüpfen möchte, um einige Kollegen ein bisschen auf die Schippe zu nehmen. Ich weiß es leider nicht, denn Robert schweigt sich in dieser Sache mir gegenüber einfach aus. Zurück zum Periodensystem. Als Jan bei Robert noch die Schulbank drückte, waren im Periodensystem 109 Elemente gelistet. Mit dem Metall Meitnerium (Symbol: Mt), das sich in der siebten Periode befindet, war – wenn meine Recherchen stimmen – anfang der Neunziger seit 1982 die letzte Entdeckung eingetragen. Zwischen 1994 und 1996 kamen noch die Elemente 110 bis 112 hinzu. Nicht so bei Jan. Der fand das Element 110 schon drei Jahre vorher! Mit einem außerordentlichen Aufwand schrieb er sämtliche Arbeitsblätter seines Physiklehrers um und gestaltete eine neue, täuschend echt aussehende Periodensystem-Wandrollkarte. Die Arbeitsblätter holte er sich vom Hauptcomputer der Schule. Die damaligen Schulcomputer stellten für einen Computerfreak wie Jan keine sehr große Herausforderung dar. Etwas wie eine Absicherung gegen Datendiebstahl gab es auch noch nicht wirklich. Wochen bevor das Periodensystem im Unterricht behandelt wurde, waren sämtliche Unterlagen ausgewechselt inklusive die große Rollkarte. Der Spaß konnte beginnen. Dazu muss man sich natürlich vorstellen, dass 1991 das

Internet noch überhaupt kein Massenmedium war. Und einer sturen und urplötzlich sehr wissbegierigen Schulklasse den Beweis zu erbringen, dass es das Element 110 noch gar nicht gibt, war für Robert gar keine einfache Aufgabe. Ich warf ein, dass das heute wegen des World Wide Web gar nicht mehr ginge, da entgegnete mir Robert, dass Jan, wäre das Internet damals schon massentauglich gewesen, sicher auch eine entsprechend überzeugende Website, oder schlimmer noch, mehrere Homepages in verschiedenen Sprachen ins Netz gestellt hätte. Garantiert hätte er für eine perfekte Verwirrung gesorgt. Ich gab mich geschlagen.

5. Das Spiel mit den Lehrern

Computertüftler Jan besaß nicht von ungefähr den Spitznamen „Zehnfingerprogrammierer“. Er programmierte auf seinem Computer Anwendungen in der gleichen Geschwindigkeit wie geübte Sekretärinnen ihre Briefe eintippen. Der kreative Kopf besaß ein ganz besonderes Faible für Computerspiele. Das bekam auch ein nicht sehr geschickter Sportlehrer zu spüren. Dieser kam als Stellvertreter für eine einige Tage verhinderte Sportlehrkraft ins Internat. Kevin, so hieß der junge Sportpauker, bereitete in der Turnhalle einen nicht ganz einfachen Parcours vor. Nach dem Start musste man einen Sprint hinlegen, um dann in schneller Abfolge drei unterschiedlich hohe Böcke zu bewältigen, robbend ging es dann zu den anderen Aufgaben weiter. Als die Jungs im Sportdress die Halle betraten und den Hindernislauf erblickten, ahnten sie Unheilvolles. Kevin gab eine kurze Erklärung ab und wollte gleich zum internen Wettkampf schreiten. Da hatte er aber die Rechnung ohne die rebellierenden Burschen gemacht. Die bestritten, dass der Lauf so funktionieren könne und forderten die Aushilfslehrkraft auf, den Parcours als Erster wettkampfmäßig zu absolvieren. Nach fünf Minuten Diskussion war der Lehrer weich geklopft und ging an den Start. Ein Schüler gab das Signal, Kevin sprintete los, setzte zur Rolle über den ersten Bock an und hechtete das Ding mit voller Wucht um. Derweil sich einige Schüler vor Lachen krümmten, liefen fünf Jünglinge zu Kevin und schauten, ob dieser noch problemlos allein aufstehen konnte. Der konnte, und der Beweis, dass die Böcke zu hoch waren, war auch erbracht. Um der Mannschaft keine Zeit zu lassen, sich weiter vor ihm über seine Blamage auszulassen, kommandierte er sie zum gemeinsamen Fünf-Kilometer-Lauf ab. So schaffte er es geschickt, seine Zöglinge vorerst zum Schweigen zu bringen. Jan sorgte in den Tagen darauf dafür, dass Kevins Missgeschick in die Annalen der Internats-Geschichte einging. Er programmierte ein Spiel ähnlich dem des Klassikers „Lemmings“. Man musste viele kleine Kevins unfallfrei über die Böcke hinweg ans Ziel bringen. Das einfache in Basic programmierte Computerspiel wurde zum absoluten Renner! Mittlerweile gibt es im Buchhandel Software zu kaufen, mit der man mittels vorgefertigten Programmbausteinen eigene Spiele entwerfen kann. Den realen Gegner kann man dabei mit Scanner und Fotobearbeitungsprogramm in das Computergame einbauen. Man muss also keine einzige Programmzeile mehr selber schreiben. Einzig die Kreativität nimmt einem die Anwendung nicht ab.

6. Die Hauswirtschaftshexe

Es gibt sie auch heute noch, die Hauswirtschaftskurse im Internat. Was an öffentlichen Schulen dem allgemeinen Spardruck zum Opfer fällt, wenn es denn überhaupt vorhanden war, wird in vielen privaten Schulen noch gehegt und gepflegt. Kochen, waschen, bügeln, Benimmregeln und was so alles dazu gehört. Gesund kochen war auch mir ein Graus. Und so ärgerten wir die arme Hauswirtschaftslehrerin bis an ihre physischen Grenzen. Dabei wollte die Gute – und sie war im Nachhinein betrachtet wirklich eine ganz liebe Lehrerin – nur das Beste für uns. Das sieht man im täglichen Kampfeinsatz gegen das Lehrerkollegium natürlich ganz anders. So wurde auch die Hauswirtschaftslehrerin Stina Opfer einiger Rachefeldzüge. Sie bekam im Verlaufe der vielen Schuljahre selbstverständlich mehr oder weniger die gesamte Palette der ganz nornalen Schülerstreiche zu spüren. Lebensmittelfarbe in irgendwelche Flüssigkeiten, aufgegessene Vorräte, vertauschte Behältnisse für Salz und Zucker und so weiter und so fort. Was sie im ersten Augenblick aber wirklich kränkte war eine professionell angefertigte Karikatur ihrer Person im Berufsleben. Die mutmaßlich jugendlichen Rachefeldzügler mussten dem Zeichner wohl ziemlich grausige Schauermärchen über sie erzählt haben, dass der sie als die wahrhaftige Küchenhexe aufs Papier brachte. Die mit Kohle gezeichnete Verhöhnung habe wahrscheinlich ein Straßenkünstler für wenig Geld erstellt, mutmaßte Robert. Stina sei eine Weile eingeschnappt gewesen, danach habe sie das Bildnis aber stolz und trotzig zugleich in ihrem Reich aufgehängt! Was wollte sie es auch verstecken, es waren zu viele Kopien im Umlauf.

7. Der Lieferantenschreier

Sven war ein Bilderbuchhauswart. Er hätte glatt in die Hauptrolle des Tim

Taylor in „Guck mal, wer da hämmert" schlüpfen können. Überall sah man ihn irgendetwas herumbasteln. Und immer ging dabei etwas schief. Natürlich hatte er nie Schuld daran. Meistens waren die Lieferanten die Schuldigen. Unausgereifte Produkte, schlechte Handwerkerleistungen und viel zu hohe Preise beschränkten ebenfalls seinen Diskussionsstoff. Stundenlang konnte er debattieren. Andere nannten es lästern, gab ein sichtlich belustigter Rektor zu Protokoll. Irgendwelchen, noch heute unbekannten Schülern ging der ständig nörgelnde Hausmeister wohl kräftig auf den Keks. Jedenfalls erteilten sie Sven eine Lektion in Sachen Reklamationen. In seinem Namen verschickten sie Mängelrügen, die es in sich hatten. Die waren so scharfzüngig abgefasst, dass Robert höchstpersönlich viele der langjährigen Hoflieferanten beruhigen musste. Die Racheaktion hatte aber zwei ganz gute Seiten. Robert organisierte mit Sven etwas Ähnliches wie eine kleine Qualitätssicherung, damit effektiv vorhandene Fehler schnell und seriös bemängelt werden konnten. Zudem konnte er den Hauswart davon überzeugen, dass Nörgeleien im Schulhaus ein schlechtes Vorbild abgeben. Und Lieferanten, welche tatsächlich leicht fehlerhafte Produkte oder Arbeiten abgeliefert hatten, konnte der Internatschef ganz sachte um Korrektur bitten, auch wenn die normale Kulanzfrist längst abgelaufen war. Racheaktionen haben manchmal auch ihre guten Seiten, selbst für die Opfer.

8. Bilder des Lebens

Tony war lange Zeit der Biologieexperte des Internats. Ihm fiel in seiner Funktion auch die relativ undankbare Aufgabe zu, über die Anatomie und Fortpflanzung des Menschen zu unterrichten. Wenn es um die Geschlechtsteile des Menschen und den Geschlechtsverkehr an sich ging, war sein Prozedere über Jahre dasselbe. Die Klasse nahm im Biologiezimmer Platz, Tony dunkelte den Raum ab und startete eine Unterrichts-Videokassette. So brachte er den tabuisierten Pflichtstoff über Jahre hinweg ohne Peinlichkeiten durch. Bis zu dem Tag, als er unwissentlich eine präparierte Kassette einschob. In superkurzen Sequenzen war ein wild kopulierendes Pärchen zu erkennen. Und im oberen Teil lief teilweise ein Spruchband mit der Aussage „Tony weiß noch nicht, wie es funktioniert!" mit. Vielleicht war es eine Anspielung darauf, dass Tony zwar liiert, aber kinderlos war. Wie immer bei diesem Video saß der Biologieprofessor ein bisschen abseits und hatte deshalb auch keine Sicht auf den Fernseher. Erst das Kichern seiner Schüler verriet ihm, dass irgendetwas nicht so war wie es sein sollte. Bei der anschließenden Betrachtung zusammen mit Robert erkannte Tony, dass die Kassette für den Unterricht unbrauchbar gemacht worden war. Wer für den Unfug verantwortlich war, fanden sie nie heraus. Sicher war nur, dass die zwölfjährigen Schüler, welche die Kassette zu sehen bekommen hatten, für die Tat nicht in Frage kamen. Dazu fehlte ihnen sowohl das technische Verständnis wie auch das nötige Equipment.

9. Die Wunschfee?!

Mit einem Schlag, oder besser ausgedrückt mit einem Wunsch, rächte sich jemand am Internatsnesthäkchen Michelle und am Lehrer Herb. Herb wurde nachgesagt, dass er gewisse Schülerinnen bei der Notengebung bevorzugte und Michelle war sowieso das Goldschätzchen jedes Lehrers. Dabei hatte es das kleine Internatsluder faustdick hinter den Ohren. So kam es, dass eines Abends im Radio der Ohrwurm „Sweet Sixteen" von Billy Idol lief. Gewünscht von Michelle für ihren allerliebsten Herb! Damit die Gerüchteküche genug Nahrung erhielt, verteilte die unbekannte Urheberschaft kleine Zettelchen, dass man abends unbedingt einen bestimmten Sender hören müsse. Michelle gab sich danach sehr frostig, Herb war es vielleicht ein bisschen peinlich, er verzog aber nicht einmal im Lehrerzimmer eine Miene, wusste Robert zu berichten. Eine andere Lehrkraft wurde Ende der neunziger Jahre in alle möglichen und unmöglichen Talkshows eingeladen. Die junge Lehrerin brachte in Erfahrung, dass sie sich mit provozierenden Aussagen in schriftlicher Form selber um einen Auftritt bemüht haben soll. Was sie natürlich in Abrede stellte. Sie verlangte von den Sendern die Herausgabe der entsprechenden Schreiben. Wegen des gut leserlichen Stempels der Aufgabepoststelle konnte sie in Erfahrung bringen, dass ihr Rachedouble in der Schule zu finden sein würde. Trotzdem fand sie nie heraus, wer ihr unbedingt eine Fernsehkarriere bescheren wollte. Mit auffälligen Rubrikanzeigen in der Lokalzeitung machten sich Unbekannte über den Mathematiklehrer lustig. Er suchte angeblich jemanden, der ihm Nachhilfeunterricht erteilen würde! Am Ende eines langen Tages stellte ich Robert eine Frage, die mich schon längere Zeit beschäftigte. Ich wollte wissen, welchen Streichen denn er in seiner langen Lehrerlaufbahn auf den Leim gegangen ist. Er grinste mich breit an und verabschiedete sich wortlos. Warte nur mein Lieber, das kriege ich schon noch raus!

20. Links und mehr

In diesem Zusatzkapitel öffne ich dir ein bisschen mein Archiv und gebe dir einige meiner Quellen preis. Dazu noch einige Buchtipps für Nimmersatte.

1. Links

www.bitterwaitress.com – Hier werden offene Rechnungen beglichen! Auf dieser Website rächt sich das gastronomische Personal New Yorks bei seiner feinen Klientel, die nicht genug tip (Trinkgeld) springen lässt. Bei Stundenlöhnen um die drei Dollar muss man nicht einmal mehr eins und eins zusammenzählen können, um einzusehen, dass der Lohn eigentlich direkt vom Gast erwartet wird. Da reicht es nicht, einfach auf den nächsten Dollar aufzurunden. So hat sich auch die Garderobiere an Pierce Brosnan gerächt. Der gab ihr einen ganzen Dollar, also mickrige 100 Cents. Dafür musste sie zweieinhalb Stunden länger bleiben! Auch Trinkgeldknauserin Madonna bekommt ihr Fett weg. Sie als allein erziehende Mutter habe es halt auch nicht einfach, begründet der Rächer sarkastisch ihre miese Trinkgeldabstinenz. Tja, deine Bedienung beobachtet dich! Die Seite ist in englischer Sprache abgefasst.

www.revengeshop.com – Der ultimative Shop für Racheartikel jeglicher Art. Dazu kannst du auch noch Rachekarten versenden. Selbstverständlich führt der Shop auch „Das Schwarzbuch der Rache". Die Website ist ebenfalls unter der Adresse www.racheshop.com zu erreichen. Das Angebot ist in deutscher und englischer Sprache abgefasst.

www.sweetrevenge.com.au – Eine sehr interessante, australische Racheseite mit einem netten Shop und vielen Rachegeschichten! Die Homepage ist in Englisch.

www.revengelady.com – Eine besonders weibliche Racheseite mit Versandmöglichkeit von E-Cards mit Rachemotiven. Die Revengelady schreibt in Englisch.

www.thepayback.com – Hier wird zurückgezahlt! Mit Shop, um beispielsweise tote Blumen zu verschicken ... ! Viele nette Geschichten. Das thepayback.com-Team pflegt einen interessanten und zudem kostenlosen Newsletter. Alles in Englisch.

2. Bücher

Rache ist Blutwurst – Matthias Mala erzählt in seinem Buch viele lustige und schnell zu lesende Rachegeschichten. Ein Leser des Buches schrieb: „Dieses Buch lässt einen herzlichst in den Bart lachen, und man wird sich nach jedem Verhaltens-Tipp umsehen, damit auch kein anderer mit in das Buch schaut. Kurz und knapp: Dies ist der ultimative Leitfaden für jeden, der ansonsten alles stillschweigend herunterschluckt.

25 Wege, sich an seinem Ex zu rächen. Und andere Kleinigkeiten, die den Abschied leichter machen – Sich trennen tut weh, und umso mehr, wenn man selbst die Verlassene ist – abserviert, fallen gelassen, in die Wüste geschickt. Das kann frau nicht auf sich sitzen lassen. Und schon gar nicht, wenn er schon wieder mit einer neuen am Arm herumschawänzelt! Hier gibt es die ultimativen Rachetipps, die den Abschied etwas versüßen. Gespickt mit psychologischen Ratschlägen zum Thema Trennung und Neuanfang, mit lustigen Promi-Anekdoten über die Rache, mit einer kleinen Männer-Typologie (wo ist er am verwundbarsten?) u.v.a.m. Das Buch geschrieben hat Nicole Maibach. Die Meerschweinchen-Besitzerin und freie Journalistin verschiedener Frauenzeitschriften hat ihr Werk speziell für weibliche Racheengel veröffentlicht.

Geh zum Teufel, Liebling. So rächen sich Frauen richtig – Krank vor Liebesleid? Dann brauchst du dieses Buch. Es hilft jeder Frau über den Liebeskummer hinwegzukommen. Nette Tipps von Christine Gallagher, um Rache zu üben. Wenn man die Verfügbarkeit deutschsprachiger Bücher betrachtet, befällt einen unweigerlich der Verdacht, dass die Rache vor allem ein weibliches Phänomen darstellt ...

Merchandising

Unser genialer Künstler Makro hat etliche Postkarten mit Rachemotiven gestaltet. Die gibt es unter anderem auf CD-ROM und natürlich in Papierform. Damit du die Katze nicht im Sack kaufen musst, siehst du die ersten acht Motive auf dieser Doppelseite. Die Motivsammlung wird ständig erweitert. Die entsprechende Bildervorschau kannst du ständig aktuell auf der Website: www.meetpoint.ch anschauen. Selbstverständlich sind die Karten vierfarbig!

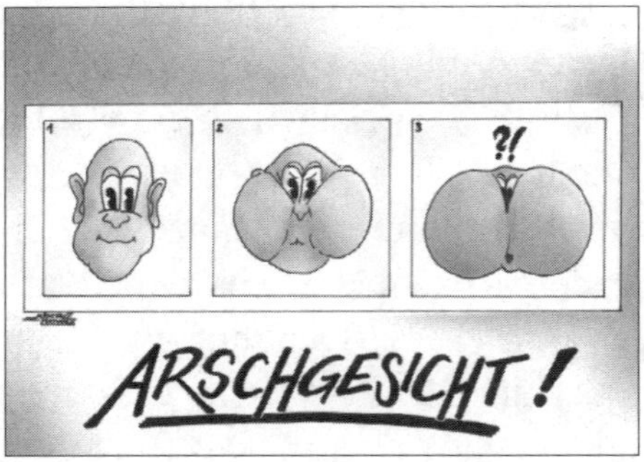

❐ **Ja**, ich bestelle ...

___ Stück **„John Punisher's CD-ROM"** – auf der CD findest du die hochauflösenden Scans von Makros Rachemotiven und viel Bonus-Material rund um das Thema Rache
Die CD kostet inklusive Versand 13 Euro / 20 Franken

___ Kartenset(s) **mit Makros Rachemotiven** – ein Set umfasst zehn exklusive Postkarten. Zu jedem Set gibt es zusätzlich ein kostenloses dazu! Exklusiv für die Schwarzbuch-der-Rache-Leser!
Ein Kartenset kostet inklusive Versand 8 Euro / 12 Franken

Name, Vorname: ....

Straße: ....

PLZ / Wohnort / Land: ....

Bestellung bitte einsenden an:
Meetpoint Medien, Längackergasse 1, CH-2545 Selzach (Schweiz)

Den Gesamtbetrag der Bestellung bitte in bar beilegen. Bei Einzahlung steht eines der folgenden Konten zur Verfügung: **Schweiz** Postkonto 49-4446-1 **EU:** Deutsche Bank 24 Konto-Nr: 0652198, BLZ: 683 700 24. Du kannst dann den Bestellabschnitt zusammen mit der Kopie der Einzahlung an die Nummer +41 (0)76 425 4501 (Faxanschluss in der Schweiz) faxen.

John Punisher's Wettbewerb

Wir suchen die witzigste, coolste und hinterhältigste Rachegeschichte! Jetzt gleich aufschreiben, einsenden und gewinnen. Es gibt richtig fiese Preise zu gewinnen! Und mächtig Kohle ...

....

....

....

....

....

....

....

....

....

Name, Vorname: ....
Straße: ....
PLZ / Wohnort / Land: ....
Telefon / E-Mail: ....
Geburtsdatum: .... / .... / ....

Wettbewerbs-Geschichte einsenden an:
Meetpoint Medien, Längackergasse 1, CH-2545 Selzach (Schweiz)

Einsendeschluss ist jeweils der 31. Oktober. Es gilt der Poststempel. Die Prämierung wird auf unserer Homepage www.meetpoint.ch angekündigt. Es wird keine Korrespondenz über den Wettbewerb geführt. Geschichten über die Länge einer normal beschriebenen (Computer-) A4-Seite hinaus werden nicht prämiert. Die eingesandten Arbeiten werden online gestellt.

Gutschein für gratis Bonus-Material!

Als regulärer Besitzer vom Schwarzbuch der Rache kriegst du von uns kostenloses Bonus-Material! Unter anderem zum Beispiel die Daten mit den exklusiven und hochauflösenden Rachemotiven von unserem genialen Künstler Makro. Und du wirst in John Punisher's Racheklub aufgenommen. Das alles ist für dich völlig kostenlos! Einen Haken hat die Geschichte aber. Wir können leider nur Originalabschnitte aus dem Buch akzeptieren. Du musst also diese Seite aus deinem Buch trennen.

Name, Vorname: ....

Straße: ....

PLZ / Wohnort / Land: ....

Telefon / E-Mail: ....

Geburtsdatum: .... / .... / ....

Bonus-Gutschein zusammen **mit einem frankierten und an dich adressierten C5-Umschlag** einsenden an:
Meetpoint Medien, Längackergasse 1, CH-2545 Selzach (Schweiz)

Das Schwarzbuch der Rache mit persönlicher Widmung!

Hat dir das Schwarzbuch der Rache gefallen? Möchtest du ein Exemplar mit einer persönlichen Widmung von mir verschenken? Ja? Dann mache ich dir folgenden Vorschlag: Du kannst gegen Vorkasse ein weiteres Exemplar direkt beim Verlag bestellen. Und ich schreibe dir noch die gewünschte Widmung in den Einband. Das ist aber noch nicht alles! Du kriegst dazu gratis noch zwei Kartensets mit den Rachemotiven von Makro! Bestellen kannst du direkt mit dem unten stehenden Abschnitt.

❒ **Ja**, ich bestelle ___ Exemplar(e) **„Das Schwarzbuch der Rache“**

Name, Vorname: ....

Straße: ....

PLZ / Wohnort / Land: ....

Gewünschte Widmung: ....

....

....

....

Abschnitt bitte einsenden an:
Meetpoint Medien, Längackergasse 1, CH-2545 Selzach (Schweiz)

Den Buchpreis von 32 Euro / 44.80 Franken bitte der Bestellung in bar beilegen. Bei Einzahlung steht eines der folgenden Konten zur Verfügung: **Schweiz** Postkonto 49-4446-1 **EU:** Deutsche Bank 24 Konto-Nr: 0652198, BLZ: 683 700 24. Du kannst dann den Bestellabschnitt zusammen mit der Kopie der Einzahlung an die Nummer +41 (0)76 425 4501 (Faxanschluss in der Schweiz) faxen.

CHN
PUNISHER

RACHESHOP
Bang

Michael Coerbock
KOMISCHE EROTIK
Samenbank 24
ASTRO
Vielmann
AUGENWISCHEREI
PENG
PENG
PENG
BAND 3
FLACHMANN VERLAG
GmbH